JN303593

新催眠の誘導技法

心理臨床の幅を広げる

ジョージ・ガフナー
ソーニャ・ベンソン
【著】

門前 進
【訳】

誠信書房

Handbook of Hypnotic Inductions
by George Gafner and Sonja Benson
Copyright ©2000 by George Gafner and Sonja Benson
Japanese translation rights arranged with W. W. Norton & Company, Inc.
through Japan UNI Agency, Inc., Tokyo.

序　文

　この本における催眠誘導法は，不安障害，気分障害，慢性の痛み，およびその他の身体の健康と心の健康の問題を扱っている大学院修士レベル以上の実践家に対して，催眠療法のレパートリーが広げられることを目指している。この仕事の始まりは，タクソン（アリゾナ）退役軍人省医療センター（Veterans Affairs Medical Center）での催眠療法訓練グループである。私（SB）は，1990年代の半ばに，退役軍人省医療センターで心理学の研修生をしていた。そして今，フェニックス退役軍人省医療センターで臨床実践を行っている。そのほかに，臨床のクリニックを開業していて，地元の大学で心理学専攻の学生に教えている。私（GG）は，健康心理学を専門とするボブ・ホール博士（Bob Hall, Ph.D.）と一緒にこの訓練の指導をしている。われわれの訓練グループのメンバーは，誘導者と被誘導者の両方になってトランスを経験しながら，催眠現象と催眠療法の原理を直接学び始める。グループのメンバーは，その後徐々にそれぞれの臨床の順番に従って，さまざまな応用を試みる方向へと進んでいく。1980年代半ばにこの訓練を始めたとき，有効な催眠誘導法が不足していることに気づいた。したがって本と訓練マニュアルから集められたものに，われわれ独自の考案した催眠誘導法を付け加えることにした。

　催眠療法家は，まず第一に**セラピスト**である。そのため，最初に特定の学問分野と心理療法における必要な教育と訓練を受け，さらに，催眠における必要な教育と訓練を受けてきている。催眠療法は，セラピストとしてクライエントを扱ういくつかの方法のうちの一つとして用いられる。実際われわれは実践的に広い範囲で催眠療法を用いてきている。しかし，個人に対して，夫婦に対して，あるいは家族に対しては，催眠療法以外に認知行動療法的，解決志向的，方策的（strategic），あるいはそのほかの方法も行っている。普通は，ブリーフ・セラピーを行うが，長期間の支持を必要とする人たちがいることにも気づいている。セラピストの基本的な仕事は，クライエントがすでにもっている資源を発見すること，あるいはそれを刺激することであると信じている。そのよ

うな資源はときどき無意識のなかにあり，たいていは催眠による方法が資源に気づく近道となる。そして，これまで催眠の定義は，いろいろな方法でなされてきた。そのなかには，強く焦点づけられた注意，感受性あるいは反応性の高まった状態，催眠による影響下でのコミュニケーション，コントロール下での分離（dissociation）などが含まれている。これらの定義のほかに，われわれはすべての人びとがそれぞれの程度に応じてもっている能力として「コントロール下の想像力」を，クライエントに対して催眠として定義することもある。ザイク（Zeig, 1991）は，催眠はその人のなかから**引き出された**ものであって，外から引き起こされたものではないと述べている。セラピストの仕事は，クライエントがセラピーに持ち込んできた問題を解決するために，この自然に備わったクライエントの能力を利用することである。言い換えると，セラピストは変化のための状況は作るが，動機としての力はクライエントから出てくる（Zeig, 1991）ということになる。

　われわれは，ミルトン・H・エリクソン（Milton H. Erickson）と，行動変化に影響を与えるためのエリクソン財団を作り上げてきた人たち——スティーブン・ギリガン（Stephen Gilligan），ジェイ・ヘイリー（Jay Haley），D・コリドン・ハモンド（D. Corydon Hammond），ビル・オハンロン（Bill O'Hanlon），スティーブンとキャロルのランクトン夫妻（Stephen and Carol Lankton），アーネスト・L・ロッシー（Ernest L. Rossi），ジェフリー・K・ザイク（Jeffrey K. Zeig），ブレント・ギアリー（Brent Geary），そのほか大勢の人たち——の仕事に導かれてきた。最高に楽天家であったエリクソンは，未来志向という考え方を持ち，過去のことは変えられないが，過去のことに対する本人の考え方や解釈は変えられると信じていた（Beahrs, 1971）。われわれは，許容的で，間接的で，メタファ的（隠喩的）で，非権威的な催眠療法的アプローチがクライエントの資源を刺激するものと信じている。クライエントはこの丁寧なアプローチを体験して，元気づけられる。クライエントは，セラピストが自分のすでに持っている力を引き出す仕事をする単なる案内人であると気づく。しかし，直接的で権威的なアプローチを望むクライエントがいるかもしれないので，そのための誘導法をいくつか含めることにした。

　たいていの実践家は三つの基本部分——誘導，深化，セラピー——から構成される催眠療法を典型的セッションと考えている。この構成を外側から覆うも

のは，時間の最初の数分間の会話と最後の報告を聴くことである。例えば，クライエントが現在の症状を述べたあと，セラピストとクライエントは一緒にその日の特定の目標と同時に，全般的な目標の見直しを含めて予定表を作る。催眠誘導と深化のあと，そのセッションのセラピーの部分に入っていくことになる。例えば，痛みをコントロールしたいと思っているクライエントに対して，セラピストは痛みを減らすための直接暗示を与えるかもしれないし，痛みをメタファや物語を通して，もっとコントロールしやすい部位に移すかもしれないし，あるいは痛みの程度を尺度的に想像させ，もっと耐えられる水準に痛みを移動させるという視覚化の技法を用いるかもしれない。別のクライエントに対しては，セラピーの構成要素として，自我強化，問題解決，除反応としての心の仕事，不安のコントロールや他の多くの方法でアプローチするかもしれない。

　トランス過程の基礎であり，もっとも本質的なものは誘導法である。誘導法は——深化法とともに——，リラックス状態を生みだし，信頼関係を形成し，クライエントの想像力を刺激する。誘導法はセラピーの目標への手段であり，道筋でもある。誘導法を遠洋定期船にたとえれば，セラピーの構成要素は島にたとえられる。良い誘導法がなければ，その島に到着するチャンスはほとんどないだろう。言い換えれば，良い誘導法のないところには，良い催眠療法は存在し得ないということである。

　この本では，五つの主要カテゴリー——会話的，埋め込まれた意味的，混乱的，直接的，そして，子どもに適している——において，さまざまな誘導法を提示していく。ワークショップとトレーニングマニュアルでトランスワークの深化部分について教える内容は，情けないくらい平凡で，伝統的で，創造性に欠けているものであった。深化法は誘導法とセラピーの間の架け橋として，誘導法の効果を高めるとともにセラピーの構成要素を生じさせなければならない。それぞれの誘導法において，実践家がトランスワーク過程を促すことを探ることができる，ほとんど制限のない，非常に意義のある可能性を例示することができるよう心がけた。

　誘導法と深化法に対して選び出された具体例は，基本的なものから複雑なものまで広い範囲に及んでいる。これらの具体例を記載した上，催眠療法のキー概念と原理を強調した。なかでも，クライエントの求める特定の問題に適した誘導法を発展させるよう，読者を刺激することをわれわれは切に望んでいる。

この本の誘導法は，さまざまな臨床的問題をもっていたクライエントに数千回とはいかないかもしれないが，数百回は用いられてきた。われわれ仲間全員は実践を通して柔軟な対応の仕方と大きな自信を持った。そして催眠療法におけるその自信はすぐにクライエントに伝わることになるのが，常であった。

　われわれはアメリカ臨床催眠学会（American Society of Clinical Hypnosis; ASCH）のメンバーで，アリゾナのフェニックスにあるミルトン・H・エリクソン財団によって準備された訓練から多大の恩恵を被ってきた。読者に，ASCHやあなたの州あるいは国でのミルトン・H・エリクソン協会や似たような団体で訓練を受けたり，会員になる機会を探すことをお勧めする。この本の最後にわれわれが活用してきた文献――読者にもまたそれを読み，楽しんでもらいたい財産である――に加えて，これらのリストを掲載している。

謝　辞

　家族の理解と励ましについて感謝する。ノートン（Norton）社のスーザン・マンロー（Susan Munro）には，ドアを開けてくれたことに対して，モニカ・フリードマン（Monica Friedman）には，すばらしく立派な編集の手助けに対して，そしてボブ・ホール博士（Dr. Bob Hall）には，忍耐強さと博識であることに対して，感謝する。「ロケットマン」〔スーパーマン，スパイダーマンと同様の表現方法で，切れ者人間を意味している：訳注，以下同様〕，あなたはデモイン〔米国 Iowa 州中南部，デモイン川に臨む都市で州都〕からはるばるやってきた……。

目　次

序　文　*i*

第1章　催眠療法における中心的要素について　*1*

トランスワークへのクライエントの導入　*1*
コントロールに関する事柄について話しかけること　*2*
「隠れた観察者」　*3*
自然なトランス体験を聞き出すこと　*4*
無意識過程の紹介　*4*
肯定的であったトランスワークの以前の経験　*5*
否定的であったトランスワークの以前の経験　*6*
種まき　*7*
トランス中のコミュニケーション：「ダンス」の促進　*7*
利　用　*8*
セッティング　*11*
あなたの声　*13*
この本の使い方　*13*

第2章　一般的な会話誘導法　*17*

凝視法　*17*
あまりやりすぎないこと　*24*
楽しい場面を作り出すことや再体験すること　*30*
感覚受容　*36*
幼いときの学習セット　*42*
挿入法　*51*

第3章　埋め込まれた意味の誘導法　　58

道　路　58
分　離　70
旅　行　76
時　間　80
なかに入っていくこと　90
スピードを落とすこと　97
エリクソンがハクスレーに会う　103
雨ごい師　111

第4章　混乱誘導法　　116

ろうそくの炎　116
当惑させること　124
二人の誘導者　131
右－左　141

第5章　直接誘導法　　147

腕カタレプシー　147
腕固め　150
コイン落とし　155
腕浮揚　159
氷風呂　163

第6章　子どもへの誘導法　　167

子どもへの催眠療法　167
利　用　171

私の友達ジョン　*175*

用語解説　*182*
催眠団体　*194*
文　　献　*195*
訳者解題　*199*
人名索引　*213*
事項索引　*215*

第1章 催眠療法における中心的要素について

トランスワークへのクライエントの導入

　あるクライエント，グイラモとの初回面接について考えてみることにする。彼は不安感のために紹介されてきた33歳のラテンアメリカ系の男性である。グイラモは，10年前，平穏無事に空軍への服役を終了した。そして今，フェニックス退役軍人省医療センターの付属クリニックで心理面接を受けている。彼はかつてコメディクラブでショー催眠を見たことがある。そして，そこでのステージ上の人たちが「不思議な一連のことをしていた」ので，催眠には興味を持ってはいるが，コントロールをなくすことについて，いくらかためらい気分を持っている。とは言っても，グイラモは，不安を何とかしておさめることを強く望んでいた。そして内科医からの投薬の提案を丁重に断っていた。
　一般には，初回面接では，クライエントを助けるためのより適切な状況にセラピスト自身を置くために，まず，そのクライエントについて詳しく知る必要がある。それで，私（SB）はグイラモに催眠は用いないということになる。最初の面接では以下のことをやり遂げるために努力する。それらは，訴えている問題の社会的文脈を強調している生活歴や家族歴の聴取，催眠についての否定的な考えを追い払うこと，ことによるとそのクライエントに催眠に関する読み物の情報を与え，質問に答え，今まで経験した自然なトランス体験を聞き出し，トランスワークについてそのクライエントを教育し，ついには，期待を持たせることである。初回面接では，またたぶん必要な他のあらゆるアセスメントを行うだろう。

コントロールに関する事柄について話しかけること

　新しく心理療法にやってきたクライエントは，不安で，おどおどして，当然セラピストに個人的な情報を打ち明けることに気乗りのしないことが多い。われわれはそのようなためらいをいつも尊重している。しかし，クライエントは言葉でそれを表現するずっと以前に，ノンバーバルな合図をいつも送ってくる。しばしば，「今あなたにお手伝いができるための必要なことだけを私に教えてください」というようなことを言う。そのような発言は制限と許容の両方を伝えることになる。そして，その含みの通り，彼らは将来，実際にもっと心を開くようになる。

　催眠療法では，セラピストがクライエントのコントロール感覚を促進するために行う可能性のある，いくつかの事柄がある。ユーモアを狙うことをするかもしれない。例えば，「グイラモ，もしあなたが命じられるままに，アヒルのようにガーガー言ったら，私にとってあなたはそれをした最初の人になるでしょうね」と。われわれはまた，用心深さを何か保護的で役に立つものにリフレーム（再枠づけ）するかもしれない。例えば，「参加しなくていいですよ。それはまったく自然ですから」。あるいは，「トランス状態の人は，自分の望んでいることしか打ち明けないものですよ」と。これらすべてのことをメタファ（隠喩）によって伝える非常に経済的方法は，例えば，「グイラモ，トランス中，あなたは多くの興味のあることを経験するでしょう。でも**あなたはいつも運転席に座っています**」と言うことである。セラピストがコントロールの問題に徹底的に取り組むことは，きわめて重要なことである。そうでないと，クライエントは次の面接には帰ってこないかもしれない。われわれに広く行き渡っている経験則は，精神病理の深いときには，それに応じてゆっくり進むということである。

　催眠療法の初回面接〔催眠を用いるときの初回の意味〕では，普通，クライエントを1，2分トランスに誘導し，トランスから戻し，そしてまた催眠を復活させる。非常に心配気分でいるクライエントには，何回かトランスに入れたり出したりする。彼らのセルフコントロール能力を増幅させることに加えて，これはしばしばトランス経験ごとに，深いトランスに入るようにさせることになる。

「隠れた観察者」

　クライエントのコントロール感覚を促進する別の方法は，彼らがトランス中に経験することを教えることである。一つの共通する現象は，ヒルガード（Hilgard, 1968）が**隠れた観察者**（hidden obserber）と呼んだものである。これはいろいろな方法で経験できるだろう。年齢退行したクライエントは自分自身を子どもとして，そして大人として，同時に体験するかもしれない。他には，彼ら自身の一部分はセラピストの言葉を注意深く観察しながら，他方，別の部分は心拍の変化のような内面の現象に注意するかもしれない。他には，眺めている右手がゆっくり勝手に上に上がっていく一方，腕浮揚の暗示に疑問や気乗りのしない気分を同時に体験するかもしれない。グイラモに私は次のように言うかもしれない。「あなたは内面で，こっそりとたくさんの事柄を経験するでしょう。そして同時にあなたの一部は『このことはどのようにして起こっているのだろう』と不思議に思うかもしれませんよ。あるクライエントはあるとき，それを小人が肩のここに座っていると表現しました。同時に二つ以上のことが進行する状態は，興味のあることです。ほとんど車を運転しているようなものです。両手が一つのことをし，両足が別のことをし，そしてあなたは交通に注意を払いながら，たぶんラジオを聞いているでしょう，ほとんど同時に」と。

　われわれの訓練グループでの研修生は，さらに違った方法でこの現象に出会うことになる。彼らは被催眠者としてトランスを経験しながら，一部の人たち――ときどきたいていの人たち――は，心を解放するようにならないように，一生懸命になる。それはテクニックとプロセスに注意を払いたいという簡単な理由からである。その経験をビデオに撮ることは，彼らがその経験ともっと完全に出会うための助けになるかもしれない。また，臨床家はクライエントとの心の仕事中に，少なくとも中程度の深さのトランスに彼ら自身入ってしまうというように，隠れた観察者の存在をときどき報告する。

自然なトランス体験を聞き出すこと

オリエンテーションの一部として，自然に生じるトランス体験を聞き出す。それは，クライエントに彼らがまさに体験しようとしていることは，ほかのときに「自然な」トランスのなかで体験してきたこととそんなに違わないことをわからせるためである。音楽を聴いているとか，楽しい本を読んでいるとか，あるいは「あなたは何かに没入した状態になります。たぶん長い退屈な運転，それで，時間がゆっくり進むように感じたり，速く感じたり，1分が1時間のように感じるかもしれませんし，1時間が1分のように感じるかもしれません。つまり，完全に時間がわからなくなります」というような例えを出す。グイラモの場合，いくつかの自然に生じるトランス体験を思い出すことができた。そこには，仕事から家に帰るときの運転，週末のテニス，小さい娘をあやして寝かしつけるときのお話が含まれていた。

無意識過程の紹介

無意識という言葉が言われると，その言葉を正統派精神分析と同じように見なして，抑制されるべき非常に多くの奔放な怒り衝動について，われわれが話しているのだと思うクライエントがいる。しかし，エリクソン派の間では無意識というのは生活と成長のための潜在的建設的な力と理解されていることを，多くのクライエントは知って安心する。うまくいっている生活というのは無意識の心と意識における自覚の間のスムーズな協同（Beahrs, 1971）を必要とするということをクライエントに説明する。次のように無意識の心についてクライエントに説明する。心のこの部分は氷山の水面下の大きな部分で，監視待機していて，「あなたがそれらをもっとも必要とするそのときに」利用することのできる資源の貯蔵庫のようなものであると。催眠療法家は，生まれつきの素質と能力にクライエントが近づき利用することを手伝う，単なる案内役なのだと話す。

夢を見ることについて，それは一つの無意識が働いていることの例として話すかもしれないし，あるいは「あなたには，幼い子どもたちが遊んでいるのを

眺めたことがきっとあります。その様子は，それらの遊びの世界ではすべてが**想像**です……**陶酔状態**です……。勘定を払うことやマフラーをしっかり身につけることについては彼らは考えていません」と話すかもしれない。また，どのように，物語，メタファ，混乱，それに似たような技法を「レーダーの下に入るために」彼らに用いていくことになるかについて説明する。それによって，そのことを必ず理解し，高く評価するようになる。われわれは彼らに告げる。「あなたは『どうして**そのように**言っているのか』と不思議に思うかもしれません。そうしたら，私が言うすべてのことは，問題を持ったあなたを助けるためだということを思い出してください」と。またクライエントに，無意識の心は，どのようなときに暗示が与えられようが，受け入れることのできる暗示を単に利用するだけだという意味で保護的であると考えられることを告げるかもしれない。

　右利きか左利きかを尋ねたあと，これは腕カタレプシー誘導法と観念運動による合図のために知っておくことは重要であるが，「はいわかりました。あなたは右利きですが，右親指利きですか，左親指利きですか」と尋ねる。普通，彼らは，「なんですって」と反応する。そして，われわれは，「そうですか，あなたはどちらなのか，調べてみましょう。これをしてください」と言う。そして彼らは頭の上で両指を組み，それからその指を膝に降ろすために前に持ってくるよう求められる。もし左の親指が一番上であれば，「見てください……あなたは左親指利きですよ……たぶんあなたは知らなかったでしょう」と言う。このことは無意識過程として説明される。その場所は，「事柄がまったくひとりでに起こるところ，それは白昼夢や車の運転とほとんど変わりません。そこではあなたの両足，両手はまったくひとりでに動くように見えます」と。

肯定的であったトランスワークの以前の経験

　トランスワークを以前に経験したことのあるクライエントがいる。彼らはそれを，瞑想，誘導イメージ，ストレスマネジメント訓練やトランスを誘導するそのほかの事柄として呼ぶかもしれない。もし彼らにとってその経験が良い経験であったなら，何が役だったのかを見つけ出すことは重要である。そうすることによってわれわれはその経験に頼ることができるのである。例えば，も

しグイラモが,「セラピストは私に深く座らせ,ちょっと目を閉じさせました。その後,両腕は感覚がほとんどなくなり,それは楽しい経験でした」と打ち明ければ,その情報に注目する。そうすることで,それを誘導法に組み入れることができるからである。同じように役だつ情報は,「数年前,私は超越瞑想を試してみました。そのとき私の心はちょっと離れました」や,「教会に行ったとき賛美歌に我を忘れました」や,「お祈りのとき完全に時間を忘れてしまいました」などの発言にも含まれている。

このような情報は直接,誘導法に利用されるかもしれない。例えば,「グイラモ,あなたは目を静かに閉じるということがどのようなことかを知っています。それらが閉じたとき,あなたには両腕で感覚がなくなり始めるということを想像することができます」と。利用技法はまた,もっと一般的な間接的やり方のなかで用いられることができる。「グイラモ,すべての人と同じように,あなたの心がちょっと離れたときにあなたは楽しい体験をしました。……楽しい活動に我を忘れました……そのときには常に時間について知っているということは実際かなり難しいことになります……」。

否定的であったトランスワークの以前の経験

過去に催眠様体験でいやな経験をした多くのクライエントは,催眠療法を最初に提案されたとき断るだろう。なかにはそれに参加することに同意するかもしれないが,その後控えめにそのプロセスに抵抗する人がいる。彼らの考えの根拠を発見するためにしばらく時間を使えば,それらの否定的考えをうまく追い払うことができるかもしれない。しかし,催眠と催眠療法を洗脳やマインドコントロールと同じと考える人や,自分たちの宗教の信念に反すると見なす人たちがいる。これらのクライエントには,われわれはしばしばトランスワークを追求しない。

郡農産物共進会やナイトクラブでのショー的色合いの舞台催眠に参加し,人びとが命じられるままに風変わりな行動をするのを目撃した人たちがいる。そのような経験を述べるクライエントに,われわれは普通,彼らが見たものは実際に催眠だが,それは娯楽のためになされた催眠であって,臨床催眠はそれとは違って,まじめなもので,人びとの問題を解決するための手伝いとして行わ

れるものであると説明する。

　チーク（Cheek, 1994）はトランスワークに抵抗するクライエントには，無意識レベルでしか近づけない早期の否定的経験に根を持っている人たちがいると述べた。この経験に近づくために，セラピストは無意識の心に質問する。そして，無意識の心は指で合図するような観念運動の動きを通して答える。

種まき

　種まき（seeding）は，あとのそのようなことに関して，早い段階で，違ったやり方で何かを言っておくことである。そのことについてもう一度言われたとき，以前の「種」によって目標が活性化される。このプロセスは，「ポンプに呼び水を入れること」として考えられるかもしれない。例えば，不安の強いクライエントに対しては，いくつかの方法で，**スピードを落とすということ**（slowing down）の種をまくかもしれない。面接の最初に，今日の車での通勤のとき，交通は特に**のろのろしていた**と言うことによってとか，ノンバーバルに，机からコーヒーカップを回収するために**ゆっくり立ち上がる**ことによってとか，話し方や息の仕方を**ゆっくり**にすることによってとかである。あとでの正式なトランスワークのとき，道路を運転する話のなかで，**スピードを落とすということ**について言及したとき，そのクライエントはその暗示を，より受け入れやすくなる（Zeig, 1990）。これは重要なテクニックなので，この本のなかではそれを豊富に用いている。ギアリー（Geary, 1994）は，種まきには必ず追跡があることを指摘して，種まきと暗示の間に重要な区別をしている。

トランス中のコミュニケーション：「ダンス」の促進

　ダンスのような社会的行事に，あなたが参加していると想像してほしい。あなたと相手の人は，お互いに対してと，お互いの予想に対してと，お互いの動きに対する反応に，細心の注意を払うことになる。一緒にダンスをするとき，お互いを理解し，共同で動く。
　催眠療法でのコミュニケーションは，ダンスに非常に似ている。クライエントに話しかけながら，セラピストは同時に微妙な姿勢の変化，わずかなまばた

き，わずかに頬が赤くなること，鼻孔の広がりのようなことに細心の注意を払う。それからセラピストは暗示を与える。たぶん，両腕に重い感覚やほかの感覚を誘導するか，そのクライエントに深化の部分として階段を降りていくことや，自信を経験したことのある過去の何かを想像させる。セラピストはクライエントがこれらの事柄を経験したとどのようにして確かめるのだろうか。いくつかの方法はあるが，それらはすべて，尋ねることを条件として必要とする。

セラピストとクライエントの行ったり来たりのコミュニケーションが可能となるときに，「ダンス」が生じる。始めるためのよい方法は頷きを求めることである。例えば，「あなたが片手に無感覚やじーんとした感じのような微妙な感覚，軽さや重さやほかの興味のある感覚が出てきているのを発見し始めたとき，頷くことで私に知らせてください」と。また，話すことはクライエントのトランスを浅くする傾向はあるが，「あなたの言葉で私に言ってください」と言うことも可能である。たいていのクライエントにわれわれはセラピーの早い段階で観念運動による指の合図を確立する。トランス中に一度，彼らに利き手のなかで，**ハイ**（yes）の指，**イイエ**（no）の指，**わからない**あるいは**答える準備ができていない**指を選ぶように求める。たいていのトランスワークは無意識水準なので，無意識の心に質問を送る。例えば，「私はあなたの無意識の心に尋ねたいと思います。あなたが深いトランスに入る準備ができたときを，あなたの指の一つがぴくぴくし，独特の軽さが出てきて，空中に浮かぶことによって，あなたも私も知るでしょう」と。誘導法と深化法の目的のために，たいていこの本ではハイの指が用いられる。指の合図に関する応用についての細かい考察は，ロッシーとチーク（Rossi & Cheek, 1988）を参照のこと。

利　　用

また，エリクソン派の，利用（utilization）として言われているが，これは原理であり思想である。それはまた「新催眠」の実践家の標準方法で，その応用は特別の技法を要求する。一見したところ，利用は簡単に見えるが，多くのセラピストは，行動がたとえあったとしても，どの行動を利用すべきか決定することができないとき，混乱してしまう。

デブという名前の女性が，庭を造り直すために庭師を雇ったと私に言った。

デブは所定の額のお金を用意したが，庭の真ん中にある三つの大きな魅力的ではない岩を取り除くためのお金は準備できなかった。利用の催眠ではない例として，創造的な庭師はそれらの岩を彼の計画のなかに**組み込ん**だ。そして一定の木，蔓植物，装飾的な石を加えることによって，それらの岩を庭の観賞用の構成要素に**変えた**ということである。

あなたは「もし人生があなたにレモンを手渡すなら，レモネードを作りなさい〔米国人にとって，レモンは非常に酸っぱいものという意味で，あまり喜ばれないものである〕」という古いことわざを聞いたことがあるだろう。これもまた，利用の例である。同様に，テニス選手が，強烈な挑戦的サーブの受け手のとき，その選手はこの障害物あるいは挑戦を**受け入れ**，サーブされるそのボールを打つために，腕，脚，足を使って必要な適応をする。

私（GG）がかつて目にしたもっともすばらしい利用の実践家は，年老いた**メキシコ系アメリカ人の女性**民間祈とう師（healer）であった（Gafner & Duckett, 1992）。人びとは彼女の家に昼も夜も行くことができた。書き込む必要のある保険書類はなく，滅多に待つ必要もなく，もしお金を持っていなかったとしても，それは大丈夫であった。セッティングは暖かく，受け入れ的で，その個人の立場から始め，共有の言語，文化，信念の体系を用いて，薬草と儀式で，見たところ奇跡のような症状除去を結果としてもたらした。その**メキシコ系アメリカ人の女性**は，患者は**彼ら自身のなかに**治癒力を持っていて，彼女の仕事は治癒過程を促進することであると信じている。

利用では，クライエントに対して挑戦や拒否をすることではなく，**受け入れる**ことになる。それぞれの考え，言葉，行為，問題は，それぞれ固有で，セラピーにおいて**可能性のある資源**と見なされる。初回面接では，われわれはクライエントの活動，興味，強く持たれている信念と，使われている言語に細かい注意を払う。利用は，セラピストがその人のすべての側面に**関心**と**興味**を示すということで，セラピー関係を促進することになる。このことは，クライエントが有意義な生活を送るための必要な資源をすでに持っていて，セラピストの仕事はそれらを発見する手伝いであると仮定していることになる。このやり方はすでに存在している行動や信念を利用するもので，まったく新しい行動を行うことやそのクライエントに敵対する信念の採用を強制する試みとは対照的である。多くの著者たち（Combs & Freedman, 1990 ; Lankton & Lankton, 1986）

は，ミルトン・エリクソンのこの遺産に拍手喝采を送っている。この遺産はセラピストに，クライエントに対して柔軟に，許容的に，そしてクライエントを大切にしてアプローチすることを推奨することになる。

利用では，解決はその問題のなかに含まれていると見なされる（Gilligan, 1987）。例えば，心理療法で不安を扱うとき，セラピストはその症状とその目的や働きを**認め，尊重して**，それを取り除こうとはしない。その代わりに，その症状の頻度，強さ，持続期間，タイミング，場所を修正するよう働きかけることになる。一度そのパターンが変えられると，その症状は消失し始める（Lankton & Lankton, 1986）。

催眠誘導法では，セラピストはクライエントのため息，まばたき，固い信念を認め，あるいはそれに合わせ，それから望ましい方向にクライエントをリードする（Gilligan, 1987）。例えば，われわれはクライエントに次のように言うかもしれない。「あなたの呼吸の変化やまばたきに気づくことと物事についての強い信念の内容を理解することが，トランスに深く深く入っていくことの価値を知る最初のコースにもなります……」と。セラピストは同様に，廊下での人びとの話し声のような騒音を利用することもできる。「……そして内面や外の多くの事柄に注意を払っていると，これらすべてのことが，あなたを深い深いリラックスの心地よい状態に導いていくことができる，その様子にあなたは気づき始めるかもしれません」と。

エリクソン財団のブレント・ギアリー博士（Dr. Brent Geary）は，「すべてのことは利用され得ます。そして，あなたはすべてを利用するということはしていないでしょう」とかつて言ったことがある（個人的会話, 1998）。このことによって，私には利用が焦点の的になった（SB）。われわれは，クライエントの表に出ているもっとも目立つ側面を取り上げることから始める，——例えば，怒り，気分変調，堅さ，自己愛など——，そしてそれをリフレームし，誘導のなかの建築資材として利用することをお勧めする。例えば，怒りはそれなりに利用され得る。「オーギー，ある人がその同じ椅子にあるとき座っていました。そして深いトランスに入っていきました。その人もまた**表現の激しさと強い感情に対して好意的な理解**を持っていた様子について思い出しています。それで彼にとって彼の身体に個別で，**特有の感覚**に自然に気づき始めました。それは足に暖かさや重さ，あるいは手に冷たさやじーんとした感じのような微妙な感

覚か，それともほかの場所にほかの興味のある感覚だったかな？」と。

セッティング

　静かで心地よいオフィスは催眠療法には計り知れないほど大きな助けである。退役軍人省のアリゾナのタクソンにある私（GG）のオフィスには，絵や古いシートミュージック〔ばらばらの紙に印刷してある通俗的な音楽〕，あるいはそれに類したもので覆われている大きな掲示板がある。そしていくつかのカラフルな，メキシコの陶器製のオウムが天井からつり下げられている。したがって，クライエントが凝視を求められたときには，選ぶ物がたくさんある。また，しっかりした椅子と同様に，足を上げておきたい人のためのリクライニングチェア，それは床にそれほど近くはない。老人のクライエントや背中痛のクライエントのためのものだが，これは役に立つ。

　アリゾナのメサ（Mesa）にある退役軍人省の外来患者診療所の私（SB）のオフィスには，エドワード・カニンガム（Edward Cunningham）による「鏡のなかの友達」(Friend in the Mirror) というタイトルの，枠のついた詩がある。これは凝視による誘導法のためには，ありがちな凝視点として役に立つ。廊下や隣の部屋からときどきする騒音は，両方のオフィスで取り組まなければならない事柄である。私（SB）は，ときどきクライエントに周囲の騒音を意識のちょっと外に置いておくように，あるいは私の声以外の何ものにも気づかないとか，反応しないというふうに暗示することがある。われわれはまた，周囲の騒音を作り出すさまざまな機械装置で，実験をしてきた。波の音，南国の雨の音，蛙の鳴き声など無数の音を作り出す安価な電子装置がある。私（GG）は，子どもがしばしばメトロノームのチックタックという音を好むことを発見した。クライエントのコントロール感覚は，ある特定の背景の音を選ぶことが許されるときや，まったく音がないときに促進される。クライエントは海の波の音を好むように思われることを発見した。

　あなたがクライエントに好きな椅子に座ってくださいと言うとか，心地よく感じるために必要な何かをしてくださいと言うとき，彼らがあなたの言葉を真に受けるように準備させてほしい。数年前，クレアー・フレデリック博士（Dr. Claire Frederick）はアメリカ臨床催眠学会（ASCH）のワークショップ

で,「催眠についての良いところは,**何でも許されるということです**」と言った。彼女が意味したのは,セラピストはクライエントから出てくるどのような反応に対しても許容的で受容的であるべきであるということである。クライエントが予想できない興味深いやり方で反応したことについて考えていたとき,彼女の言葉が私（GG）の頭に浮かんできた。一人の女性は寝椅子に扇情的挑戦的に横たわることを選んだ。180キロの男の人が床の上にあおむけに寝て,後ほど立ち上がるのに非常に苦労した。背中痛で困っていて,座ることに耐えられないある男の人は,立ったままトランスに入っていった。彼はすぐに眠りに入り,前後に揺れはじめ,床に倒れる前に目を覚まさないといけなくなった。

　退役軍人省では,われわれは多くの聴覚障害のクライエントに出会う。大声はトランスワークに誘導するのには助けとならない。それで,この問題を避けるためにマイクを使っている。また,セラピーの終結時点でクライエントに,誘導法,深化法の言葉,セラピーの重要な要素をとらえている物語を含んだその個人用の音声テープを作っている。タクソン退役軍人省でのストレスマネジメント・プログラムでは,クライエントの面接回数は典型的には,6回以内である。これらのクライエントのなかに,全般性不安障害と外傷後ストレス障害（PTSD）の人たちがいる。しかし,多くは精神病性障害の範囲で,クライエントとしてやってくる。われわれは処置の最初と最後にベックの不安尺度（Beck Anxiety Inventory）を試行している。クライエントは次のように告げられる。処置の目的は,「不安を取り除くことではなく,それを和らげることです。耐えられなくなることを避けるために,いくつかの道具をあなたに与えることです」と。

　長期と短期の両方のクライエントはこの本の誘導法と深化法に対して,非常によく反応し,多くの場合,不安症状の客観的な減少を示す。彼らは個人差を大切にし,彼ら自身のなかに持っている資源を利用することを助ける方法に感謝するのである。エリクソンは,「私の声はあなたに同行します」とクライエントに話したと言われている（Rosen, 1982）。あなたの声がクライエントに同行できる多くの方法がある。われわれの用いる二つのテクニックはその個人用に作られたオーディオテープと,錨あるいは合図（例えば,1回の深呼吸）の取り付けである。目標がリラックス,自我強化,痛みの管理やそのほかのための利用であったとしても,これらのテクニックは,クライエントが面接中に

経験したことが何であっても，それらを生じさせる助けをする。オーディオテープを聴かないクライエントがいる。代わりに，それを移行対象として，目標を維持するために彼らを助ける「安全な毛布」としてそれを彼らは評価する。

あなたの声

催眠療法の実践の初心者は，普通，声の出し方について多くの疑問を持つ。「実践を通してあなた自身の声の出し方を見つけるでしょう」という線に沿った答にはほとんど安心できない。ケイ・トンプソン博士（Dr. Key Thompson）のビデオテープを見たセラピストは彼女のまねをするように努力するかもしれない。ミルトン・エリクソンの古いテープからミルトン・エリクソンを思い出して，彼が「はい，いい・です・よ……」と言うときの，彼のすばらしい，おじいさん的声の出し方を再生しようと努力するかもしれない。

いつも低い，ほとんど変化のない，飽きてくるような単調さで話す実力のある催眠療法家がいる。ほかには，会話口調で，催眠のおしゃべりを始めだして，とてもゆっくりと声の大きさを小さくしていき，彼らの催眠の声になるまで速さをゆっくりさせていく催眠療法家がいる。ほかには，誘導法やセラピー部分で，時々に応じて声を調整する催眠療法家がいる。たぶん，重要な暗示を強調するために，話し方をゆっくりしたり，声を小さくするのであろう。

われわれは研修生に，「あなたはあなたの会話口調，心理療法口調，そしてそれから**催眠口調を持っています**」と話す。われわれはテープレコーダーを使って練習することを勧める。そこでは，心地よくなる話し方を見つけるまでさまざまなことを試すようにと。「しかし私は私の話し声の響きが好きではありません」と言う人がいる。そして，われわれは彼らが好きな声を発見するようにと強調する。また，研修生に話す物語——自分の声を発見する人について——がある。

この本の使い方

催眠療法が初めての実践家は，最初から始めることを望むかもしれない。最初のところでは，われわれは，重要な言葉と概念と一緒に，かなり応用しやす

い会話誘導法を例示する。用語解説はまた，重要な言葉を特定し，それらの使い方を明確化するための助けになる。経験を積んだ臨床家には，また第2章の誘導法のいくつかから，恩恵を受けることができるだろう。レパートリーを広げるということになるかもしれない。しかし，手持ちの誘導法で満足している人は，そのあとの章に読み飛ばすことを望むかもしれない。そこではもっと洗練された誘導法が例示されている。

多くの年長の実践家は，もっぱら第5章で例示されているような直接的，権威的テクニックに頼っている。アラオズ（Araoz, 1985）は，多くの人たちが過去30年間に訓練を受けてきたこの「旧催眠」と，「新催眠」の間にしっかりと区別をする人たちの一人である。「旧催眠」は標準被催眠性テストと，非常に直接的なテクニックに頼っていた。この催眠では，クライエントは例えば，「私の手を見ていてください。私は手をあなたの顔から頭の上に動かしていきます。そうするとあなたの眼球はひっくり返っていきます。それに従ってあなたは深いトランスに入って**いきます**」と教示される。あるいは，トランスのなかで一度，「あなたは硬く**なります**」とか，「重さがなく**なります**」と，言われるかもしれない。

誘導イメージのような催眠に類似の方法であっても，それらはしばしば権威寄りのテクニックを使っている。例えば，「あなたが，晴れた天気の日に湖でボートに乗っている場面を想像して欲しいのです……」と。これはそのような状況がそのクライエントをリラックスさせると仮定している。しかし，外の湖の上でいることは，クライエントに深い水という恐怖を感じさせるかもしれない。これは，そのクライエントに対してアプローチを合わせるということの重要な例示である。何百というプログラムはないにしても，米国だけでも何十というプログラムがあり，そこでは誰でも「催眠家になるための」勉強ができる。これらの多くの人は，最低限かあるいは教育がなく，あるいは訓練に必要なものを持っていない。これらの人たちは一つで何でもできるようなテクニックを信じている。そのようなアプローチは，セラピストとしての誇張された自信を育てかねず，クライエントと専門家の両方を否定的な結果に導きかねない。そのようなわけで，われわれは教育，訓練，催眠療法の実践におけるスーパービジョンの必要性を強調する。

何百年も催眠は権威的やり方で行われてきた。このやり方からでも恩恵を被

るクライエントはいるかもしれない。しかし多くのクライエントは，クライエントに固有の方向と関心に調整された，尊敬の念に満ちた，間接的なメタファ的アプローチを今日では望み，そしてそのことから，より多くの恩恵を必ず得るであろうと考えられている。たいていの場合，トランスワークに興味を示すクライエントはある程度の催眠状態になるだろう。そして，たいていの臨床的な仕事はクライエントが穏やかな，あるいは中程度のトランス状態のときには可能である。ミルトン・エリクソンと彼の後継者（Erickson, Rossi, & Rossi, 1976 ; Gilligan, 1987 ; Haley, 1973 ; Lankton & Lankton, 1986 ; O'Hanlon, 1987）は，「新催眠」の，より全般的な許容的なやり方を普及させた。この本のたいていの誘導法は，この哲学に従っている。

　タクソン退役軍人省でのわれわれの訓練プログラムでは，訓練を受ける人に少なくとも四つの誘導法における能力を身につけることを期待している（それぞれの訓練の研修期間は，9か月から1年である）。それぞれの催眠訓練グループで，会話あるいは埋め込まれた意味の誘導法を読んだあと，研修生は普通，これらの誘導法によく反応するクライエントと一緒の心の仕事のなかで，読みながらの誘導法を続ける。いずれは，彼らはもっと複雑な誘導法に進んでいき，そのころまでに彼らはその場に即した誘導法をうまく行うことができるようになっている。

　催眠療法家は心に倹約の法則を持っているべきである。催眠誘導では，少ないことが良いので，ドアを開けるもっとも単純な鍵が用いられるべきである。いくつかの事例では，ドアはもう半分開いていて，だから必要なことは第2章でのような誘導法だけである。ほかには，ドアが実際に広く開いている場合がある。例えば，椅子に深く座って，トランスに入っていってくださいと求められることだけを必要としている経験のあるクライエントがいる。ほかには，特に無意識の抵抗を持っているクライエントでは，ドアが開く前にいろいろな鍵を試す必要があるかもしれない。第3，4章の誘導法はこのようなクライエントに非常に役立つだろう。

　この本を通して，われわれは誘導法と深化法両方の多くのやり方のなかから，いくつかを例示することにした。われわれは，あなたに，これらを使って，あるところから一つ，別のところからまた別のものというように，何かを選んできて，何があなたとあなたのクライエントに役立つかを調べるために，試して

みることを勧める。われわれは**何かを試して**——誘導法やセラピー的な応用——，そしてそれから，クライエントの反応を基にして，微調整を続け，そのやり方をその人に合うようにしていく。それまでは，何がその特定のクライエントにうまく働くかを知ることはできない。同様に，あなたがいろいろな誘導法を試してみるまで，あなた個人にとって何が心地よく，何に自信を持てるかということについては，わからないだろう。その個々のクライエントに催眠療法を合わすことは重要なことであるが，同様に，**セラピストの成長**ということは，われわれにとっては重大なことである。われわれは催眠のワークショップと訓練に参加するが，また，仲間と定期的に共同研究をし，セラピー物語を交換し，Eメールでお互いに相談し，さまざまな臨床的問題への応用に関する情報の提供を求める。

　この本の誘導法が，あなた自身の創造性，資源の豊かさ，学問的知識を刺激し，あなたの催眠療法技術を改善し続けさせるものであることを，われわれは切に願っている。

第2章　一般的な会話誘導法

　この本のすべての誘導法では，クライエントは心地のいい場所を選んで，心地のいい位置に身を置くことを求められる。いつでも場所を変えたり，その位置を調整したり，大きな声で話したり，心地よさを深めるようなことはどのようなことでもしてよいと言われる。彼らはどのような不快さであっても，その不快さを探すために，身体を心のなかで詳しく調べるように求められる。もし彼らが，例えば，首に緊張があると報告すれば，セラピストはこの指標となる感じを書き留めておく。

凝視法

　われわれはタクソン退役軍人省医療センターで，催眠と，慢性のPTSD（外傷後ストレス障害）に関する研究計画のために，この誘導法を考え出した。PTSDを持つ多くのクライエントは目を閉じることを望まない。したがって，この誘導法は凝視も閉眼も受け入れることになる。この誘導法を多くのクライエントのために，用途の広いものとして実際に採用した。この誘導法が身体の感じに対する多くの暗示を含んでいることに注目してほしい。クライエントのトランス**体験**——特に観念感覚（ideosensory）の感じ，時間歪曲，分離——が大きくなるに従って，彼らはトランス体験をより強く信じるようになる（Hammond, 1994〔この年数の文献は文献一覧に入っていない〕）。面接の最後にこれらの現象を承認することは重要なことである，特に最初のときには。

誘導法

壁か天井かあるいはそれ以外の**あなたの好きなとこ**　　許容的暗示

ろに目印を選んでください。そしてその目印を見つめてください。それができたら頷くことで私に知らせてください……そうです。

　さあ，あの印を見つめていると，(クライエントの名前)，あそこにあるあの印が**ぼやけたり**，**かすんだり**するのに気づき始めるかもしれません。人によっては，あそこのあの印の形や**大きさ**や色が変化し始めることを発見します。たぶん**大きくなったり**，**小さくなったり**，**そのままでいたり**，そしてあなたはあなたの目がまばたきしそうになっていることを発見し，それであなたの目は穏やかにひとりでに**閉じるかもしれません**……あるいは人によっては，**あの印を見続けて**いることの方が，心地がいいということを発見します。それはまったくすばらしいことです。人が長い時間どこか一点を見つめていると，ときどきある種のトンネルの光景が見えてくることがあります。**それで**，人は遙か遠くのあそこの点に完全に入り込んでしまうこともあります。

　たぶんあなたはあなたの呼吸に気づき始めていると思います。(クライエントの名前)，**呼吸の速さはどのように変わり始めたのでしょう**，ことによるとほとんど気づかないかもしれませんが，心地よくそしてリラックスして**呼吸をする**（breathe in comfort）につれて，あなたは心を**ゆったりさせはじめていき**，身体を**ゆったりさせはじめていく**ことができるでしょう。そして，あらゆる**不安定感や緊張**，それを，息を吐くたびに吐き出すことができるでしょう。そうです……**すること**も，**理解すること**も，**変化させること**も，**考えることさえもまったく何もありません**。そしてあなたが実際にやらないといけないことは，そこに座り，呼吸をすることだけだということを知ることは非常に

歩調を合わせること

あらゆる可能性を網羅する暗示

言葉の連結

許容的暗示

言葉の連結

ほのめかし

条件に伴う暗示

繰り返し
条件に伴う暗示(続き)

何も理解しない/何もしない

安心できることでもあります。いつも**運転席**に座っています。とてもゆっくりと，心と身体の両方を**ゆった**りさせ始めています。

　（クライエントの名前），**誰もがリラックスを経験し**たことがあります。たぶん**寒い日**に，**肌に暖かい太陽**……あるいは**暑い日**に，**顔にすがすがしいそよ風**……あるいは，**車の運転をしているとき**，あるいは**好きな音楽を聴いているとき**のような別のとき，あるいは心に浮かんでくる**何かほかのこと**……そこでは満足する体験にもっともっと入り込んでいき，そのときには時間が**速くなったり，遅くなったり**感じられるように思え，**1分が1時間に思えたり，1時間が1分に思えたり**，あるいはことによると，それは単純に**時間感覚を**なくすということかもしれません。

　さて，（クライエントの名前），今朝起きて，あなたがしたように今日ここにやってきて，**外は**（**晴れ/曇り/暖か**）天気です。待合室でしばらく待っていて，それから廊下を歩いてきて，ここに入り，そしてそこに座ると，きっとあなたは非常にリラックスした楽しい感覚を体験し始めることができるでしょう。しかし，次のことについては私にはわかりません。それは，あなたの**心の表の部分**で，ほどほどのリラックス状態にそっと素早く入っていくことについて思いをめぐらしたのか，それとも，**心の後ろの部分**で，深いトランス（trance）状態にもっとゆっくりじっくりと入っていくことを想像したのかということです。トランスは**別の状態に入る入り口**（entrance）のようにもなります。しかし，それは実際大したことではありません。なぜなら，何が起こってもいいからです。その体験はあなたのもので，あなただけのもので，あなたが楽しみ味わうためのプライベートで内的なものなのですから。

メタファ	
繰り返し	
明らかなこと	
反対の並置	
自然なトランス体験	
反対の並置	
似ている選択肢の拘束	
明らかなこと	
暗示	
意識−無意識の二重拘束	
語呂合わせ/埋め込まれた意味〔en-trance〕	

さて，（クライエントの名前），私が今日あなたに話し␣␣種まき
している間に，ときどきあなたは私の**中断**……あるい
は**沈黙**……を体験するでしょう。それは言葉がない
ときです。そしてそれらはあなたが体験を深める時間に
もなります。……**中断**……あるいは**沈黙**……。そして␣␣種まき（活性化）
あなたは私が言うすべての言葉を聞くかもしれませ
ん。あるいは，それらの言葉はただ聞こえてきて消え
ていくかもしれません。同時に，あなたはあなたの身
体に決まって起こる感じに気づき始めるでしょう……
たぶんそれは，**じーんとした感じのような微妙な感覚**␣␣あらゆる可能性を網羅
か無感覚，片手か両手に，あるいは，**冷たさか暖かさ**，␣␣する暗示
あるいは**重さか軽さ**，あるいはそれ以外の興味のある
感じかもしれません。これらの感じや感覚は普通，人
の手足で起こりますが，身体のそれ以外の場所で起こ
るかもしれません。そしてそれは，**努力なしで，ひと**␣␣無意図性
りでに，あなたの意識的などんな試みもなしで，ある
いは単純に一度ちょっと心を解放することの一部とし
て起こるかもしれません。**ある人**はあるとき，足に␣␣メタファ
はっきりした重みが発見できると言いました。そして
彼（彼女）は**それらの足**をほとんど動かすことができ␣␣分離
ませんでした。ほとんど非常に重いウェスタンブーツ
を履いているかのようだと言いました。**別の人**は，両␣␣メタファ
手が身体のほかの部分から**離れている**と感じると同時␣␣分離
に，足の指を靴のなかで丸くしているように，足の指
について強く感じていると言いました。**ある男性**（女␣␣メタファ
性）が，口のなかの乾きと同時に，頭の表面がちくち
くする興味のある感じに気づくと報告しました。不思
議に思うかもしれませんが，右耳タブの痒みに興味を
示した**一人の人**を思い出します。あなたが気づき始め␣␣メタファ
たどのような感覚でも，それらはあなたの体験で，あ
なただけのもので，すべてあなたがもっともっと**深い**，

心地のいいリラックス状態になってきていることの一部です。……（中断）……それらの感覚に気づいていくと，身体と心の両方が**ゆったりして，もっと深くもっと深く，心地のいいリラックス状態**に入っていくことの価値を認め，本当に価値を認め，楽しみ始めることができるでしょう……（沈黙）……。	繰り返し 種まき（活性化） 繰り返し 種まき（活性化）
多くの人は内部で進行していること——感情，考え，感覚——，それらに注意を払うことと，そしてまた，同時に外部で起こっていることにも集中することができる様子は，**おもしろいこと，たぶん興味**までもそそられることだと発見します。外部では，——あなたの下の椅子の感じ，そこにある**それらの手**，そして言葉——何と言っても**私が話しかけているのはあなたの耳**です……同時にまた，**そのプロセスに気づき，**トランスに入っていくあなたに気づき，それ全部にまさに思いをめぐらしている**あなたの一部**を持つことはよくあることです。われわれはこれを「隠れた観察者」と呼びます。そして，これらすべてのことがどのように同時に進むことができるのかということは，かなり興味のあることです。そしてその間ずっとあなたは**運転席**にいることができます。ある人はあるとき，これを**自由に解放するというコントロール**と呼び，また別の人はこれを**コントロールを自由に解放する**と呼びましたが，私はまだその二つのなかで混乱しています。	催眠言語 分離 分離 隠れた観察者 メタファ 似ている選択肢の拘束
すべての人の心には前の部分と後ろの部分があります。前の部分は呼吸，言葉，身体で生じている感覚や感情に注意を向けています。そして**心の後ろ**は，氷山の大きな部分に似ています……あなたにはそれは見えませんが，それはそこにあることはおわかりでしょう，水の下で，用心深く，待機していて，注意深く，私的なもので……深い内部で……内部のそこはあなたの想	無意識過程

像，そして直感を持つところで，もしあなたがそれをもっとも必要とするそのときにはあなたを助けることができるあなたの心の部分です……。

そうです，(クライエントの名前)，心地よく，さらにさらに深くリラックスして呼吸しています。**何も意識的にしていません。意識的に理解もしていません，考えてもいません。**それがまったくひとりでに生じるままにさせています。 | 何も理解しない/何もしない

さて，(クライエントの名前)，車で道を走りだす前に，ドアを開けることは非常に心地のいい気分になることができます。それからハンドルの前に座ります。**そのときには運転をする人になっています。**……一度道路に出ると，人は**スピードを上げ**，それから**スピードを落とします。スピードを上げたり**，そして別のときには**スピードを落とし**たりします。さらにさらに深い心地のいいリラックス状態で，息を吸ったり，息を吐いたりしています。 | メタファ
反対の並置
暗示

深化法

さて，(クライエントの名前)，これから，私が数を10から1まで逆に数えていきます。そして，数が10から1まで逆に進んで行くと同時に，あなたに**想像して**もらいたいことがあります。ちょっと**想像して**ください。あなた自身が少しずつ深く深くさらにいっそう心地のいい，満足のいくリラックス状態にゆっくりと下降していくことをちょっと**想像して**ください。これから数えはじめます。10, 9, ……(クライエントの名前)，あなたが今日行う必要のある心の仕事をするために，十分深くなったとき，頷いて教えていただけませんか。……はい，いいですよ。

再覚醒化

セラピーのトランスワーク部分のあとに，クライエントは再覚醒化される。われわれはちょっと大きな声で，このような何かをしばしば言う。「これから

数を1から5まで数えていきます。私の声が3か4か5になるまでに、あなたは普段の目覚めた状態に戻ってくるでしょう。1……2……」。

催眠後のやりとり

クライエントと催眠後のやりとりをするために数分間費やす必要がある。特にトランスワークの最初の数回の面接ではそうである。クライエントは重要な基本的情報を教えてくれるかもしれない。例えば、「もうちょっと大きな声で話してください」とか、あなたの言う何かが気を散らせていたことを知らせてくれるかもしれない。最初の面接での全体の目標は、クライエントが心地よく感じることである。クライエントの心地よさを助けるために行う、あるいは言うことのできるどのようなことでも、すべてセラピープロセスを促進するだろう。これは部屋を暗くするというような単純なことかもしれないし、違った種類の誘導法を選ぶというようなもっと複雑なことかもしれない。フィードバックを求めることは、あなたのやり方をそのクライエントその人に対して個別化し、微調整する情報を提供することになる。

催眠後のやりとりの別の重要な側面は、トランス現象を引き出し、それを承認する（強化する）ことを結果として含んでいる。「あなたはどのように感じていますか？」とか、「あなたの身体はどのように感じていますか？」というような大まかな質問をするかもしれないし、もっと限定して、「あなたの左手はどのように感じていますか？　そして右手は？」と質問するかもしれない。時間歪曲は「時計を見ないで、今何時だと思いますか？」というような質問でわかる。また、クライエントはトランスの指標に関係する感覚について尋ねられる。もし彼らが緩和の感覚を報告するなら、例えば、「私の首はそんなにこわばっているようには感じません」とか、その場合、これはまたトランスを承認することになる。

実践上の注意

クライエントの名前が何回も言われることに、あなたは気づいているかもしれない。深いトランス水準でも（そして事実、睡眠のデルタ段階でも）、人びとには彼らの名前は**聞こえる**ので、強くて、個別化されたやり方で彼らとつながっていることになる。繰り返しはまた、重要な暗示として用いられる。全般

的なルールは，同じ方法かまたは違う方法で，重要ならそれを繰り返すこと。ことによると，メタファでその考えを強化すること。深化法のなかでその人は深く入っていくことを**想像する**ように求められることに，あなたは気づいているかもしれない。もっと権威的な誘導法では，クライエントは心のなかで何かを**する**ように求められる。例えば，階段を降りていくことなどを。クライエントが単に何かを想像することに対して抵抗することは困難である。

　深化法のなかで，クライエントは主観的深さを証明するために頷くことを求められる。もし頷きがなかった場合，あなたはどうしますか？　たぶんあなたは，十分長くは待たなかったのだろう。普通クライエントに少なくとも反応のための時間を1分ほど与えてほしい。ときどき催眠後のやりとりのときに質問されると，彼らは「ええっ，頷いたと思いましたけども」と言う。とにかく，見分けのつく反応が得られないなら，次に進むことである。

　われわれは再覚醒化のあと，クライエントが話すすべてのことに細心の注意を払う。特に，最初の数回の面接では。もし胸に心地のいい暖かさを報告するなら，次の面接で，「あなたが胸に心地のいい感覚が生じ始めていることに気づき始めるのはいつだろう……」とわれわれは言うかもしれない。もし何かが否定的だとか，廊下の騒音のように，気を散らせるとか彼らが言うなら，次の面接で，われわれは，「……そして，あなたに聞こえるすべての音は，あなた自身が深く深く入っていっていることに気づくに従って，あなたの体験のなかに組み込まれることもあります……」と言うかもしれない。このようにして，われわれはセラピーのサービスのなかで，そのクライエントの体験を利用する。

あまりやりすぎないこと

　この誘導法は漸進的筋弛緩（PMR）テクニックに催眠的に対応するものかもしれない。クライエントはPMRのように筋肉を緊張させ，弛緩させることは求められない。しかし，この誘導法では，直接身体の連続する部位でのリラクセーションを暗示することになる。もっと具体的には，大人でも子どもでも，身体に注意の向いている人は，この誘導法に順調に反応するかもしれない。これは前のものより権威的である。閉眼の暗示はかなりきっぱりした，直接的なもので，凝視を続けても閉眼してもよい，前の誘導法のように，許容的でも全

般的でもないということに注意してほしい。したがって，閉眼が起こらないときには，クライエントの反応に合わす準備が必要になる。例えば，「……あるいはあなたの身体が深い呼吸とともに，もっとリラックスし続けるに従って，目を開けたままでいることが，もっと心地がいいということを発見するかもしれません……」と。

クライエントとやりとりすることや，「ダンスをすること」は，原稿から定期的に顔を上げ，クライエントの反応を観察することを必要とする。実践や体験では，準備された原稿に頼るべきではないだろう。そうすれば，観察と調整とリードはもっとたやすくなるだろう。

これらの原稿は声に出して読むように（そして催眠効果があるように）書かれているので，文章に対する従来の規則は適用されていない。「そして」で始まる文章，不完全で無終止文，そして二つも三つもある否定語が目的的に含まれている。

無意識の心の概念は，トランス前のやりとりのところで種まきされる。セラピストはクライエントに，無意識の心は氷山の大きな部分に似ていて，ほとんどが水の下であると言うか，ことによると，声に出して，「あなたの無意識の心は，今日のこの体験からどのようにして恩恵を受けるのだろうか」と，つぶやくかもしれない。

誘導法

（クライエントの名前），**ある方向に持っていこうとやりすぎないでください。そして，ある方向に進んでいるのを止めすぎないでください。**物事が進行しているなと気づきながら，あなたの**想像を自由にさまよわせてください。**たぶんその**想像はおもしろい興味のある考えや感覚，そしてたぶん，それは内面や外でのことか，あるいは同時に両方かもしれません。考えたり，応じたり，何かをしようとはまったくしないでください。**実際，私が言っていることに**注意深く聞く必要さえないのです。**それは，**あなたの無意識の心が何か重要なことには，あなたの意識的な努力なしに，当然注**	似ている選択肢の拘束 催眠言語 似ている選択肢の拘束 何も理解しない／何もしない 制限 暗示

意を払うからです。さて，（クライエントの名前），たぶんあなたはこの今日の経験についてあらかじめ考えました。それは昨日あなたの心をよぎったか，一昨日よぎったか，それともひょっとすると今日それについて思いをめぐらしたか，あるいは数分前の待合室でか，そしてたぶん，今まさにあなたの一部は観察していて，同時にあなたの残りの部分はその体験と一緒にまさに進行しています。それはすばらしいことです。というのは，あなたが望む浅いか深い，まさにそのトランスにあなた自身を入り込むようにさせることができるということが今始まっているからです。

明らかなこと

隠れた観察者

暗示

　あなたは私の声を聞いていると，できる限り深くあなたの身体がリラックスしていくということをあなたは許すことができます。さあ，数回深い呼吸をしてください，あなたが望む程度のその深さで，……結構です，そうです……深呼吸は非常に心地よく，満足のいくものとして感じることができます。

条件に伴う暗示

　（もしクライエントの目がまだ閉じていないなら）目，そして特に瞼が非常に非常にうとうとしてきて，重く，幾分眠く感じるかもしれないことに気づき始めるかもしれません。……それでまばたきが始まるにつれて，それらは特にけだるくて，重くなるかもしれません。それで，それらを開けておくことが難しくなったときには，それらの目はまったくひとりでに閉じることを望むかもしれません。そうです……変化する光景……そして内面に入ることがもっとも興味のあるコントラストになることもあります。

暗示

言葉の連結

ほのめかし

分離，無意図性

催眠言語

　あなたが身体で獲得することのできる感覚は，完全で全体的な筋肉のリラックス感覚……深く非常にリラックスした状態へまさにリラックスして入っていきます……私の声をただ単に聞いています……そして心

繰り返し

は，非常に非常に楽しい状態へ漂って入っていっていmeans……すべての緊張と硬さから解放され，ストレスと強い緊張から解放されている身体。あなたを全体的に完全なリラックス状態に導く私の声を聞いていると……あなたの心，身体……筋肉組織，神経組織……筋肉はぐんにゃりして，リラックスしています……そして，呼吸は深い深いリラックスのもとです。身体全体は完全に，そして全体的にリラックスした状態になってきています……頭……顔……首……肩……背中……胸……腕……完全にリラックスして，非常に深くリラックスしています。心と身体はリラックスしていて，くつろいでいて，緊張，硬さ，ストレス，強い緊張から解放されています。

　安全で**安心した状態**を感じています。**静けさ**と穏やかさの感覚を楽しんでいます。精神的プレッシャーは何もありません。急ぐ必要はありません。喜ばせる人は誰もいません。満足させる人は誰もいません。これは**休憩**し，穏やかな平和を**楽しむ**ための，まさにあなたの時間なのです。まさにあるがままになってきています。静かに穏やかに，あなたを煩わすものは何もありません。そして混乱させるものは何もありません。

　そこで静かに**座っていると**，**あなたの呼吸に気づく**ことができます。そして同時に，深くもっと深く，リラックスした状態に変化していることが**わかります**。そうです……。

　無意識の心がもっと深いトランスに入っていく準備ができしだい，右手の人差し指を上げてください。はい結構です。あのね，私は**一人の女性**を知っています。それは，以前のことです。彼女を困らせ続けてきた事柄に，彼女の無意識の心が，気づくようにさせた**一人の女性**です。彼女が無意識の心に解決策を調べる

	繰り返し
	暗示
	繰り返し
	暗示
	暗示
	条件に伴う暗示
	メタファ

(look into) ようにさせたとき，それはもうすでに彼女の**なか**にありました。彼女はもっともっと楽な気持ちになり始めました。そしてあなた自身の想像力を自由に動けるようにさせると，あなた自身の内面の事柄を調べます。**意識の心は解決策について考えるかもしれません。一方，無意識の心はそれらのほのめかしについて考えます。あるいは，ことによると，無意識の心はある解決策を生み出すでしょう。そして一方，意識の心はその結果がどのようなものなのだろうと思いをめぐらすでしょう。**

　そして今度は，**その心地よさと穏やかさを，**身体のそれぞれの部位に流れていくようにさせています。**平和な感覚，そして静かな感覚，穏やかな感覚を運ぶので，どのような内面のストレスもまたゆるむことができます。すべてのストレスと強い緊張が，背景に，そしてもっともっと遠くに，さらにさらに向こうに，まさに消えていくままにさせています**……。

　そして今度は，私があなたに静かな時間を提供します，深いレベルのリラックスが続くように，それをあなた自身の方法で楽しんでください（約90秒間与える）。

埋め込まれた意味／内面探索のための暗示

意識−無意識の二重拘束

暗示

深化法

　（クライエントの名前），ちょっと想像してほしいのですが。心のなかで，階段か，エレベーターか，エスカレーターか，一度に一階分ずつ降りていくような何かをちょっと想像してください。あなたの心にそれらの一つが想像できたら，頷いて教えてください。……はい，そうです。

　さて，あなたに，その階段か，心に思い浮かべたものを降りていって欲しいのです。10階から1階まで，あなたのペースで，あなたのやり方で，数字が一つずつ下がって行くに従って，あなたの体験が深くなるようにさせてください。そして，一つ下の階に到達するたびに，あなたはもっと深い，心地のいい

呼吸を一回するので，あなたも私も知るでしょう……はい，そうです。

再覚醒化

セラピーのあと，そのクライエントは次の言葉によって再覚醒化されるかもしれない。「しばらくしたら，あなたの目は開きます。目覚めるとき，あなたは**思い出すことを忘れる**かもしれませんし，あるいは今日ここでした重要な無意識の心の仕事を**忘れることを思い出す**かもしれません（健忘への似ている選択肢の拘束／健忘暗示）。まもなく，でも，今すぐではないのですが，あなたは目を開けるでしょう。まさにあたかも非常に心地のいい昼寝をしたように，気分がよいでしょう。身体全体は，リラックスしていて，新たな活力が湧いてきていると感じるでしょう。あなたに関するあらゆることは，心地よく，リラックスしていて，身体と心は，非常にリラックスしていて，心地いい。それでは，数回，新たな活力を与え，元気の湧く呼吸をしてください。そして，あなた自身が完全に意識がしっかりして，目が覚めた状態になるようにさせてください」。

催眠後のやりとり

この誘導法は，身体のリラクセーションに主に向けられているので，したがってトランスを証明し，承認するための質問は行われる必要がある。最後に健忘の暗示が与えられるので，「あなたが指を上げたときのことで，あのときあそこで心に思い浮かんできた無意識のことを何か意識的に思い出すことがありますか？」という質問をしてもよい。

実践上の注意

誘導の最後に，沈黙時間が与えられる。このような「静かな時間」は，われわれが知っているもっとも効果的な深化法の一つである。そしてそれは確かに，少なければ少ないほど良いという倹約の法則に従っている。そしてときどき，われわれが言葉をかけ**ない**ことは非常に役に立つことがある。多くのクライエントに対しては，さらなる深化法が必要とされるだろう。

この型どおりの深化法の部分は非常に，許容的で，実際クライエントがどのような方法を選んだとしても，降りていくことができる。これは痛みを持って

いる人びとや自由に動けない人びとには重要である。

　当然のこととされていることは何もないということに注目してほしい。彼らが指の合図で反応することによって，もっと深く入っていく準備ができている時を知ることになる。その人に何かを想像することを求めるとき，それを頷くことやほかの合図で確認する。ときどき彼らは合図をしないかもしれない。そのようなときには，要求を繰り返すセラピストもいる。しかし，これは権力闘争を生み出すかもしれないし，彼らが失敗したとか，「理解していない」と考えるように，クライエントを導くかもしれないとわれわれは考えている。もし何も反応が出てこないなら，単純に次に進むことによって，そのような否定的な状況が避けられることが，たぶんもっともいい方法である。その問題は，催眠後のやりとりのなかで初めて話題にすることができる。

　この誘導法は，トランス中にクライエントとやりとりをする別の方法を導入した。それは指の合図である。実際にはクライエントは，あなたに見える彼らの膝の上に，彼らの手を置く必要がある。もしあなたが右腕で合図をすることを求め，そして彼らが**左**の人差し指を動かしたなら，それはどういう意味であろうか？　それはそのクライエントが協力するために，ベストを尽くしているということを意味しているかもしれない。もしはっきりしない反応がその後の面接でも続くなら，それの代わりに，頷くことを用いる方がよいかもしれない。指の合図についてはほかの誘導法のときにもっと論議されるだろう。

　あなたがトランスワーク中に言ったことの一部かすべてをクライエントが忘れることは正常である。しかし，このプロセスを，この誘導法のように，健忘暗示で育ててもよい。エリクソンとほかの人たちは，最大の問題解決が起こるのは無意識レベルであると信じていた。健忘は，意識の心からの干渉なしに，無意識の働きが続くことを可能にする。健忘を促進するほかの方法は，あとの誘導法のなかで述べられる予定である。

楽しい場面を作り出すことや再体験すること

　この方法は感覚受容誘導法（36頁）と似ていて，非常に効率がよい。これはまったく単純に見えるかもしれないけれど，そしてその通りであるが，そのことは，それが簡単であるということを決して意味していない。これらの誘導

法を効果的に用いることのできる臨床家は，普通，以前に何回かの催眠療法経験を持っていて，そしてすでにほかのいくつかの誘導法を知っている人である。催眠と同じように神経言語プログラミング（Bandler & Grinder, 1982）で訓練を受けた人たちは，これらの誘導法をしばしば好む。なぜなら，彼らはクライエントの今現在進行している行動を用いるからである。これらはまた，メキシコの多くのエリクソン派の催眠療法家の間で選ばれる誘導法である（Perez, 1994 ; Robles, 1993）。そこでは，豊かな文化と言語が，感覚体験に参加することの助けになるのかもしれない。

　一般に行われている心理療法と比較すると，セラピストがクライエントをトランスワークの各段階を通してリードすることになっているときはいつでも，クライエントは信頼を感じるに違いないので，催眠療法はラポートを促進する。信頼とラポートはここでの方法のような誘導法でさらに促進される。この方法では，セラピストはクライエントを細かく観察し，彼らの行動に合わせ，リードしていく。行動の変化に影響を与えるセラピストの影響力はまた，そこではクライエントとセラピストが協調関係でダンスを踊るような，このような非常に「個人に合わせられた」誘導法で，促進されるかもしれない。

　目を閉じることのできないクライエントは，この誘導法に困難を感じることをわれわれは発見してきた。したがって，始める前に，閉眼について調べることをよく行う。次のように言うかもしれない。例えば，「私のためにこのことをしてください。目を1, 2秒閉じてください……結構です……次に進みましょう。今度は私が10数える間，目を閉じていてください……結構です。このことをどう感じましたか？」と。それからもっと完全で，**楽しい**（種まき）体験をするために，今日のトランスワークじゅう目を閉じたままでいることを好むかどうかについて尋ねる。たいていの人たちはハイと言うが，もし答がイイエなら，普通，別の誘導法に行く。例えば「凝視法」や「やりすぎないこと」である。もし目を閉じることに心地よくない感じを感じるなら，このことは尊重されなければならない。

誘導法

椅子に深く座って，心地のいいリラックス感を感じ始めたら，穏やかに目が閉じるようにしてほしいと思　　条件に伴う暗示

います……そうです……**目を閉じたまま**，あなたが心地よいと感じた記憶，過去の経験，あるいは過ぎ去ったほかの意味のある事柄に近づくことで，非常に**心地よく**，あなたが**内面に入ることができる**ということに気づいていきます。さて，(クライエントの名前)，二回，深い新たな活力の湧いてくる呼吸をして欲しいと思います。**それであなたがその二度目の呼吸を吐くと**，リラックスした**楽しい**状態にさらにもっと深く**入っていくかもしれません**……。

　さて，(クライエントの名前)，数秒前に私が過去からの**楽しいとき**について考えることを言ったとき，たぶん何かが心に浮かんだと思います。そして，もしそうなら，頷いてもらえますか。……(もし，頷きが出ないなら) そして，もしそうでないなら，**何か楽しいこと**，あなたの好きな何かを，今**思い出すか**，さらに**ちょっと想像してもいいですよ**。……それは何なのかについて言う必要はありません。そして，あなたはそれを心のなかで，個人的にまさに楽しむことができます。……(もしまだ頷きが出ないときには)，そしてそれは，あなたの好きなどんなことでもいいのです。まったくどのようなことでもいいのです。ある時そのそこに座っていた**一人の人**はすばらしい**温かいお風呂**について考えました。そして別の人**は冷たいシャワー**について考えました。それから森のなかや海岸の散歩，**そしてあなたにそのような楽しい体験が出てきたらあ**なたは頷くかもしれません。……ハイ……心地よく呼吸して，リラックスしながら，まさにそれがひとりでに生じるようにさせています。

　さて，(クライエントの名前)，楽しい場面のそこのあなたの心のなかで，あなたが**中**にいるか**外**にいるかについて気づいて欲しいと思います。……それが**昼間**

ほのめかし

種まき(活性化)

言葉の連結
種まき(活性化)
ほのめかし

種まき(活性化)

種まき(活性化)
許容的暗示

メタファ
反対の並置

ほのめかし

分離言語
反対の並置

か**夜**かについても。そして，ことによるとあなたは，今だいたい何時かについてさえも知っていて，……**何時何分**で，時計の時間，それはトランス時間のようではありません……そしてそれは**明る**いのか**暗**いのかについて……**外**と同じように**内**側の事柄についてもまさに気づきつつあります……

　ちょっとあなたの皮膚の上の温度を**感じてください**……そして周りのほかのすべてのことに**気づいてください**。そして周りの色……そして形……そして音……あるいは静けさに**気づいてください**。

　あなたの身体のそれぞれの部分を**感じてください**。そして動き，その場所のそこで……そして呼吸に**気づいてください**……あなたが着ている服装……皮膚の上のそれらの肌触り……腕の上か，ことによると背中……あるいはそれ以外の場所かもしれません，そして呼吸を**感じてください**……あなたはその楽しい場所にいますが，そこで，それを**楽しみ**，それを**味わっています**……。

暗示群

深化法

　（クライエントの名前），あなたの楽しい体験のすべてのあらゆる面のなかには，たぶん一つの非常に鮮明な，あるいは印象的なことがあると思います。それは皮膚感覚かもしれませんし，その体験のそのなかでの考えかもしれませんし，色や匂いかもしれませんし，深い呼吸，あるいは何かほかのものかもしれません。さて，これからそれらのことの一つを想像してもらおうと思います。そうです，そして心にその体験から一つの非常に楽しいことが思い浮かんできたら，頷いて教えてください……はい……そして今度はその一つのことを考え続けて欲しいのです。あなたがそれを感じ，体験し続けている一方で，私は10から1へと声に出して逆に数えていきます。そしてその数がだんだん減って行くに従って，あなた自身がさらにもっと深くその楽しい体験のなかにゆっくり下降するというのを想像してください……10……9……。

再覚醒化

セラピーの部分のあと，そのクライエントは（少し大きな声で）次のような言葉で，再覚醒化されるかもしれない。「私が1から5まで数えるに従って，あなたの意識がはっきりしてきます。そして私の声が5に到達するまでにあなたの意識がはっきりして，新たな活力が湧いているのを感じるでしょう……1……2……」。

催眠後のやりとり

クライエントはたいてい，かなり単純な内容に没入することができるようになれるその方法に魅せられる。特に彼ら自身の経験から生じている内容に。「あなたはどんなすばらしい状況を想像したか私に話したいですか？」とあなたは言うかもしれない。たいていのクライエントはこれを言いたがるだろう。それから彼らの体験の内容について尋ね，彼らの興味や陶酔感覚を育ててほしい。例えば，「あの海辺を歩いていたことについてもっと私に話してください……」と。深い状態のときに出てきた想像体験に焦点を当てることが重要である。なぜなら，これはトランスを承認するだろうし，そしてまたそのクライエントの想像への没入能力について価値ある情報をあなたに与えるだろうから。

実践上の注意

十分な中断と沈黙，これはそのクライエントに暗示を体験する時間を与えるが，それでもって，長引かせられるなら，この誘導法は，もっともうまく機能する。この誘導法で，**楽しい**がその前に種まきされ，そして後に活性化されたやり方に注目してほしい。

ときどきクライエントは，求められたとき何かを想像することができないかもしれない。もし頷きがないときには，何か次のようなことで，単純に先に進んでほしい。「私がこれから10から1まで数を逆に数えていきます。そして数が少なくなっていくと，あなたはあなた自身の方法で，深く深くトランスに入っていきながら，想像することができるでしょう」と。そのクライエントに何が役立っていて何が役立っていないかを発見するためには，催眠後のやりとりは力を持っている。この情報をもとにして，そのクライエントの特定の求め

に対して，次からのトランスワークをそのクライエントに適合させることができる。われわれは催眠後のやりとり中に，クライエントの言ったほとんどすべてのことに注目することにしている。というのは，これらの反応は利用という観点ではもっとも価値のあることだからである。断片，興味のある印象，あるいは意味のない思いをめぐらせることは，セラピーの構成要素になり得る。利用の本質は，何か否定的なものを変える，あるいはリフレームすることができるということである（「もし人生があなたにレモンを手渡すなら，レモネードを作りなさい」）。例えば，「私が考えることができたのは，渇いた口となぜ飲み込めないかということでした」とクライエントが報告したら，次の面接ではわれわれは次のように付け足すだろう。「……そしてそれをもっとも興味があると発見する人がいます――気を散らすほとんどのことに対して――彼らが身体にある，感じと感覚にどのようにして気づくことができるかということに。たぶん彼らが思っていたよりかなり違ったもの，そしてこれらの反応は完全に正常で自然なもので，実際ときどき人びとはこれらのことに没入するようになることができ，その体験を深めることができます。そして，別のときには彼らの注意を捉える身体のほかの何かに注意を切り替える前に，ちらっと注意を払います……」と。

　この誘導法では，彼らが引き起こす可能性のある範囲の行動に合わせて，リードをしていく準備が必要である。呼吸の変化，椅子の上であちこち動くこと，頬が赤らむこと，瞼がぴくぴくすることなど。瞼のぴくぴくすることは，苦悩や不調和を意味しているかもしれない（あたかも何かが「フィット」していない感じ）。そのクライエントは，催眠後のやりとりのなかで質問されたときには，このつかの間の瞬間を覚えていないかもしれない。だから，瞼がぴくぴくしているときあなたが何を言っているのかについて，心に留めておくことが望ましい。

　歩調を合わせることとリードすることに熟達していると，あなたは実際に心を読むことのできる人と考えるクライエントが出てくることを理解することはたやすい。例えば，そのクライエントは瞼をぴくぴくさせる。それは位置を移動させ，長いため息のあとに起こる。あなたの反応は，「……そしてときどきトランス中，人は何か動揺することや，ことによると変わった考えや感じを体験するかもしれません。それは位置を変化させるようにし向けることもありま

す——あるいはものの見方さえも——，そして深く息を吐き出すことは，人をさらに深いレベルでトランスの心地よさを味わうことの手伝いをすることもあります……」．

感覚受容

「楽しい光景を作り出す誘導法」あるいは「楽しい光景の再体験誘導法」と同様に，クライエントはこの誘導法は非常に個人的で，彼らと「ダンスをする」セラピストの体験を引き出すことを発見する．これまでの誘導法と同じように，ペースを合わせ，いろいろなあり得るノンバーバルな行動をリードするための準備を必要とする．

トランス前のやりとりは**外側**と**内側**に種をまくために用いられる．それがこの誘導法の体験の中心である．われわれはクライエントに次のように尋ねるかもしれない．「今現在，**外**の天気はどうですか？」とか，「ここの，この部屋の**なか**での気温は，あなたにはどう感じられますか？」と．さらにもっと直接的に，次のように言うかもしれない．「今日の誘導法のなかで，あなたに**内側**と**外側**で何かを体験して欲しいと言うつもりです．多くの人は，これは非常におもしろい体験で，非常に没入できることだと発見します」．クライエントはまた，閉眼の準備をさせられる．「すぐに私はあなたにこの部屋を見回し，何かに注目して，そしてそれからあなたに目を閉じることを求めます．そうすると，私たちは二つの体験の間にコントラストを生じさせることができます．それはどのように感じられるでしょう？」もし彼らが同意しないなら，われわれは，それじゃ止めましょうと言って，単純にほかの別のものに進む．

誘導法

（クライエントの名前），この部屋の**なかのあちら**（*out* there）にあるいろいろな色と形に**注目してください**．一つのものがほかのものとどんなに著しく違っているかということに……模様……大きさ……色……形……そうです，**それで**それらのものに注目したあと，**目を閉じて**，心のなかで，これらの色について……形	反対の並置 暗示 言葉の連結

について……大きさについて，そしてその他のすべてのものについて，思い出すものと**比べる**ことはおもしろいことだということをあなたは発見するかもしれません。　　　　　　　　　　　　　　　ほのめかし

　（クライエントの目が閉じたなら）瞼を通して，この部屋の**明るさや暗さ**を感じ，まさにそれに気づくことができます……そして両耳で音を聞くことができます……そして私の声の響き……そしてそれぞれの音があなたの気を紛らわせるものから変わって，**あなたが内面に入っていき始めるとき，あなたがあなた自身ともっと親密になる**ようにどのようにして**手伝う**ことができるのかということにあなたは気づきます……そしてもっともっと内面に入っていくために，**あなたが意識的にしないといけないことや知らないといけないことや考えないといけないことは何もありません，**……。　　反対の並置

ほのめかし

何も理解しない/何もしない

　その椅子で支えられているあなたの重みを**感じる**ことができます……そして床の上の足。たぶんそれらのものを軽くか強く，**感じる**ことができます……そして椅子の触感があります……そしてことによると，そこに**降ろされている**あなたの**右足**はある感じを感じ，それはそこの上にある**左手**とは異なっているかもしれませんし，あるいは床の上の**左足**はある感じで，靴のなかを感じていて，それは**右手**が上で発見することとは異なっているかもしれません。多くのことにまさに気づきつつあります。そうです……。　明らかなこと

反対の並置

　あなたの**シャツ**（**服，上着**など）は腕，右腕か左腕に触っていますが，**生地が触れている**場所があります……そしてそうではない場所があります……そしてたぶんその衣類の**襟**は，**胸に触れている**場所よりも，あるいは背中に触れている場所よりも，上のそこではよりなめらかに感じられるか粗く**感じられています**……　わかりきったこと

まさにこのこととほかの多くのことに気づきつつあります……片方の足の靴のなかの**かかと**を感じています，あるいは足の指，**左側**か**右側**，足の**甲**と足の**裏**。……**ある人**はあるとき息を吸い込むたびに足の指を丸くしているのを発見しました。そして，彼女をトランスに深く深く入るようにさせたのはそれらの事柄の一つか二つなのかについては私は**思い出せません**。

　別の人は片方の手の指輪と，もう一つの手首の時計の感じの対照的な感じに気づくために非常に多くの注意を払いました。これらのことに**注意を向けること**によって，その人はいつも外のことについての完全な体験にもっともっと**入り込んでいきました**，……そして**内面に入ること**は常にもっとも興味があり，楽しいということで，とりわけ**内面のこと**にも入っていきました。……

　　　　反対の並置
　　　　メタファ

　　　　健忘

　　　　メタファ

　　　　暗示

　　　　種まき（活性化）

（数秒間の中断）

深化法

　これから数を10から1まで逆に数えていきます。そして逆に数えながら，「三つのレッスン」という短い話をするつもりです。数が少なくなって行くにつれて，さらにもっと心地のいい，楽しいリラックスの状態に深く深くあなたがゆっくり下降して入っていくことを想像してもらいたいと思います。

　10……9……かつて，そんなに昔ではないとき，ある州に小さな女の子がいました。それはワシントン州かジョージア州かあるいはほかの州かについては思い出せません。8……7……彼女は森深くに住んでいる賢い老婆についての話を聞きました。そして，その賢い老婆は問題を持っている彼女を助けることができる人であると心に思い描きました。それで彼女はその老婆の家への方角を見つけるために多くの努力をしました。そして，それをするや否や，森のなかに入っていくことを始めました。6……5……それは11月の終わり頃で，季節は寒くなっていました。彼女は彼女の息を見ることができました。そして

凍った川を通ったとき，かがんで，腕を冷たい冷たい水のなかに入れました。やっとのことで，前方の森のなかの空き地にその家を見つけました。そしてそこに彼女が到達したときドアをノックしました。なかから「どうぞ」という声が聞こえました。これがレッスン1です。4……3……その家のなかは暖かく，彼女はそこにあるあらゆるものを見回しました……そしてとうとうもはやこらえきれなくなり，喋ってしまいました。「私の問題を自分で解決するために，あなたの知っているすべてを私は知りたいの」と。そしてその賢い老婆はその女の子の目をじっと見つめて，言いました。「あなたはすでにあなたが知る必要のあることはすべて知っている，ということが私にはわかりますよ。ただ，あなたがすでにこれらのこと全部を知っているということについて知らないだけなのですよ」と。これがレッスン2です。

　とうとう出かける時間が近づいたとき，その小さな女の子には1分が過ぎたのか，1時間が過ぎたのかわかりませんでした。彼女はその賢い老婆を再び見上げました。その老婆は，「あなたはじっと耳を傾けないといけません」と言いました。これがレッスン3です。その女の子は去りました，そして私たちは，すべてが彼女のために非常にすばらしい方向に進み始めたことを知っています。……2……1……

再覚醒化

　そのクライエントは以前の誘導法と同じように1から5と数えることによって，再覚醒化されてもよい。また以下のような，もっと一般的な許容的な再覚醒化を試みてもよい。「必要なだけ時間をとって，あなた自身を目覚めさせてください。そして目覚めたら，目を開けてください」。

催眠後のやりとり

　この誘導法のなかでの感情，感覚，考え，知覚を検討する全般的な質問は将来のトランスワークに対する価値のある情報を準備するだろう。例えば，クライエントは次のように言うかもしれない。「椅子が私の身体を支えていると感じたとき，本当により深い状態に入っていきました」や，否定的に，「あなたが私の指輪について言ったとき，それは私に離婚を思い出させたので，ちょっとの間トランスから離れました」と。その場合，将来指輪のことを言うのを避

けなければならない。椅子に身体がゆっくり下降していく体験に関しては，次回には簡単に次のようなことを言うことで，トランスに誘導することができるかもしれない。「さて，（クライエントの名前），その椅子であなたの身体が支えられていることを十分に体験してもらいたいと思います。より深くもっと深くリラックス状態にまさにゆっくり下降していっています，必要な時間をとってください，そして，十分に深いと感じたら，一つの深い，あなたに元気を与える呼吸で合図してください」。

　この深化法は数を逆に数えることと一緒に，一つの物語の挿入を用いている。これは「二重深化法」として考えることができる。なぜなら，クライエントはその物語に没入し，一方，同時に，深化のための直接暗示に反応しているからである。われわれは次のように質問することを好む。「あなたの両手はどのように感じていますか？」と。たいていクライエントは片方の手が，無感覚になっているとか，じーんとした感じのような微妙な感覚があると言うだろう。その手は，小さい女の子が冷たい川に入れた手であったり，そうでなかったりするかもしれない。一度ならずもわれわれは次のようにクライエントが言うのを聞いた。「心のなかでその小さい女（男）の子がその川に右手を入れるのを見ましたが，今現在無感覚になっているのは私の**左手**です――どうしてですかね？」と。われわれは質問に対して次のように答えるかもしれない。「あなたが無意識の心に引き継がせるとき，何かが起こりうるということはおもしろくはないですか？」と。その後の面接で，これを次のような言葉で利用するかもしれない。「……そして今度はあなたの右手にあの無感覚を生じさせ始めるように，させるということで初めてもいいですよ……」，あるいは，もっと許容的なやり方で，「……今度はどっちの手が無感覚やじーんとした感じやその他の何か興味のある感覚を生じ始めるのでしょうね……」と。

　そのような思いをめぐらすことによる刺激と，そのような催眠現象のクライエントによる体験へのそそのかしは，トランスを承認することに向かって，大いに発展することになる。それはセラピー過程の強い味方である。

実践上の注意

　この誘導法を始める前に，宝石，衣服などに注意することが役に立つ。そうすることによって，これらのことがこの誘導法のなかで正確に言及されること

ができる。直接的なものより許容的な再覚醒化に関しては，クライエントに，あなたの言うとおり信じるように準備させる必要がある。「必要な時間をとる」ことをクライエントに指示することは，結果として，思っているよりももっと長い時間，クライエントの目が閉じたままになる可能性がある。最後には，どうして非常に楽しい体験を中断しないといけないのかということになる。もし他の穏やかな思い出がそのクライエントの再覚醒化を邪魔したなら，私（GG）は普通，机に向かって仕事を始めるか，彼がついには意識を取り戻すまで同じような活動を始める。

「三つのレッスン」はリー・ウォラス（Lee Wallas, 1985）の同じ名前の物語から採られたものであることに注目してほしい。われわれはこの物語をしばしば利用する。標準的な談話療法においてさえも。というのは，それは正確にセラピストとクライエントの役割を枠付けしているからである。さらに，そのメタメッセージは強力で，適切である。クライエントは彼らのなかに必要な資源を持っているということ。

クライエントの無意識の心はこのメタファを受け入れるか，あるいは拒否するかもしれない。このメタファを，用いられる誘導法に関係なく催眠療法の初期に紹介するのがよい。たいてい，クライエントはそれが彼ら自身特有の才能と能力に敬意を表するものであることを発見する。またある時は，われわれはクライエントがクライエント自身のメタファを準備するのを待つ。彼らは「肩の荷を降ろした世界が欲しい」というようなぴったりした何かを言うかもしれないし，もっと曖昧な比喩，人生は旅のようだというようなたとえをするかもしれない。それで，われわれはこれらを誘導法，深化法，あるいはセラピーに組み込むことができる。

メタファは知っていること，知覚できることから知らないことと象徴の世界に人びとを行かせることを可能にさせるというやり方で，抽象と具象をつなぎ合わせる。シーゲルマン（Siegelman, 1990）は，ここにパラドックスを見る。抽象は，具象を通して達成される。すなわち，感覚を通して，そしてもっとしばしば視覚様式を通して，と。セラピストに対するメタファの有効性は，実在するものと言葉で表現できないものの間のギャップに橋渡しをする能力にある。その強烈さは感じられ，知覚された経験の世界につながっている。したがって，メタファを用いることによって，われわれにはクライエントと**情緒的**

につながる可能性が増える。セラピーが終わって，数年後，クライエントが，「あのね，ときどき私はまだ森のなかのあの老婆について夢に見るのですよ」と言うかもしれない。

幼いときの学習セット

　ミルトン・エリクソンが会話誘導法を始めるとき，机から，ペンやコーヒーカップのようなものをさりげなくとって，それについてさり気なく話すことは知られていた。そして，とりとめもなく一つの考えから別の考えへと続き，それによって長いおしゃべりを通してトランスに誘導した。ときどき彼は彼自身の生活についての考えと記憶を，この催眠の無意味なおしゃべりに織り交ぜるのだった。そして頻繁に彼の子どもたちの小さかった頃の，彼らについての逸話をそのなかに入れるのだった。エリクソンはそれから，そのクライエント本人の幼いときの記憶へと焦点を移していった。例えば，歩くことを学ぶこと，学校に行き始めること，そして同様の自然な体験である。

　幼いときの経験に焦点を当てることは，エリクソン派の利用では典型的である。そこにおいて配慮された没入の目的のためには，それ（利用）は万人共通の経験を用い，そしてそれからこれらの共通の行動に頼る。この方法は子ども時代の記憶がほとんどないクライエントにさえも役に立つ。これらの人びとの多くは子どもを育てたことがあるか，子どもが周りにいたことがある。そしてこれらの経験は同様に利用できる。

　以下の誘導法は，子ども時代と青年期の両方からの，あり得る経験——実際かあるいは想像上の——それらを捉えようとする多くの幼いときの学習セットの誘導法よりも，範囲としては意図的に広くされている。「広いネットを投げること」は単に発達の初期にのみ集中する誘導法よりも，自己言及に関しては多くの機会をクライエントに与えることをわれわれは発見してきている。

　トランス前のやりとりで，われわれは**学ぶ**とか**思い出す**というような概念の種まきをすることを好む。これはあなた自身にメタファ的に言及することによってなされるかもしれない。例えば，「私はトランス中の心地よさが最高に重要だということをずっと以前に**学びました**。それであなたも後ろに深く座って，目を閉じることを望むかもしれません。あるいはあなたが心地よく感じる

ことを助けるほかの何かをすることを望むかもしれません」。あるいは，他の人を使って，「ある日，他の女性がここに入ってきました。その同じ椅子のまさにそこに座り，そしてまったくすぐに，彼女が数年間考えたこともなかった多くのことを**思い出す**ことができることを**学びました**……」。われわれは，「今日はトランス中に人生の小さい頃からの多くの体験を思い出すことができるということをあなたは疑いもなく学ぶでしょう」というような，直接暗示とは違って，この間接的なやり方にクライエントはたいていよく反応することを発見してきた。

　「今日あなたの人生の小さい頃の記憶を用いた方法で，われわれはトランスに誘導しますが，それでいいですか？」とクライエントに尋ねてほしい。これに反対のクライエントは，言葉で答える前に，反射的にそしてノンバーバルにあなたに知らせるだろう。そのような場合，準備のできている別の脅かしの少ない誘導法をすべきである。たぶん，この章の別の会話誘導法になるだろう。たいていのクライエントは「記憶を用いた方法でトランスに誘導すること……」によって何が意味されているか理解しないだろう。われわれは彼らに簡潔に次のように言う。「それはおもしろいとあなたは発見するでしょう。そしてあなたが今すぐにしないといけないことはその椅子に座っていることと，目を閉じるか向こうの遠くのあなたの好きなものに焦点を合わせて，まさに眺めることです，……そして呼吸にちょっと注意してください……２回の新たな活力が湧いてくる呼吸はあなたの心を，そしてあなたの身体をどのようにリラックスさせ始めるかに注意してください……」。

誘導法

（クライエントの名前），人びとは**経験のなか**に非常に多くの**事柄**を持っています。多くの考え，多くの記憶……人生のなかで見てきたことやしてきたこと……私たちと他の人によって話された**言葉**……**それであなたの心は今漂っているので**……する必要，あるいは考える必要のあることは何もないということがあなたにはわかります。そしてあなたはそれらにほとんど注意を払わないで，言葉がただ**聞こえてきて，消えていく**	明らかなこと 言葉の連結 反対の並置

ようにさせることができます……そうです……。

　ある女性があるとき，周りの人が彼女を病院から家に運んだ日のことを**思い出せる**ことについて考えていると言いました。確かに何かを，ともかく何かを**思い出す**ことができる，とてもとても幼い頃のようです……しかし私がそのとき彼女に言ったように，あなたがそのこと全部を**思い出す**か，ある経験の一部だけを**思い出す**かということは実際には重要ではないのです。というのは，重要なことはそれをひとりでに生じさせて，あなた自身をもっともっともっと，その経験のなかに**没入**させていくことなのです。……

　あなたの心に，ある幸せなときの非常に鮮明な，そして正確な記憶が浮かぶかもしれません。たぶんそれは非常に**小さい頃**かもしれません，ことによると**10代**の頃のものかもしれません，**その間のあるところかもしれません，何歳のときでも結構です**……あるいは何事もなかったときであっても結構です。そしてひょっとすると幸せであるとか，何事もなかったということとは，まったく違っていたときのものかもしれません。そして不愉快とか気を散らすようなものは廊下の騒音に似ていなくもなく，**都合よく背景に追いやられている**こともあります。……そうです……浮かんでくるものを体験すること，ちょっと**心のなかで観察する**こと，それは非常に**好奇心を引き起こさせる**こともあります。……それで生じてくるものを**眺めることは特に興味のあること**だとあなたは発見するかもしれません……そこでは……一つのことがひとりでに，常にほかのことをどのように**引き起こす**かということ……。

　誕生日パーティのとき……祭日のとき……あなたがほかの人たちと一緒にすること，とてもとても多くの

メタファ
種まき（活性化）

暗示

あらゆる可能性を網羅　する暗示

暗示

歩調を合わせること
ほのめかし
言葉の連結

リードをすること

こと……人びとが一緒にすること……そしてあなたが　　　似ている選択肢の拘束
行った場所……そしてあなたの心が漂い，そして夢う
つつでぼんやりしているように，あるいは夢うつつで
ぼんやりしていて，そして漂うようにまさにさせるこ
とはとても非常に楽しく，心地のいいことでもありま
す。……もっともっと**一つの特定の記憶**に深く没入し　　　あらゆる可能性を網羅
て……あるいはことによると，**一緒に混ぜ合わせられ**　　　　する暗示
た多くのことからできている一つの思い出かもしれま
せんし……あるいは一つのことの単に**小さな一側面**や
断片，色や匂いのような，そのようなもの，あるいは
単に**明確ではない感じ**や**全般的な印象**，あるいはこと
によると現れてはすぐに消えるとか，そこに残ってい
る**ほかの何か**かもしれません……。

　あるとき，**一人の男の人**は彼の小学校時代について　　　メタファ
考えました——彼はそれを中学校として言ったと思い
ます——まっすぐに並んだ机，黒板の上のアルファ
ベットの文字，あるいは黒板……どっちを言ったか忘
れてしまいました……そしてさらに**別の人**は，ある時　　　メタファ
の教室の机と椅子と多くのほかのことを思い出すこと
ができました……。

　二人のこれらの人は未だに「アルファベットの歌」　　　メタファ
〔abcd……の歌〕を彼らの耳で聞くことができました。
しかし，そのうちの一人の人だけがクラスメートたち
がぐるぐる回るバスの車輪についてのあの歌を歌って
いるのを聞いているのを思い出すことができました
……。**ある人**は夏，キャンプに行きました……そして別　　　メタファ
の人はある宗教教育に参加しました……そして二人と
も今でもほかの子どもたちの顔を思い浮かべることが
できると言っていました……。

　あらゆる種類の出来事……**一人の人**は 10 か 12 歳の　　　メタファ
ときの夏の暑い頃，人形集めに没頭して時を過ごした

ということについて話したのを思い出します……そしてもう一人の人にとってはそれは野球のカードでした……それが彼らのその頃したことでした……**一人の女性**は，小さい頃，ネブラスカで育っていたのですが——それは**長い，暑い**，乾燥した夏でした——そしてある日の午後，**短い，冷たい**にわか雨が起こりました，そして彼女は非常にはっきりと思い出すことができました，**そのときをまさに感じる**ことさえもできました。彼女は，**冷たい**雨から逃げて，背中を建物の**暖かい**煉瓦に押しつけたことを……その出来事にまったく**入り込んでいました**。そしてその後，彼女は同じようにピッツバーグ・スティーラーズ〔米国のアメリカンフットボールチーム〕に**夢中**になりました。

　ブルという名前の**男の人**——彼は杖を持って，**速く**歩きました——しかし彼の心のなかは**ゆっくり**ではありませんでした。そして彼はマーサズビニヤード〔マサチューセッツ州の高級避暑地〕であの長い，ゆっくりとしたいくつかの曲をピアノで弾くとき，**上の頭のなか**では心にまったく入り込み，**下の方**では身体に入り込んでいました。

　幼い子どもとして，トイボはスペリオル湖〔米国とカナダとの国境にある五大湖の一つ〕とミシガン湖〔五大湖の一つ〕の冷たい冷たい水のなかで泳ぎました。そしてそれから……子どもの目を通して……父親の花壇で豪華な色のまだら模様を眺めました。**深く物思いに我を忘れた**あと，彼は，「ありがとうございました」と答えました。誰も一言も言っていないのですが。

　少年の頃，デイビッドは腕を枕に寝ていたことを思い出しました。そのとき，もう一つの腕は彼の猫，ビンキーにかぶさっていました。そして彼が目を覚ましたとき，その腕はまだ眠っていました……これは**ケニ**

	メタファ
	反対の並置
	暗示
	反対の並置
	暗示
	メタファ
	反対の並置
	メタファ
	暗示
	メタファ
	分離

スがウォーカー学校のタイルの床に座っていたことについて話したことに似ていなくもありません。それは脚を組んで，長い間そこに座っていると，**それらの脚のうちの片方か両方が深い眠りに入る**ということです……。　　　　　　　　　　　　　　　　　　メタファ

　あなたが初めて食べたときのこと，……何か……甘いもの……あるいは塩辛いもの……それを思い出しています。……**ある人**，ジャネル，彼女はミシガンの半　　メタファ
島上部のずっと上の方の，そこでのことを思い出すことができました。そこで彼女は口紅の前のリップクリームの価値を評価するようになりました。そしてそれは，ほんの昨日のように思われました。郡農産物共進会でのまだ数本しか歯がなかったときに食べたピーナッツ入り豆板のこと……そして多くの歯を持っている今でも彼女はまだその感覚を感じることができます……そして味わうことができます……あれを……ずっと昔のそのころのことを味わうことができます……。

　ほかの二人の人たち，それはずっとずっと昔に起こりました。それについての私の記憶は非常にぼんやりして，かすんでいます。彼の名前は**クラーク**で，彼女　　メタファ
の名前は**ティファニー**だったと思います。そして，彼はある晩遅く，大人になることと，どのようにしてコネチカットからバーモントへ，そしてそこからニューハンプシャーへと引っ越したかについて思い出すことができたか，その様子について彼女に話していました。
そしてそれから，**再びあるほかの州に引っ越したこと**　　暗示
（mobing again to some other state）〔別の状態に入るという意味も含んでいる〕，そしてクラークはいつも**夢**　　催眠言語
を見ていました。大人になることと空軍で飛行機に乗ることについての**まさに夢を見ていました**。そしてティファニーはギリシャのアテネについてのファンタ

ジーを持っていました……。

　読み書きを学んだことはほかの経験と混ぜ合わさるかもしれません……ずっと昔のその頃……あなたが幼かったとき，話したこと，行ったこと，経験したこと……ある絵本のなかの動物や人物……ある女性がかつて――それはグレン街のパムだったと私は思いますが――，彼女は，彼女に読み聞かせている大きな一人の人を思い出すことができると言いました……その読み聞かせはゆっくりと落ち着いていました……そしてまた彼女が自分で読み始めたときのことを思い出し……そしてずっと後の読むことがさらに非常に簡単になったときまでも，……現在までずっと……**気むずかし屋**という言葉がまだ年老いたダンについての記憶をよみがえらせます。……パムは，意味のないことを話しているときには，具体的なことを忘れるけれども，はっきりとその**すばらしい感じは思い出すから**，意味のないことを話すことにまったく没入してしまうことは非常に楽しいことでもあると言いました。

暗示

深化法

　（クライエントの名前），私にはあなたが今日ここで体験したさまざまなことについて想像すること，あるいは思いをめぐらすことだけができます。たぶん，一つや二つ，あるいはそれ以上の特に忘れられない，ともかく何らかのことがあったでしょう。……あなたに今，今日考えたことの一つについて想像して欲しいと思います。まさに想像して欲しいと思います。そして，それがそこに出てきたとき，頷くことで私に知らせてください。……はい結構です……そして今，その一つのことにもっともっと入り込んでいくようになることで，あなたの体験を深めて欲しいと思います。必要なだけ時間をとってください。そして，体験が十分深くなったと感じたら，もう一度頷くことで，私に知らせてください。

再覚醒化

セラピーが終わったら，そのクライエントは次のようにして，再覚醒化されるかもしれない。「これからあなたに目覚めた状態に戻ることを求めていきます。それをする前に，あなたの人生の小さい頃からのいくつかの事柄を，まさに注意深く観察することでトランスに入っていき，そのことであなたが今日ここでうまくいったことの中味を，私は理解したいと思います。しばらくしたら，あなたが好むその体験のいくつかを私に分けてくれるように求めます。また，いくつかの事柄を忘れるのは自然だということを私は理解しています。さあ，目を開けて，目覚めた状態を回復してもらえるでしょうか」。

催眠後のやりとり

クライエントはわれわれに「金塊」をいつも提供するということで，われわれの仕事をより容易にする。催眠後のやりとりは，長く忘れられていた強さや才能，あるいは古い問題を眺める新しい方法を生み出すかもしれない。少なくともこの誘導法は，セラピストに深化法中に生み出された想像上の資源を提供する。例えば，そのクライエントは，一つの事柄は「あの夏の海岸での日没」だったと報告する。そしてそれはすばらしくて，非常にリラックスしたイメージであると報告する。将来の面接で，そのイメージに没入させる方法でトランスに簡単に誘導する，大幅な近道をセラピストはとるかもしれない。

実践上の注意

あなた自身の誘導法を向上させていくに従って，幼いときの学習セットは特定のクライエントや特定の領域に簡単に用いることができるようになる。そこには広い範囲の共通する経験と一連の暗示，メタファ，催眠現象を含めるべきである。あなたの原稿に**特殊性**を準備したい気持ちに駆られるかもしれない。しかし，そのクライエントにできる限り多くの詳細なことを書き入れることを許すべきである。例えば，「秋，淡い，青色がかった灰色の空に，ひときわ目立つねずみ色がかった赤と輝く黄色の葉を心に思い描くことができます」と言うよりも，われわれは，次のように言うのを好む。「あなたは想像できます……秋……葉の色……そして空……」と。あまり多くの特殊性はそのクライエ

ントの体験を**制限する**。彼はそれを想像することに苦労しそうである。そしてそのような不調和はトランスの深さを軽減する。一方，クライエントはたいてい，一般的な許容的な暗示は彼らの想像を刺激し，簡単に自己言及的になりうることを発見する。豊かなポーズ（中断）はクライエントが楽しい体験を回復させることを助ける。

　ときどき楽しい記憶はまた悲しいものかもしれない。私（SB）の一人のクライエントは，楽しい場面を思い出した。そしてそれから，彼女の亡くなったご主人のことを思い出した。自然に涙が出た。除反応はトランスワーク中，いつでも起こりうる。特に記憶を扱っているときには。

　クライエントは一つの記憶を思い出し，その真実性を疑いなく信じる。したがって，セラピストは記憶が正しくないかもしれないことについて，またどのような「記憶」も歪曲であったり，幻想であるかもしれないことについてやりとりをしないといけない。またクライエントは催眠療法の目的を思い出す必要があるかもしれない。目的が虐待のような歴史的事柄と関係がないなら，その話題を追求することは，セラピーにおける非生産的な方向を必要もなく促進することになるかもしれない。セラピストはまた，クライエントの記録のなかの「思い出された記憶」を整理編集することには慎重でなければならない。実践家はアメリカ臨床催眠学会のガイドライン（1995）を遵守すべきである。クライエントの記憶が適切に扱われるとき，記憶に不適切な影響を与える危険は最小限にされる。

　トランスワーク中にほかの問題が生じるかもしれない。慢性的な筋肉の，そして自動的な超覚醒状態に慣れているPTSDのクライエントのなかには，催眠で，あるいは型どおりの漸進的筋弛緩中に，侵入的な思考や除反応を起こす人がいる。どうやら，低減した覚醒水準と緊張の低下は，脳が解釈したり，統合することができないというメッセージを送り，その結果，混乱した感情を生み出すらしい（Horevitz, 1986）。人格障害や外傷を持ったクライエントのなかには，トランス中に怖いイメージ体験をする人がいる。それは思い出されてきた記憶によってではなく，侵入に対する防衛のための必要性によってである。言い換えれば，催眠——そしてセラピスト——は，関係性における脅威を表している。その他のクライエントでは，催眠体験が対象喪失を表す場合がある。彼らが彼ら自身の内面の体験に没入するとき，セラピストと知覚される現実世界，

との関係をなくすために彼らは恐怖状態になる。このような状況の場合，ホレヴィッツ（1986）は，精神活動の低いものに焦点を当てた，代わりをする具体的な方法を勧めている。――漸進的筋弛緩，自律訓練，あるいはバイオフィードバック――あるいは，催眠の非常にゆっくりとした段階的な使用である。明らかに，いくらかのクライエントに対しては，催眠をまったく使わないことが賢明である。

挿 入 法

　この本の誘導法はある程度まで，かなり直線的であった。それはほとんど，あるいはまったく抵抗を示さないクライエントのために計画されていた。挿入法の誘導法ではもっと洗練された誘導法を深く探求し始める。慢性のそして抵抗的なクライエントの挑戦をうまく処理するように計画されている。やっかいな臨床的表出に対しては，しばしば型どおりの誘導法よりも何かほかのものを試みる必要がある。「違ったもの」の宝庫のなかの二つのすばらしくて強力な工夫は，埋め込まれた意味と挿入である。埋め込まれた意味は次の章で詳細に扱われる予定である。われわれは，挿入法の例で，それはほかの誘導法にも簡単に応用できる非常に何にでも向く技法であるが，その例で，この章を締めくくることにする。

　ティムと呼ぶことにする男の人と心の仕事をしていたときにこの誘導法を考え出した。ティムの子ども時代は何の問題もなかった。しかし彼は18のときベトナムで兵士であったが，そのとき凶暴になった。そして数人の罪のない市民を殺した。その後，死んだ人の顔が毎晩，悪夢のなかで彼を苦しめた。ティムは実際の50歳よりもかなり年寄りに見えた。そして彼の一般的な訴えは罪悪感と恥に関するものであった。同時に，彼の発言は，アメリカ合衆国とその旗に対する**義務**，**忠誠**，**名誉**と**尊敬**で満たされていた。

　しかし，現れている問題は背中といろいろな関節の関節炎であった。ティムは痛み，抑うつ，高血圧，肺と心臓の問題で薬物療法を受けていた。彼の奥さんとの個別面接によって，このクライエントは過度に薬に夢中になっていることが明らかになった。彼はまじめに医者の指示に従い，台所のカウンターの上に目下の薬を一列に並べていた。彼はまた，すべての以前の薬を保存しておく

ことを奥さんと子どもに強く主張した。それで台所の食器棚に何百本もの薬の瓶を持っていた。さらに，亡くなった母親の薬をガレージの箱のなかに保存していた。「もし彼が一つの薬の瓶を持っているなら，千の薬の瓶を持っているだろう」と彼の妻は述べた。

　ティムは今まで心の健康のための処置を避けてきたが，痛みの管理のための催眠には興味は持っていた。彼は軍隊活動について少しでも話すことは断った。彼の目下のやり方はうまくいっていないことに彼は同意した。そして何か違ったものを必要としていることを理解していた。普通の会話誘導法には反応しなかったので，われわれは彼にとって大事な話題のあちこちに挿入させる，この挿入誘導法を考え出した。彼のかなり硬いものの考え方に参加する試みとして，われわれは「あなたにはそれができます，ティム」というその挿入暗示に彼の言った価値の一つを前置きとして付けた。われわれが挿入暗示のなかで，「それを違った方法でやる」(do it different)〔普通は differently を用いる〕という言い方に注意してほしい。なぜなら，これが彼がそれを言う言い方だったからである。「事柄を違ったようにすること」のその概念は，病院へのすべての違った道筋とそこでの有効な駐車場所について話すことによって，トランス前のやりとりで種まきされる。また，深化法のなかで挿入法を用いる。深化法は「カエデの木」である。

誘導法

　ある日私はメロディという名前の女性と面接をしました。彼女はかなりおもしろい問題を持っていました。「私は私の薬を**別の方法で**飲まないといけません」というのが彼女の問題を表現する方法でした。彼女はある特定の薬を飲んでいました――何なのか忘れました――そして数週間メロディは次の方法で飲んでいました。それらのうちの一つは，1日3回，食事と一緒に摂取するということでした。彼女は厳格に一つの錠剤を8時，12時，4時に，ミルクとクラッカーと一緒に摂りました。そのとき彼女にとって錠剤を違ったやり方で摂ることがどうしてそんなに重要なのかについては，私には理解することはできませんでした。しかし，それはたいしたことではありません。私の仕事は彼らが持ってくるどのような問題に対しても，その人たちを助けることですから。

（**名誉ある**そのことをすることは重要なことです，そして**あなたにはそれを違ったやり方ですることができます**，ティム。そしてあなたには心も身体も両方ともリラックスさせることができます。）

ご存じでしょうけれども，われわれのところにやってくる多くの人たちはすでに多くのことをやってきています。そしてときどき，このセラピーの分野が最後の頼みの綱です。クライエントはすべての考えられる解決策を試してきたかもしれませんが，彼らはまだ**ここからそこに行くことができていません**。メロディの場合は，8時に半錠を飲み，10時に別の半錠を飲み，12時にまた別の半錠を飲み，2時，4時，6時，そして8時に〔たぶんこの8時は著者が間違って付け加えたものであろう〕飲むことを試みました。さらに彼女は9時に半錠を飲み，11時，1時，3時，5時，そして7時に飲むことを試みました。そしてまた，1日6回，何時何十分の30分の時点で半錠を飲むことを試みました。さらに1日12回，それぞれの何時という時点と何時何十分の30分の時点で，4分の1錠を飲むことを試みました。さらに，昼も夜も通して，すべての各何時という時点で8分の1錠ずつということを考えました。しかしメロディは夜中起きないといけないということに不満を持ちました。そして，「毎時間，ミルクとクラッカー——ミネソタのセントクラウド〔ミネソタ州中部，ミシシッピー川に望む都市で，大理石の産地〕でも彼らはそれをしないだろう」と付け加えました。そして，すでに彼女は錠剤の治療効果について関心を持ち始めていました。

（**尊敬**は男の人にとって大切です，ティム。**あなたにはそれを違ったやり方ですることができます**。そして，あなたには心も身体も両方ともリラックスさせることができます。）

ようやく，メロディと私は**ここからそこへ行く別の方法**を話し合い始めました。彼女は多くの多くの新しい考えを考え出しました。そして私は彼女の資源の豊富さにはまったく驚きました。錠剤を切るとき，違うナイフと違うまな板の表面を用いることができると彼女は言いました。家に15の異なるナイフと二つの異なるまな板を持っていましたが，それから彼女は，家にあるさまざま

なほかの平らな表面はまったくすばらしく役立つということを悟りました。製薬会社はその錠剤の上に都合よくその名前と「23」という数字を刻み込んでいました。メロディは一つの錠剤を「e」の上で切り，別のものを「2」の上で切ることができました。そしてそれから多くのほかの切り方の可能性が心に浮かんできました。

（すべての人は**義務を果たす**必要性については認識しています。そして**あなたにはそれを違ったやり方ですることができます**，ティム。そしてあなたには**心も身体も両方ともリラックスさせることができます**。）

彼女はまた，それらの錠剤をその日の違った時間に切ることができました。あるいは母親にほかのすべての錠剤を切ってもらうことができました。彼女はお風呂のなかで1回分の薬を飲み，居間で1回分，そして仕事に行く車のなかでまた1回分飲むことができました。ミルクとクラッカーの代わりにジュースを飲むことができました。そして1回分を飲みながら，友達と一緒にいることができました。あるいはことによると，父親の一つの古いビニールのレコードをかけるかもしれません。「私はそのたびに違った考えを考えることさえもできました」とメロディは言いました。そして，その時点では彼女と私には，**ここからそこへ行くのに無限の可能性のある**ことが明らかになっていました。

深化法

ティム，別の短い話，「カエデの木」と呼ばれる話をこれからしますが，それを聞きながらあなたの体験が深くなるようにさせていただけませんか。私たちは経験した木について考えることができます。それは一本だけで生えている木かもしれませんし，ことによるとほかの木のなかにある一本の木かもしれません。あるいは広い森のなかの木かもしれません，私にはわかりませんが，結局，木はまさに木です。そして私はいつも多くの木，例えば大きなオークの木を人が何にたとえるか，それは私にはわかりませんが，私には想像だけはできます……（**あなたには深く入っていくことができます**）。とにかくそんなに昔ではありませんが，それは普通のカエデの木が生えている小さな森のなかで，風の吹きすさぶ秋でした。そこでは，カラスが上の方でカーカー鳴いていまし

た。そして下の方ではリスが木から木に飛び移っていました。

　種がカエデの木から風で落ちてきていました。(**あなたには深く入っていくことができます**)　そして，たいていの種のように，それらの大変な量の大多数は芽を出していないか根を張っていませんでした。食べられたか，森の土の上でまさに腐敗していました。しかし，一つの種は古い丸太の上に着陸しました(**あなたには深く入っていくことができます**)，そして，そこにまさに留まりました。そして結局，それは冬の雪で覆われてしまいました。そしてそこで，それはそのままでいました。鹿とウサギに見つかりませんでした。

　春，その種はまだそこにありました。それは水分でふくらみ，芽吹きました。そして古い丸太の湿気のある，豊かな，腐敗した木に小さな根を下ろしていきました。そしてゆっくりとそれは成長しました。芽生え，それは太陽に向かって伸びた細い枝と小さな緑の葉をつけて，そしてそれは成長し続けました。そして数年が経ちました。(**あなたには深く入っていくことができます**)　そして，その豊かな栄養のある大地はそれに干ばつを生き抜かせました。そしてどうにかこうにか，動物はそれを食べなくて，山火事のときには二度，雨が通り過ぎ，そしてそれをぎりぎりのところで救いました。

　秋，この生長した木の緑の葉は，黄色がかったオレンジ色になり，さらに燃えるような赤になりました。冬には，ちょうどほかのすべての木とまったく同じように，そのカエデの木は冬眠しました。そして丸太のなかの昆虫と大地のシマリスとまったく同じように，冬，静止状態になり，休みました。鳥は高い枝の上の方で，起きていました。(**あなたには深く入っていくことができます**)　そして冬が続きました。ある日，耐えられなくなった重さの雪が大きな枝を折りました。鋭い音が森中にしました。しかしそれから春が来て，緑の葉が再び現れます。そして樹液が木のなかを流れます。ハチと昆虫と鳥がその木のなかと，周りで生活し，動物は下に走り降ります。

　ある夏の日，稲妻が木に当たり，頂上近くの上の方でそれを裂きました。しかし季節は続きます。そしてその木はそれ自身の種をまき続けました。そして**根は土のなかに深く**割り込んでいき，大地の下の**深い**ところで，根はほかの根と混ざって行きました。

再覚醒化

ティムは，健忘を促進させるため素早く再覚醒化された。「すぐに目覚めてもらえますか，ティム」と言って。ときどき痛みを持った人たちは，彼らの不快さのために気をそらされることがある。そしてトランスワーク中もまだ問題が続いていることがある。しかし，ティムはマスクをかぶったような顔で，ほとんど嚥下行動もなく，椅子の上で最小限の動きしかなかったので，トランスに深く入っているように見えた。

催眠後のやりとり

どのように感じたか尋ねたとき，彼は，「何も感じませんでしたが，何もまた覚えていません」と言った。彼の反応は健忘に加えて，時間歪曲と手と足の無感覚について肯定的であった。「ほとんど痛みを今感じていません」と彼は付け加えた。彼の肯定的な反応は強化されて，次回も続ける希望を示した。

実践上の注意

ティムの最初の良い反応のあと，彼は立て続けに2回約束をキャンセルした。そして結局フォローアップの機会を失った。このことが起こると，われわれはいつも考える。私（GG）は問題をコントロールすることに十分な注意を払っただろうか？　何を見逃していたのだろうか？　可能性としてありそうなPTSDへの私の興味のために彼は怖がって，来なくなったのだろうか？　確かにこれから先の計画として，彼をクリニックのPTSDの専門家に紹介すべきであった。そのセッションのビデオテープを見ることや，スーパービジョンやチームの会議でそのケースを討論することは，役に立つことがある。しかし，すべてのセラピストと同様に，何がうまくいかなかったのだろうかと考えることだけしかできないケースはわれわれにもある。

ティムのケースの明るい面は，クライエントの先入観をトランスに誘導するための工夫として利用したことの重要性を学ぶことであった。それ以来われわれは，腐敗者を粛正するとか，良い印象を与えるとか，「成功者になる」とかのような問題をはらむ，似たような追求を利用することによってトランスに誘導してきた。上述した誘導法はトランスのためにただ一つだけの暗示を用いた

こと，それはそれぞれの挿入のところで，繰り返されたことに注意してほしい。ティムが注意を奪われるためのその誘導法の道筋や手段は，錠剤であった。会話誘導法に反応しないクライエントに対するあなた自身の誘導法を開発していくには，彼らが示す顕著な側面に注意を払うことであるとわれわれは示唆する。問題を含まない何かへのクライエントの強い関心は，注意を奪われるためには十分な力に欠けるかもしれない。そうではなくて，それが繰り返されて，強くその現状を維持している問題の側面を探すことをわれわれは示唆する。

　セラピーでの自我強化のために，挿入を用いない「錠剤」と「カエデの木」の両方を何度もわれわれは用いている。ある点では，挿入法は埋め込まれた意味法よりももっと何にでも向く考案物である。しかしそれはしばしばより多くの知識とその前の準備を必要とする。埋め込まれた意味（わかりきったこと，似ている選択肢の拘束，そしてほかの催眠技法と同じように）の一つの利点は，それを標準的な談話療法で用いることができることである。それに対して，挿入法はトランスを要求する。挿入暗示は誘導法や物語のどこにでも挿入できる。挿入法での頼りになる規則は，それを**単純なままにしておくこと**である。混在する暗示よりも，それは一つのこと（**あなたには深く入っていくことができます**）に，あくまでも忠実であることが一番である。その効果は繰り返しと声の調子の変化から生じる。それをやりすぎることを望んではいけない。利用法とほかのやり方のように，少ない方がいいであろう。挿入法を物語のなかでの無関係な話として用いるのでは**なく**，その物語の自然な部分としてむしろ利用する実践家がいる。したがって，それはポーズ（中断）と声の調子の変化で目立つようにされる。挿入法に関するさらなる参考文献としては，エリクソンのすべての仕事（Rossi, 1980）を参照せよ。

　われわれは，暗示が挿入された物語を話すことをあらかじめクライエントに知らせる。その知識は非常に強力な技法の効果を減少させはしない。事実，それはもっと効果的になるかもしれない。なぜなら，そのセッションで何を期待しているかについてクライエントの知る権利を尊重しているからである——一般的な専門用語においてさえ。

第3章 埋め込まれた意味の誘導法

道　路

　この誘導法は，トランス体験をしたいと思っているが，それをすることにいくらかのためらいを持っているクライエントを持っていた，研修生の一人と論議をしていたなかで生まれた。そのクライエントは数年前に否定的な経験をしていた。そのときは，彼女のセラピストは——不成功に終わったが——眼球回転誘導法でトランスに誘導する試みをした。彼女はこれが侵入的であまりにも直接的であると感じた。彼女はトランスに入ることに失敗したのみではなく，二度目のセッションに戻ることにも失敗した。

　そのクライエントは車を運転しているときの「自分をなくすこと」を通して，自然なトランスを体験していると話した。したがって，普通の毎日の体験を利用する誘導法の価値を認める数え切れないほどの多くのクライエントと同じように，次の誘導法にはよく反応した。そのような毎日の体験は埋め込まれた意味の誘導法に役に立つ。

　たやすくトランスに誘導できることに加えて，そのような埋め込まれた意味の誘導法は自我強化という役に立つ副産物を持っていることをわれわれはすぐに学んだ。ハートランド（Hartland, 1971）は，多くのクライエントは，彼らの症状を諦めるのに必要なだけ強くなるまでは，彼らの症状を諦めないだろうと信じていた。彼は多くの心の健康面のクライエントを，外科手術を受けないといけない衰弱した医学の患者にたとえた。彼らを前もって適当な休憩と栄養で強くさせる必要があるであろう。セラピーの初期に「クライエントを強くすること」は彼らに次の催眠療法の介入のために，適切に準備させることになるであろう。

自我強化への権威的なやり方は，トランス中に「あなたには強くなることが**できる**」とか，「あなたにはこの問題に打ち勝つことが**できる**」というような繰り返される直接暗示を伴う。そのようなやり方は少なからぬ指示を必要とするクライエントには役立つかもしれないが，たいていのクライエントは，もっと尊重的な間接的実践から，より多くの恩恵を受けることを明白に示している。このタイプのやり方は，クライエントは自分の問題を解決する能力を生まれつき持っていて，セラピストからの穏やかな一押しを求めているということを仮定している。そしてそれらのセラピストとは，メタファと物語を用いて無意識の心につながり，「レーダーの下」に入り込むことを身に付けているセラピストである。必然的に，クライエントはそのメタファやメタメッセージで自己言及する。

　この誘導法を行った多くの人は，誘導前のやりとりのなかで種まきの実践をする。例えば，朝刊や夕刊，あるいは昨日の高速道路で，何かに**気づいた**とさりげなく言う。したがって，**気づいた**考えは後の誘導法のなかで現れるときに活性化される。**気づく**と**味わう**は，すべてのクライエントで強められる催眠の二つのキーとなる能力であって，これらはこの誘導法とそのほかの誘導法にしっかりと結びつけられる。

　あなたは右側の欄に現れる**ちょっとしたつまらないこと**〔ちょっとしたつまらないことを入れることで，話をふくらませること〕という言葉に気づくだろう。なぜちょっとしたつまらないことなのか？　なぜなら，どのような誘導法やセラピーのなかの物語であっても，聞き手の意識の心を惹きつけるためには，うんざりするようなあるいは意味のない材料を必要とするからである。たいてい誘導法や物語は目的的になりすぎたり，教訓的になりすぎたりする。そうではなく，倹約の法則に従うように。少ないほど良いということ。ちょっとしたつまらないことで暗示を表現することはそれらをより効果的にするだろう。

誘導法

道を車で走っていることはどのようなことか**誰でも知っていますが**，寒い日や暑い日に，窓を通して暖かい日差しを感じ，そして，その窓を開けると**さわやかな風を体験します**。暖かい太陽，涼しい風，あるいは	明らかなこと 自然なトランス体験

車で走っているリズム──これらすべてが，人がある**方法で**，**没入している状態**になることができるか，あるいは**別の方法で没頭している状態**になることのできる事柄です。ただ一つのことに注意を払っています，あるいは，**特に何に対しても注意を払っていません**，あるいは，ことによるとそれらは**心が離れて漂うこと**をまさに許すかもしれません……。 似ている選択肢の拘束

　あなたは**スピードを上げ**，そして**スピードを落とします**。そしてときどきほとんど何も考えないで，**あの信号のところで知らない間に停止することもできます**。そしてほかのときには，急な脇道に入るために急ブレーキを意図的にかけるでしょう。あなたがどのようにして学校地帯で時速 25 kmに**スピードを下げるの**かということは興味のあることです。そして数分後，あなたは州間高速自動車道を高速で走っているかもしれません。田舎から来た人たちは腹立たしいくらいのろのろ進むかもしれません。そして私たちは十代の若者のなかにいる人たちの，運転の仕方を知っています。ある時ある男の人は，彼は年に数回**ブレーキを新しくする必要がある**（needed new brakes）と言いました。そして別の人は，都会を 5 年間運転してきましたが，彼のブレーキペダルは**まだ新しく見える**（still looked new）と言いました。あなたが**重い足**とか**軽い足**のどちらについて話していても，それらの足の両方は**勝手に**，**独自に**，あるいは**自動的に**動いているように見えます。あるいはそれらは不思議に思えるかもしれませんが，運転手の脚からほとんど**分離している**感じです。もちろん**スピードを落とす**ことの一部であるかもしれないいすべてのことについて考えることさえもそうです。

　人がどれだけ多くの回数，その車に乗り込み，運転

反対の並置
分離言語

暗示

ちょっとしたつまらないこと

反対の並置

分離言語
暗示

席に座り，エンジンをかけ，道を走り始めるかということに**気づく**ことは興味のあることです。他の人がここからあそこに行くのとまったく同じように興味のあることです。あなたの両手――そして両足――はあなたが**考える**ことさえもなく，楽に仕事をします。それで道を走りながら心はときどき音楽や景色や，あなたが**気づき**，**味わう**ようになるその他すべてのことに没頭することができます。

　時間は**スピードを上げたり，スピードを落としたり**するようです。あるいは，ことによるとハンドルを握っているとき，**時間の経過には単に気づかない**かもしれません。車のなかの時計，あるいは腕時計の**1分**は**1時間**のように感じられることもありますし，**1時間が1分**のように感じられることもあります。しかしそれは**実際大したことではありません**。なぜならあなたがしないといけないことは運転席に座っていることなのですから。あるときのことですが，その人の左足がいつも眠っている**一人の女性**を私は覚えています。そして別の人は，長い信号が変わるのを待っている間に何回深呼吸したかに特別の注意を払うことを学んだことを覚えています。

　ある人はあるとき，一度これらすべてのことに**気づく**ようになると，ちょっとすると時間が**早いのかゆっくり**なのかとか，手足の末端でそれが**重いのか軽い**のかそれともほかのある感覚なのかとか，あるいはほかのある場所でそのような感覚があるのかとか，それらすべてのことを**味わう**ようになったと言いました。**気づくことと味わうことはまさに一緒に進みました。牽引車とトレーラーを見かける**道路の上と似ていなくもありません。あるいは**一つの車線はもう一つの車線**と並んで走っています。あるいは片側の二つのタイヤは

	種まき（活性化）
	無意図性
	種まき
	似ている選択肢の拘束
	時間歪曲
	何も理解しない／何もしない
	メタファ
	反対の並置
	種まき（活性化）
	種まき（活性化）
	メタファ

もう片側の二つのタイヤによってバランスがとられています。あるいは**両方向**への方向指示器，あるいは一人の人が運転し，もう**一人**の人は助手席にいます。そしてことによると前に**二人**，後ろに**二人**いるかもしれません。

　一人の女性は，あるとき——彼女はニュージャージーのネプチューン市から来たジュディだったと思いますが——，信号が変わるのを待っている間に，バックミラーをまさにのぞくことによって，**多くのことを学んだ**と言いました。バックミラーのなかの後ろの女性もまたラジオで歌を聴いていましたが，その歌に合わせて言葉をもぐもぐ言っていました。そして左側のサイドミラーのなかの男の人もそうしていたのは非常に**興味のある**ことだと彼女は感じました。実際数日後，彼女は**思いをめぐらせ**続けていました。別の非常に寒い朝，彼女は車からの排気ガスがほかの複数の車からの排気ガスとまったく同じように空中で揺らめき，そこに留まっているのに**気づきました**。「なんと**おもしろいこと**！　これらのことに気づいているのは私一人だろうか？」と彼女は考えました。

　非常に**注意深く慎重な運転手**（careful and conscientious driver）である彼女は，道路でどの運転手からも言われることのないように，いつも車線のなかにいました。**前の車を見て**——あるいは後ろの車を見て——その運転手が意図を合図するずっと前に，それらの車が右に曲がるのか左に曲がるのかについて予想することを彼女は学びました。これを100％近くの正確さで予想させるものは何だろうかと不思議に思いました。**それは**（Was it because）そのドライバーが微妙にスピードを落とすためか，あるいは曲がる前にその方向にごくごくわずかに曲がる**ためであったのだろう**

メタファ

催眠言語
催眠言語

種まき（活性化）
催眠言語

ちょっとしたつまらないこと

ちょっとしたつまらないこと

か？　彼女にはまだはっきりとはわかりませんが，道路での多くのおもしろい現象に**気づき**，勉強し続けています。

　ある日，信号が変わるのを待ちながら，**彼女の心は漂って**，車を寒い日にスタートさせる能力を自慢した以前のアイオワの友達のこと，そしてアリゾナの晴れている日に車を涼しく保つ方法を知っていると友達に**反応したことに思いをめぐらせました**。ある夏の日，彼女は**昔アイオワで運転して**（driving back there）いたとき，友達の家を探していました。友達は「教会への標識が昔あったところを左に曲がる」ようにかつて言っていて，そして**彼女はとにかく友達の家をそのとき見つけたことを誇りに思いました**（she was proud）。彼女はすべての種類の交通に関することを**切り抜けること**（negotiating all kinds of traffic）に関係するあらゆることについて考えました。**ここからあそこへ**（from here to there）安全に行くこと，知らない道路で**道を見つけること**，そしてもちろん夜の運転中に**道を見つけることは何か非常に誇りに感じる**ことでもあります。

　同じ女性が，ある時，90歳の祖父のことを話していました。その祖父は39年間**同じシボレー**（same Chevrolet）を持っていて，それは8万kmしか走っていなくて，**さび一つない**（not a speck of rust）と言っていました。彼女の祖父は長い間一連の不運に出会ったことについて話しました。そして彼女が小さかったとき，一度彼女を座らせました。そして**どのような道であっても，道では人は丸いくぼみに落ちるだろう。そしてときどきぺしゃんこになったタイヤと，車の軽い衝突事故を経験するだろう。ことによると，大きな事故かもしれない**と言いました。しかし，彼は

種まき（活性化）

催眠言語

ちょっとしたつまらないこと

自我強化

ちょっとしたつまらないこと

メタファ

彼女に，その道はいつもそこにあるから，**いずれその道にたどり着きますよ**，そしてその道のずっと離れたところにある良いことはすぐにやって来るかもしれないし，しばらく時間がかかるかもしれない。しかし重要なことは**その道に戻り**，そこで**居続ける**ことだと言いました。そしてその女性はその物語を**味わい**，いつかは彼女もまた道路にいるほかのすべての人たちについて本当に**気づく**ようになるだろうと言いました。

自我強化
種まき（活性化）

　両側に建物のない道路で降りるとき，人は多くを見ます。そして誰もが**内面**と同様に外側を見回すための時間を必要とします。見えないところに気づくことは，どのような種類のミラーをそれらの車が持っていたとしても，手間のかかることかもしれません。両側と後ろをよく見ることは可能です。特に天気のいい日は。しかしもし高速道路を走っているなら，**真ん中の車線**（middle lane）なら，**前の車**（car ahead）を見ることはもっとも重要なことです。しかし**後ろにも車**（car behind）がいます。そして両側にも交通事情があります。そのときには，努力して注意しないといけないことはそれらの四つのことです。そしてそれらが進行しているときに，同時に人はいつも考えたり，ラジオを聞いたり，**道のそばの何か**（watching for something alongside the road）や，ほかの方向からやってくる交通事情を**見張っ**たりしています。外のそこにある多くの物事を眺めながら，**内面から何が出てくるのかに気づく**ことは非常に心地よく，満足のいくものであることもあります。さて並行駐車をするとき，それをするのに苦労する人たちがいます。しかし彼らはまさにその苦労をしないといけません。なぜなら，誰もまだ右前を見るためのミラーを作り出してはいないからです。どこか駐車場をまさに見つけることはと

暗示

ちょっとしたつまらないこと

暗示

きどき骨の折れることです。そしていつもあなたに告げます，「駐車禁止！」と。それはあなたが**気づき**，慣れないといけないまさにもう一つのことです。しかし，一つの場所を見つけるためにどんなにいらいらしても，ついにはいつもどこかに場所を見つけるということをあなたはたぶん思い出すことができるでしょう。

　長い距離を運転することについては誰もが経験していることです。そして長い旅に出るときにはいつも何らかの期待やためらいがあります。私は**一人の男の人**が長い旅に出る準備をすることについて，かつて話したことを思い出します。ほかの人たちは長い旅に出る前，間違いなくタイヤを調べ，そして**道を照らすものとそのようなもの**（road flares and things like that）を持っているかどうかについて調べます。しかしこの男の人は，完全に管理しないといけないような事柄をいつも管理していませんでした。そしてほとんど何の考えも，準備もなく，道路にまさに飛び出しました。フェニックスからサンディエゴに行くためにです。それはとても一日の旅では無理です。あの言葉は今でも忘れられません。それは彼の父親かほかの誰かの言葉だったのかな？「**スペアタイヤは車のなかではもっとも重要なタイヤだ**（Your spare tire is the most important tire on your car.）」というのが正確な言葉です。

　そして，案の定，彼はそれについてほとんど考えていませんでしたが，タイヤが道路上で空気が抜けきって，ぺしゃんこになってしまったとき，そのスペアもまた空気が抜けていることを発見しました。それで行こうと思っているところに到達するのによけいな時間がかかり，苦労をしました。しかし，彼はそれでもそ

種まき（活性化）

メタファ

ちょっとしたつまらないこと

ちょっとしたつまらないこと

こに到達しました。ところでフェニックスとサンディエゴの間を走るのは多くのまっすぐで**単調な**（monotonous）高速道路です。不毛の砂漠と少しの砂丘を通り，見るものやすることはほとんどなく，時折小さな町があり，そしてどんどん走りながら，**心はまさに漂います**（your mind just drifts）。そして道路の車線に没入するようになるのは非常にたやすいことです。ほとんど**眠るためにあやされているような**感じです。そ 　　　　暗示
こでは，**時間を忘れる**ようになり，そして道路を運転しているのだけども，心——あるいは身体——は**離れ，　　分離
あるいは何ものとも特につながっていなくて**，自動操縦装置で前に向かって流れていくような感じです。

　さてこの男の人は，道路を走っているとき，あれやこれやと**思いをめぐらす**ことに没入し，多くのことを　　催眠言語
想像することに没入しました。彼は一定の勾配を上って山のなかに入っていることに気づきませんでした。道路際の標識が運転手にオーバーヒートを避けるために，**エアコン**（air conditioner）を切るようにと警告　　ちょっとしたこと
していました。そしてついにオーバーヒートを彼は起こしてしまいました。そして道路際に車を寄せなければなりませんでした。しばらく我慢し，**ラジエータの冷える**（radiator cooled）ための時間が経ち，そして水が近くにありました。そのことに彼は非常に感謝し，そしてそれからはもっとよく注意しながら，道路を走り続けました。

　彼が私にこのことを話していたとき，私は**時間がわ　　時間歪曲
からなくなり**，彼が話していたことで何か重要な点があるのかないのか，わからなくなっていましたが，しばらく詳しく聞いているうちに，それはとにかく**実際**　　何も理解しない/何も
に重要なことではないのだと理解しました。そして　　　しない
一度に私はたいてい二つ**以上のことをしていました**　　自我強化

が，何とかして何らかの意味や重要なものを取り上げようとしました。そして最後にすべてがうまくいったことを**誇りに思いました**。そして私については非常に満足を感じました。

ところでこの男の人は，車を冷やしてから，走り続けました。そのときには道路際の標識に関してちょっと賢くなっていました。まさに運転して前に進んでいるとき，**彼の手**がハンドルの上で**感覚がなくなった**と言ったのかどうか，あるいは彼の**足が眠っていた**のかどうか，あるいは，彼は運転席で単にじっとしている**と感じていた**のかどうか，それらについては，私は思い出すことができません。しかし，はっきりとそれが非常に楽しく，興味のある体験だったと彼は思い出しました。　　　　　　　　　　　　　　　　　暗示

彼はサンディエゴに近づくにつれて，海岸と椰子の木を吹き抜ける風について**空想し始めました**。たぶん予定よりも速く進んでいました。しかしまだ通り過ぎるときの標識を読むことができました。そしてその標識が次の 15 km の間の強い風を警告しました。それで反射的にスピードを落とし，それからすぐに車は一つの突風に押しまくられました。彼は操縦ハンドルをしっかりと握り，そして車線に**その車を安定させるように維持しました**。そして別の突風が彼の車を吹き続　催眠言語
けました。そして決して一度もほかの車線にはみ出ることはさせませんでした。そして彼は**その強い強い風を処理した方法について，非常に満足を感じました**。　暗示

自我強化

（もしクライエントがまだ目を閉じていないのなら，何か次のようなことを言ってもよい。「目を穏やかに閉じてもいいですよ」と。そしてもし目を開け続けるなら，「そこにある，ある点にあなた自身を没入させるように，まさにそのようにさせることは心地のよいことだということを発見するかもしれませ

ん」と言って，その行動に単純に合わせてほしい。)

深化法

　私はしばらく静かにしています。そしてその間に，あなた自身が深く深く，非常に心地のいいリラックス状態にゆっくり下降することを想像，まさに想像してほしいのです。そして十分に深くなったとき，あなた自身が二回，心地のいい深呼吸をするのをあなたが発見するでしょうから，あなたはそれを知るでしょうし，私も知るでしょう。

再覚醒化

　セラピー部分が終わったあと，そのクライエントは次のようなやり方で再覚醒化されてもよい。それは時間歪曲（トランスの強い証拠である催眠現象）を強調する。「私はこれから1から5まで数えていきます。そして私が5に達したとき，目を開けてください。あなたが目を開けたとき，あなたの腕時計を見ないで，今日ここで，どれくらいの時間が経過したかについて推測してください。1，2……」。

催眠後のやりとり

　催眠後のやりとりは誘導中に暗示された分離，観念感覚の感じ，あるいはほかの催眠体験に向けての特定の質問を含んでもよい。また質問はもっと一般的なものであっても差し支えない。例えば，「どう感じましたか？」とか，「今あなたはどのようなことを考えていますか？」とか。クライエントに彼らの体験を言語的に整理する時間を与えることは重要なことである。

実践上の注意

　われわれはしばしば誘導法やセラピー物語として**運転**や**道路**の，ある側面を用いる。動き，意欲，そして前進は個人の発達と心理療法に対してまさに中心的なものであるので，またこれらの概念やプロセスはすべての人の体験に共通してあるので，それでセラピストによって利用されることができる。運転の多くの側面，例えば，「運転席にいること」というのは，そのクライエントにとっての管理と支配を象徴する。歩くとか運転する能力をなくしてしまった人

びとはそれらができる人びとよりももっと強くこのような物語によりいっそう自己言及するかもしれない。この誘導法はかなり長いので，その一部だけを用いることを選んでもよい。特にもしそのクライエントが以前にトランスを経験しているなら。それ以外に，あなたはあなた自身の運転経験のなかの何かの事柄に気づいていたかもしれない。

　道路のような幅広いメタファは，多くのセラピーの目標を組み入れることができる。内的探索，ゆっくりさせること，種まき——そして活性化——**気づく**ことのような行動，そして支配やセルフコントロールの促進。そのクライエントが乗っかっているプロセスとしての，希望を刺激することとセラピーを枠付けすることは，ほかの助けになる結果を生み出す。われわれはこの誘導法をセラピーの初期に，物語への没入能力を測定するために用いる。ときどきクライエントにその物語に注意を払うことを求め，あとで彼らが彼らの呼吸について何を**気づいた**かとか，そのプロセスの一部としてどのような学習が結果として生じたかについて，われわれに教えてくれることを求める。もちろん，「男の人」や「彼」は，「女の人」や「彼女」に置き換えられてもよい。しかし，物語のなかの人びとをクライエントに正確に「合わす」必要はない。マイアミで面接している若い女性のクライエントは，シアトルの年のいった大人の男性の物語の登場人物に，自己言及するのに困難は持たないであろう。その状況によって，中断を入れたり，太字〔英文ではイタリック体〕で書かれた言葉を強調したり，ほかの言葉を強調したりすることを望んでもかまわない。

　この本のなかの誘導法と深化法の多くは，混ぜ合わせることと組み合わせることに向いている——材料を加えることや減らすことと同様に。それはクライエントの要求とセラピストの関心によって決まる。すぐに深いトランスを示すクライエントに対しては，形式的な深化法は必要ないかもしれない。われわれは深化法を，それは誘導とセラピーの間の便利な架け橋であるので，催眠を勉強している人たちに対しては有効なものとして理解している。熟練した実践家にとっては，深化法は物語といろいろなほかの手段によってトランスを深め，暗示を与える両方に用いられる，何でもできる考案物である。このように用いられるとき，深化法は催眠療法を促進する。深化法の批判者は，セラピストは深くよりも，むしろ**文字通り**創造的な結合を育てるべきであり，そして形式的な深化法が暗示されるときのトランスで求められる深さというのは，セラピス

トとクライエントにとっての幻想であるかもしれないと信じている（Brent Geary, 個人的な会話, 1999）。われわれは両方のやり方で，あなたとクライエントにとって何が有効に働くかを理解するために実験をすることを勧める。トランスワークのあとに質問されるとき，多くのクライエントはそのプロセスのなかの個別の部分として深化法を区別することができない。

分　　離

　分離〔と訳した理由については用語解説の分離言語参照〕は催眠のきわめて重要な特徴である。そして普通は催眠の定義のなかに含まれる。キングスベリー（Kingsbury, 1988）は，外傷後ストレス障害（PTSD）を扱うための「同型の介入」であるとして，催眠に言及している。なぜなら分離は催眠の人工的状態とPTSDの病理的状態の両方の一部であるからである。それ故，分離を促進する誘導法は――精神病理の障害の一部としてときどき分離を経験するクライエントにおいてさえ――催眠療法家のレパートリーのなかでは非常に有効だろうということが考えられる。慢性の痛みや不安のような悩みとの結合は，まったく解決が難しいことがある。これら両方の問題を扱うための一つのストラテジー（方策）はそれらから**分離**することによってクライエントを助けることである。

　この本のほかの誘導法と同じように，この方法はいつもの経験を利用する。分離は広い範囲の日常経験のなかで生じる。われわれは彼らが関係する人びとを含んだ共通の経験を用いるメタファに，人びとは影響を受けやすいということを知った。このメタファ的なやり方は，老人（Gafner, 1997），精神病性障害を持つ患者（Gafner & Young, 1998），そして伝統的に催眠療法では扱われてこなかったほかのクライエントのような臨床集団に特に役に立つ。それは多くの利点を持っている。そこにおいては，セラピストはクライエントの反射的な嫌悪を迂回し，さまざまな考えに対する反応を意識させることなくテストし，そしてそれが明白になる前に強い，目に見えない基礎を作り上げることをそれは可能にさせる。また，分離のためにメタファを用いることはクライエントに蓄えられている，あるいは推測される資源を内的に探索することを助長し，そして新しい連想の小道を作り上げる。したがって，クライエントはセラピー過程のなかで創造性のより大きな感覚を経験し，そしてセラピー過程に対する責

任を経験するだろう (Combs & Freedman, 1990)。

　分離はこの誘導法のなかにさまざまなやり方で埋め込まれている。分離の精神を維持するために，われわれは右側の欄の用語説明を削除した。あなたがたは，分離に対する暗示として，**切り離す**とか，**独立**とか，**自律**のような言葉と，健忘，無感覚，そして無意図性という関連した体験のような言葉を認識することができるだろう。われわれはこれらの強調される言葉で言語的に実験することが好きである。たぶん一度はそれらをわずかにより深いかあるいはよりゆっくりとした抑揚で強調するだろう。別のときにはそれらをまったく際だたせない形で発音するだろう。

　クライエントが心地いい状態になったとき，われわれは，これから聞く物語は意味をなしていないかもしれないが，それは大丈夫です，なぜなら，それは意識の心を迂回するように作られているからとか，あるいは「あなたのレーダーの下に入り込むために」作られているからと説明する。われわれは彼らに，それを聞くこともできるし，あるいはそれらの言葉がただ聞こえてきて，消えていくようにすることもできると告げる。

誘導法

　私たちはみんな多くの経験をしてきています。いくつかは重要なもので，いくつかはそうではありません。いくつかは楽しく，良いもので，ほかは**思い出せない**かもしれません。まったく夢と同じように，誰もがそれらを経験します。そして**目覚める**ときまでに多くを**忘れ**ます。そしてほかのときには，その夢の一部だけを覚えているかもしれません。

　あるとき私は右腕を枕にして夜の大半を眠りました。そしてその腕は目覚めたあとも長い間ずっと**眠っていました**。それは座り続けていたとき，左脚が**眠りに入った**のと似ていました。左脚が眠りに入って，そして歩くために立ち上がったとき，その脚にはまだ強いじーんとした感じのような微妙な感覚がありました。あるいはことによるとまったく**無感覚**だったかもしれません，**忘れました**。

　昔小学生だったとき，一人の先生が「**それは，私が話しかけているあなたの耳です**」と言ったのを私は思い出します。そのときは，耳がほかの部分からどのように**切り離される**ことができるのかということについて，かなりおもしろ

く思えました。その先生が話していたとき，私はたいていまさにぼんやりしているのが常でした。たぶん，あっちの言葉やこっちの言葉を聞いていたのでしょう。ときどきあれやこれやに注意を払い，そして先生が私を見るのでした――もしかしたらそれは隣の子だったかもしれません――そのときには私は少しか，もう少しそこから回復し，そしてそれから空想にふけることに戻るのでした。あるとき教室で，机に向かって椅子に座っていました。脚を組んで。そしてぼんやりしているとき，ときどき片方の脚はよく**眠っていました**。そしてあるとき両脚が**眠っていました**。それは映画に没入しているときや時間を**忘れているとき**のような興味のあるほかの経験のときに人が感じる**離脱**の種類とは非常に異なっていることもあります。あるとき私の腕は上がっていました，空中とても高く。なぜなら，私は先生の質問に答えたかったからです。そしてその**腕**は上のそこでまさに止まっていました。空中に，**自分の力で**，非常に長い間……。

　その同じ先生が，物語を私たちによく話してくれたものでした。先生がそれらすべての物語で何を意図していたのかについてはわかりません。そして私は多くのとき，先生の意向をとらえていなかったことを認めなければなりません。そして**思い出せる**範囲内では，先生はそれらの物語を「今日は**あなたがたの第三の耳**に私は話しかけます」と言うことで，普通始めるのが常でした。はい，**第三の耳**とは先生が実際に言ったことです。それについて今でも何だろうと思っています。そしてまだ先生の声を聞くことができます。

　ある日，その先生が先生の知っている人について私たちに話していました――先生は彼女をドロシーと呼んでいたと思います。何年も前にそのことが起こっていました。そして今でも私はこの話の**一部だけを思い出す**ことができます。ドロシーはそのときは小さい女の子でした。そしてそれは別の州で，**その都市から離れたところで**そのことが起こりました。その辺り一帯森林というところがありました。そしてドロシーは田舎道で財布を**なくしていました**。どういうわけか，それは車**から落ちました**。そしてその車は出発しました。そして**時間と距離が彼女をその財布から切り離しました**。彼女がそれを捜すために自転車に乗って戻るまでに，たぶんおよそ数時間でした――それと数分間。そしてそのときには午後の非常に遅い時間になっていました。彼女は道を前進して，財布を見つけました。そして今や森の奥深くにいました。そして脚はペダルを

こぐことで非常に疲れていて，**ほとんど**それらに**何の感覚**もまったく**ありません**でした。それを拾い上げるために必死になってかがんだとき，その財布は，それが突然彼女の手から**遠くに**ひょいと跳ぶかのように**それ自身の運命**を決めているように見えました。数人の子どもたちがそれをぐいと引き，それは意のままに操られて，遠くに行きました。単なるいたずらでしたが，彼女はそれらの子どもたちがそんな遠くで何をしていたのかについていつも思いをめぐらしてきました。ついに彼女は財布を取り返しましたが，少しドルはなくなっていました。しかし彼女はそのことを少しも気にしませんでした。

　その田舎道を自転車で戻るとき，財布を**外のそこ**のハンドルのところでしっかり持ちました。その右側の握りは落ちてしまっていました。そして前輪のスポークが**なくなっていました**。しかしずっと後になるまで，これらのことには気づきませんでした。そのときまでにますます暗くなっていました。そして呼吸の速さは著しく変わっていました。そのために後ろも前もあまり見ることができませんでした。もし手を顔の**前の外側**に持ってきたとしたら，それをかろうじて見ることができました。彼女はその道路でスピードを落としました。ペダルの上で足は**勝手に動いて**いました。そしてそれはほとんどあたかも**それらの足が誰か他の人のものであるかの如く**でした。そして彼女は足を見下ろしながら，この晩ほど暗い晩を**思い出すこと**ができませんでした。それがもし慣れていない道路であったなら，彼女は簡単に**道に迷った**でしょう。

　ドロシーは人生の道を進み続けました。ある晩，州の共進会で綿菓子と塩水キャラメルを食べました。しかしそれは同じときではありません。彼女は塩水キャラメルの一つを**引きはがした**ことを思い出しました。長く，ゆっくりと。そして甘さが彼女の口でゆっくりと溶けました。しかし綿菓子ほど速くではありません。綿菓子はもっと速く食べました。彼女は紙の円錐形の入れ物のところまで食べたことに**気づくことさえもありません**でした。そしてそれから甘いものを入れる最後のガーゼのなかにある小さな砂糖のすべての結晶に気づきました。たとえ数えようとしても，あまりにも多くの小さな結晶なので，数えることはできませんでした。

　高校のクラスで，ドロシーは教会と州の分離についてのレポートを書きました。そしてどういうわけか，このことが彼女に自転車のチェーンを思い起こさせました。自転車に鍵をかけるためのチェーンではありません。それではなく，

前に進ませるチェーンです。それぞれの必須の部品は次とつなげられています。そしてもちろんどんなチェーンでも，もし一つの部品が前や後ろの部品と**離れてしまう**と**切断**が起こります。それは人がかなり早く気づくことです。

　大学を卒業したあと，ドロシーは一つの小さな石油会社で，技術者として働きました。その会社は時が経つにつれ大きく成長していきました。そしてついにはそこの株が，**1株が2株に分割**されました。そしてそれからその会社はその親会社から**独立**し，一つの独自の存在になりました。そしてその後それはほかの会社と合併しましたが，その合併は法に**違反していた**（been broken）と訴える弁護士たちによって正当性を疑われました。彼らはある法律の精神——その文面とまではいかないが——に**違反して**（breach）いたかどうかを問題にしました。しかしその間中，ドロシーは解雇にはなりませんでした。会社が彼女に非常に**自主的に**仕事をさせてくれている事実を彼女は評価していました。

　仕事中，ドロシーはたくさんの**自由**を持っていました。それで彼女はときどき注意散漫や気が散るのでした。例えば，水が水素と酸素にどのようにして**分かれる**ことができるのかというような事柄に没頭したり，没入したりしました。あるいは分子や電解液の，**構成要素への分離**，あるいは合成物や混合物からの何かの分離や抽出，あるいは**油が水からどのように分離する**のかというようなごくごく毎日の事柄。あるいは道の分岐点，あるいは壁の意味——あるいは塀——は**一つの家をほかの家から分離**します。これは彼女に空間と時間を含むすべての範囲の概念について考えさせました。その上，想像の上でのつながりとか彼女の会社の組織図上の点線についても考えさせました。

　しかしドロシーにとっての時間は，あの道を進み続けていたときのように，ゆっくり進みました。そしてときどき速くなりました。進み続けるのが長くなればなるほど，とにかく時計の時間は問題ではなくなることを彼女は悟りました。**過去に起きた多くの事柄は現在はまったく楽しい記憶になっています**，そうでなければ完全に**忘れられて**しまいました。

深化法

　（もしクライエントがまだ目を開けているのなら，閉眼を暗示しても差し支えない。あるいは続けられている凝視に単純に合わせてもよい。）さて，声に出さないで，あなた自身に対して数を数えてほしいと思います。20から1ま

で逆に，ゆっくりと，必要とするだけの時間をとって。そして1に到達するとき，あなたは非常に心地のいいトランス状態のなかでいるということが，あなたにとっての合図となるでしょう。そしてあなたがそこにいるということを，頷くことで，私に知らせてください。さあ，静かに数え始めてください……。

再覚醒化

セラピー部分が終わったら，クライエントに，「自分のペースで」目覚めることを求めて，1から5まであなたが数えることで目覚めさせてもよい。あるいは穏やかな再覚醒化のための似たような方法を用いてもよい。

催眠後のやりとり

クライエントが目を開けるときについて，ダブルバインド（二重拘束）の質問で実験をしたいと思うかもしれない。例えば，「あなたはまだトランス状態ですか？」との質問は，ほかの催眠後のやりとりの質問と同じように，トランスを承認するかもしれない。クライエントの答えが，ハイであろうがイイエであろうが，彼らはトランス中の深さの程度について考えねばならない。

実践上の注意

驚くほどのコントロールの喪失としての際だった分離を体験するクライエントがいるかもしれない。これらのクライエントは，たいてい初めに催眠の提案を断るだろう。それ以外の人——重い精神病理を持った人も含めて——，その人たちはこれとほかの誘導法によく反応する。これらのクライエントの多くは非常に「空想にふけること」が上手である。そしてときどき催眠後のやりとりは次のセッションのための役立つ材料を生み出すだろう。例えば，この誘導中に，一人のクライエント，6歳から12歳の間，性的虐待の歴史をもつクライエントだが，そのクライエントは彼女の子猫をかわいがった楽しい経験を思い出した。「私の手はまさに動き続けています，勝手に」と，彼女は言った。彼女は悲しく，外傷的であった人生の期間から，この非常に肯定的な体験を選び出すことができた。したがって，続くセッションでは，彼女はその楽しい経験をちぎり取ることができた。そしてわれわれはそれを，深化法（「あなた自身が今もっともっとあなたの子猫をかわいがることに没入した状態になるように

想像してください……」）と，その上，想像されたテレビの画面のなかの子猫をかわいがる場面が，徐々に同じ画面のなかの外傷的なイメージに匹敵するくらい拡大されるというセラピー部分の両方に用いた。

　人格障害，重度のPTSD，あるいは精神病性障害を持ったクライエントのなかには，もしこの本の第2章からの一つの誘導法で始めるとすれば，もっと積極的に反応するかもしれない人たちがいる。すべてのクライエントに対して，うまくいくセラピーは，信頼とラポートから生まれる。クライエントの積極的な反応は時間を通じて作り上げられる。重い精神病理を持つクライエントでは，この重要な同盟は，徐々にゆっくりと育てられるべきである。より複雑でない誘導法で始めることは，この目的に役立つ可能性を持っている。

　タクソンV. A.（退役軍人省医療センター）でのストレス・マネジメント・プログラムでは，凝視法で始める。これらのクライエントの半分以上は精神病性障害クリニックから紹介される。最初のセッションでは催眠は行われない。催眠が2回目のセッションで始められるとき，われわれはいつも2，3回トランスに入れたり，そこから出したりする。これは彼らのコントロール感覚を育てるためである。一般的なそして許容的な会話誘導法が最初に用いられたセッションのあと，彼らは何を期待すべきかを知り，そしてわれわれは彼らがどのように反応するかについて理解することができる。会話誘導法に順調に反応するたいていの人は，また分離誘導法のような埋め込まれた意味の誘導法によく反応するだろう。

旅　　　行

　多くの人は飛行機で旅行する。そして日常生活の平凡な一面として，その経験に言及することがある。普通の，平凡な，そしてうんざりする経験であっても，それらは催眠誘導にもっとも適しているかもしれない。というのは，われわれは，あらゆる年齢の大人——そして多くの青年さえも——は平凡なことを含む誘導法に，より没入した状態になりがちであることを知ったからである。それは，うっとりさせる森，新時代のヒーリング・クリスタル（治癒水晶），あるいは魔法の王国の上にある雲に乗って，漂っている幻想的な人たちを用いた誘導法よりも。日常の話題やテーマは人の心をなごませ，無害で，そして人

びとを落ち着かせ，トランスのなかへ導いていく傾向がある。もちろん，うっとりさせる森はある人たちに同じ効果を持つこともあるかもしれない。そしてもしあなたがわれわれがこの本にそのようなものをまったく含んでいないことに失望するとすれば，われわれは謝らなければならない。

　深化法はこの方法の最後に埋め込まれている。それには二つの深化法があり，クライエントは彼らの体験を深め，そして，それを浅くし，それから二度目，深く入っていくことを求められる。埋め込まれた意味とキー暗示は発話の強調で，際だたせられる。

誘導法

　ある日私はアメリカン航空の飛行機に乗っていました。そしてその飛行機が降下中に進行していたことに引き込まれた状態になったということなのか，それに没入した状態になったということなのか私にはわかりません。とにかく，私はその日を決して忘れません。

　その飛行機がダラス-フォートワースに下降し始めたとき，私は地上に着陸したあとのことについて考えました。そしてこれらのときには，時間は**速くなったり**，**遅くなったり**するように思えます。あるいはことによると時間感覚をまったく忘れてしまうかもしれません。わかりません。彼らはアナウンスしました。シートベルトを締めて，前の折りたたみ式のテーブルを上げる時間ですと。しかし隣の人がすぐに折りたたみ式のテーブルを上げ，読んでいた本を片づけたにもかかわらず，私はとにかく折りたたみ式のテーブルをそのままにしていました。道路地図を調べ続けていました。**そこにある**その折りたたみ式のテーブルの上で，地上の**そこにある**最終目的地について詳しく調べていました。ベルトを締めることをちょっと思いましたが，かなり遅くまでそれをしませんでした。ほかの人たちみんながそれをしてしまったかなり後まで。ちょうどそのとき手が横に離れていて，**そこの**肘掛けの上で，眠りに入っていたことに気づいたことは非常におもしろいことでした。その無感覚はすでに腕に広がっていました。しかしすぐに注意をほかのことに向けました。

　私たちは地上に今やもっと近づき，そして**なかから外のそこ**を見ていると，下のそこにある物は私たちが低くなればなるほど，はっきりとなってきました。私は使える手でその地図を調整しました。そしてもう一つの手はまったく感覚

がありませんでした。そしてそれからその飛行機の添乗員——彼女の声はただ**聞こえてきて，消えていったように思えますが**——その添乗員は接続ゲート情報をアナウンスし始めました。「アビリーン，36 番ゲート，アルバカーキ，41 番ゲート，アマリロ，37 番ゲート……」。そして私は考えました。「サクラメントに行くから，彼女がＳに来るまでにはかなりの時間がかかる」と。そしてそのとき彼女がオースチンとベイカーズフィールドを言っていて，アルファベット順にその他のすべてを続けていたので，ちょっと彼女を心から追い払いました。

　隣の席の乗客が私のしていることを見て，言いました。「気にしなくていいよ。**知る必要のあることは何もないし，また何もする必要はない**」と。そしてしばらく私は，彼がそのことで何を意味しているのかについて思いをめぐらせましたが，その飛行機が下降を続けるにつれて，もうちょっとまさに心が漂い，離れて，前の地図のなかに入って行きました。

　どんな地図を見ても，それはいろんな方向に色の付いた線が引かれてごちゃごちゃしていて，最初はそれに慣れるのには困難を伴うことがあります。川は水色の線，州の道路はほかの色，そして州間高速自動車道はそれ以外の色。ジグザグ線は郡の線を示し，そして州の間にはすべて実線があるようでした。しかしどの地図でも素早く**一つの州から次の州にすっと移る**ことがあまりにも簡単すぎます。人は違った考えをします。飛行機が降下するとき，あるいは地図を調べるとき，日常生活の煩わしさからちょっと**離れて**，子どもじみた感じで，——そして子どもたちはすべてこれを遅かれ早かれしますが——かがみ込み，股の間から世界を見ます。もし今私がそれをするとすれば，頭がふらふらするでしょう。そして私は何年も前のあの教室にいたことをまだ思い出します。そのとき私の手は**もっとも長い間**空中に維持されましたが，それが私の無感覚の手なのか，それとももう一つの方なのかについては思い出すことができません。

　私は頭の上の声に戻ってきました。そして彼女はまだＣに来ていただけでした。カールズバッド，35 番ゲート，コロラド・スプリングズ，40 番ゲート……そして隣の人は——その声は遠くのトンネルのなかでしたが——言いました。「**聞くことさえもしなくてもいいんだよ**」と。そして私はすぐに地図に戻りました。ターキー・ハロー（七面鳥の谷間）は変わった名前でした。しかし**ディープ・ハロー**（深い谷間）と同じくらいでした。もしまばたきするか，移

動している両目をちょっと閉じたとすれば，たぶん両方の場所を見失ってしまうでしょう。インスピレーション・ポイント（インスピレーション地：Inspiration Point）は私に呼吸することについて思い出させました。あるいはたぶん，想像（imagination）をも。わかりませんが。しかしエクスプローラ・ポスト（探検家ポスト：Explorers' Post）は，ちょっと何か遠くのことのように思えます。ウィルダーネス・レトリート（荒野の退却：Wilderness Retreat）は名前に関する限り，何かが**欠けています**〔Wilderness Retreat lacks……：relax が埋め込まれている〕。そしてインスキープ・コーナーズ（人目に付かないところで居続ける：Inskeep Corners）は，何か非常に遠いところのような印象を与えました。たぶんしばらく過ごすには良い場所でしょう。スローポーク・リッジ（ゆっくりと突き出た尾根：Slowpoke Ridge）はたぶん下にある小さな峡谷や狭い渓谷を見下ろしたのでしょう。そしてちょうどそのとき，頭の上の声が「サンホゼ，29番ゲート」とアナウンスしました。

　私はついに折りたたみ式のテーブルを上に上げ，シートベルトを使える片方の手で，留め金で留めました。地上の物が急速に目に入ってきました。そして隣の男の人は目を閉じて深く座っていました。静かに私自身に対して10から1まで逆に数え始めるときだと私はわかりました。下降が続いていたとき，とてもとても心地よく感じていました。

深化法

　（クライエントの名前），これから私が10から1まで逆に数えていきますので，数が少なくなるにつれて，あなたにもっと深いトランスを体験してほしいと思います。数え始めます。10，9，など。（1 に到達したあと），5に戻ります……そしてそれからもう一度数を逆に数えます。あなた自身をもっと深く深くさせていってください。5，4，3，2，そして1。

再覚醒化

　クライエントは以前の誘導法に書かれたようにして，再覚醒化される。

催眠後のやりとり

　トランスワークの最初の数セッションのあいだ，注意深くトランスを承認す

るものを引き出す必要がある。無感覚と時間歪曲がこの誘導法では納得がいきやすい。そして人びとはしばしば昔の考えと感情を思い出す。旅行と地図の上の印はこれを刺激するようである。

実践上の注意

　ときどきこの誘導法を始める前に，空を飛ぶことや空港に恐怖を感じるかどうかについてクライエントに尋ねることを忘れる。もし尋ねるのを忘れたなら，多くのクライエントは彼らの目を反射的に開けて，やめるように求めるだろう。一方もっと受け身的なクライエントは瞼をぴくぴくさせるかもしれない。ほかには，椅子の上で身体を不安そうに移動させることで彼らの不快感を合図するかもしれない。もしそのような非言語的なものに気づいたなら，すぐにやめて，主観的な体験についての言語的報告を求めるのがもっともよいかもしれない。われわれは一度そのような不快感を示すクライエントに出会ったことがある。彼女が何を感じているのかについて尋ねたとき，「わかりません……今良くなってきました」と言った。彼女は彼女の体験をしばらくの沈黙の間に深めるように言われた。そしてそれからわれわれはその誘導法を続けた。その誘導法は，その地点から非常にうまく進み続けた。

　われわれはこの誘導法を強く好む数人のクライエントに出会ったことがある。それでそれを毎回用いた。二重深化法は顕著に効果的なやり方である。それはトランスに誘導し，再びそこに入る前にそこから出させる方法に似ている。それはセルフコントロールを促進するためにトランスワークのなかで初めの頃にしばしば用いられる。クライエントは二度目の深化法のときに，トランスのなかにより深く，いつもゆっくり下降していく。

時　　間

　時間の概念は例外なく体験されるが，その体験のされ方は無数である。それは催眠誘導法の標準的な構成要素として用いられる。そして時間歪曲はキーとなるトランスを承認するものである。年齢退行と年齢進行は時間に頼っている。数え切れない誘導法が，毎日の生活の主要な，広く行き渡っているこの観点に基づいて展開されることができるかもしれない。

第3章　埋め込まれた意味の誘導法　*81*

　われわれは時間誘導法のような埋め込まれた意味の誘導法が，抵抗的なクライエントと抵抗的でないクライエントの両方に非常に効果的であることを知った。用いられる誘導法に警戒的でなく，トランスにすぐに入る抵抗的でないクライエントの場合，想像を刺激する機会として認めるようである。多くの抵抗的なクライエントの場合は，これらの誘導のさりげなさ，無害さ，方向性のもたなさによって，武装が解除される。言い換えると，彼らは意識的に抵抗する何ものをも提示されないということである。だから，しばしばそのメタファやメタメッセージは無理なく組み入れられる。

　年齢退行は深化法としては役に立つが，彼らにとってそのようなテクニックが心地いいかどうかに関しては，最初にクライエントに尋ねることが賢明である。例えば，「今日トランスワークの深化の部分で，あなたが楽しくリラックスしていると感じたある時点に時間的に漂ってさかのぼることを求めるつもりですが，いいですか？」と。もし答えがイイエなら，彼らがもう一度その時点に行きたくないという背景にある外傷体験やほかの不快な体験に対して，われわれに警告しているのかもしれない。このような場合には，ほかの深化法が代用されるかもしれない。

　クライエントはくつろいで，二回の深くゆったりする呼吸をするように求められる。そして目を静かに閉じるか，単に部屋のなかの何かを見つめるかのどちらかが求められる。

誘導法

時間については，私たちは知っていますが，それについて私たちはしばしば考えます。そして時計の時間は非常に**おもしろい現象**になることもあります。それは人びとがしばしば**想像し**……あるいはそれについて**思いをめぐらす**ものです。	明らかなこと
	催眠言語
さて，（クライエントの名前），時計の時間は，トランス中では，ある人たちにとっては，**スピードを落と**すように思えますし，ほかの人たちにとっては**スピードを上げる**ように思えますが，多くの人にとっては，単にそれに**気づかないか**，**注意しないか**，あるいは**気**	反対の並置
	似ている選択肢の拘束

にも留めません。ことによるとまったく時間をまさに忘れているのかもしれません。

　あるとき**一人の男の人が1分が1時間のように感じられる様子**，あるいは**1時間が1分のように感じられる様子**について想像しました。もちろん，時計の時間とトランス中の時間は**別の状態への入り口**（entrance into another state）と似ていないわけではありません。そしてとにかくこのことはたぶん何もまったく重要なことではありません。単にそれらがそうであるという一時的な体験です。

　長い旅行で飛行機に乗っていると，**ある人**は複数の標準時間帯を経験します。どんなに長い旅行でも人び**とは何かしないといけないということはありません。**彼らは深くゆったりとまさに座ることができます。そして**何も聞く必要はありません**し，あるいは注意を向けないといけないものも何もありません。その体験を楽しむだけです。私は思い出します。地図を見ていたときこれらの標準時間帯のことに**没入**して，次から次へと**想像**していました。……しかし，実際にそれらを通って飛行することを，**ある人**はもっと世俗からの離脱として感じるかもしれません。あなたが長い間どこかに座っているときと似ています。そしてあなたの**足**，あるいは**腕**はちょっと**眠りに入る**こともできます。それは長い間何か，例えば世界地図とかを見ているときとは違います。そしてすべてのこれらの標準時間帯，**あなたの一部**はその地図に没入し，**あなたの一部**はまさにその体験を観察するか楽しむかします。

　リチャード・ファインマン（Richard Feynman）は有名な物理学者ですが，時計を見て，それから**会話や本を読んで**（conversation or read a book），あるいはほかの何かをして，10分か15分間かそれ以上，

メタファ
反対の並置
埋め込まれた意味の暗示
メタファ
何も理解しない/何もしない
暗示
催眠言語
メタファ
暗示
分離
メタファ
ちょっとしたつまらないこと

そして，どんな時間であってもまさにその時間にストップする（just stop）ことができ，腕時計を見ないで，その正確な時間を告げることができました（could tell you）。ほとんど秒の単位まで。さて，私には，それがトランス中の二重体験と何か関係があるかどうかについてはわかりません。その人の一部分はトランスのなかにあり，そしてその人の一部はそのプロセスをまさに観察します。しかし，それは隠れた観察者の直感（in*tu*ition），あるいは想像（imag*i*nation），あるいは**思いをめぐらす，あるいはとりとめもなく，それからそれへと心が動く**という心の特殊な能力でもってやる必要はないということではない可能性があります。そして，ことによると同時にでしょう。　　　埋め込まれた意味の暗示

二重否定

　ここの一人の臨床心理士，ボブは**アイオワに戻って住んでいる兄弟**（his brother back in Iowa）について，彼は歩きながら同時にガムを嚙むことができませんと言いました。私はそのことは知りませんが，私は一度に二つのことに**注意を集中することができません**でした（could never concentrate）。それで，私はそうしようと頑張ることをやめました。それはわれわれの臨床心理士の一人の経験と本来的（*in*herently）に同種（ak*in*）のものです。その臨床心理士は，デボラ・インガムインチ（Deborah *In*gham-*In*ch）と言いますが，彼はあのドアを通って，何回も**入りました**（entered）。そしてこの全体のプロセスは**コントロールを自由に解放する**ということなのかもしれないし，あるいは**自由に解放するというコントロール**なのかもしれませんが，それはどのようにしてなのだろうと何気なく言いました。しかし，同時に両方が起こることはありません。そしてどのようにしてこのことすべてが，**運転席**にいることとして解釈されることができる　　　ちょっとしたつまらないこと

埋め込まれた意味の暗示

似ている選択肢の拘束

メタファ

のだろうと言いました。それは私たちみんなが知っていますが，とてもとても心地のいいことです……そしてことによると，自由に解放させることは楽しい体験ということの議論の余地のない**証拠**（evidence）かもしれません。そして，それは**変換できるもの**（convertible）とはまったく関係がありません。

民間航空機が着陸するとき，ちょっとスピードを落としていき，そして誰かがアナウンスします「……この地方の今の時間は～です」と。ところで，時計を正確な時間に合わすためには，それを知ることはすばらしいことです。しかし私はいつもそれを都合よく忘れます。多くの事柄は**とにかく注意を向ける価値はありません**。それがゆっくり下降している飛行機のなかであっても，あるいはすでに着陸して，その椅子に座っていたとしてもです。事実，私は，椅子にまさに深く座って，言葉がただ聞こえてきて，消えていくようにさせ，そして**一回の深い呼吸とともに，あるいは呼吸の速度が変わるにつれて**，どちらが先に来ても，どれだけ早く私が着陸できるかということについて思いをめぐらし始めることをより簡単にいつも発見します。

一人の女性はあるとき，軽いトランス状態のかなり深い状態でしたが，私に，彼女が腕にデジタル時計をしているとき，彼女に時計の表面を向けることに懐かしさが出て，そこにある**それらの針**（those hands）に気づくと言いました。というのは，それらに気づけば気づくほど，秒針はかなり速く，そして**軽く動き**ますが，ときどき非常にゆっくりと動き，そしてそれらのほかの二つの針は，**より重くか**，あるいは少なくとも比較すると，非常にゆっくり動くようになるかのどちらかだと言いました。彼女がこれらすべてのことに気づけば気づくほど，**それらの針**（those hands）に，

ちょっとしたつまらないこと

制限

似ている選択肢の拘束

メタファ

分離

観念感覚の感じ

いつもそして避けがたく，観察してしまうはっきりした違いを認識するようになると彼女は言いました。

　ベルの塔は時間を知らせます。ときどきチャイムを鳴らして知らせます。それはときどき**近く**で，そしてときどき**遠く**で知らせます。その音は耳にただ聞こえてきて，消えていきます。しかし多くの人びとにとってその音の記憶はそこの場所に蓄えられます。**時期がかなったときに思い出すことができる多くのほかの経験**と同じようにそこの場所に蓄えられます。ロンドンではビッグベンがあります。私は映画のなかでそれを聞いただけで，直に聞いたことはありませんが，まだその時計の表面とその音をそのときに戻すことができます。

　誰かが私に以前，ミシガン上部の小さな町の小学校について話しました。それはバー（Barr）小学校と呼ばれ——**二つのRがそこには入っています**（two R's in it）が——，それは古い赤煉瓦の二階建ての建物でした。その男の人は，彼の母親が彼より前に，時間的にはずっと以前，通っていたのと同様に，バー小学校に通っていたと言いました。その小学校の**大きな鐘**（big bell）は，その鐘の塔の上の方にあり，それで腕時計を合わすことができました。そしてそれは遠くからも聞こえました。そしてもしその鐘が鳴るとき，その小学校の近くにいたら，それが鳴るのを身体で実際に感じることができました。

　とにかく，そのバー小学校は，非常に古かったのですが，**とうとう壊されました**（was eventually torn down）。その学校の鐘は町の歴史協会の門の近くに置かれました。それは古い灯台の近くの，外の**質素な小さな建物**（a modest little bulding）です。ある日その男の人は，今では大きくなっていますが，彼の母親

反対の並置

暗示
ほのめかし

ちょっとしたつまらないこと

ちょっとしたつまらないこと

ちょっとしたつまらないこと

と，その**歴史協会の建物**（historical society building）を訪問しました。そしてなかに入る道のところで，彼らはその鐘を鳴らす綱を引っ張りました。おもしろいことに，その男の人と彼の母親は，普通たいていのものに対してまったく違った見方をしますが，二人ともその古いバー小学校の鐘の音については，思い出すものがまったく同じということで意見が一致しました。頭のなかと身体のなかでのその鐘の音は，まったく忘れてしまっているいくつかの**事柄**を彼に単に思い出させました……。　　　　　　　　暗示

　結局，人の**無意識の心**は多くの事柄の貯蔵庫です。それらの事柄は，経験，記憶，資源，ことによると，長く忘れている事柄，あなたがそれをもっとも必要とするときにあなたを助けることのできる事柄，そこの，深い内部にある非常に多くの役に立ち，助けになる事柄です……。　　　　　　　　　　　　　　　種まき

深化法

　そうです。（クライエントの名前），うまくやっています，心地よく呼吸をしています，リラックスして呼吸しています，あなたが望む程度にまさに応じてあなた自身を深いところに進めさせることができることを知りつつあります。今日は火曜日です（あるいは，その日の曜日）。そして今朝，朝食に何を食べたか思い出してください。そして昨日の夜の夕食。しかし，1年前の火曜日の朝と月曜日の夕方，朝食に――あるいは夕食に――何を食べたか思い出すことは難しいかもしれません。水曜日は木曜日の前にいつもやってきます。4月はいつも5月の前にやってきます。いつもというのは，今も，そして未来もということです。そして確かにあなたは過去から多くのことを思い出すことができます。重要なこと，つまらないこと，内部深くの遠いところに蓄えられたものを思い出すことができます。

　誰しもが眠ることを楽しみます。そしてときどき寝ているときに夢を見ます。ことによるとあなたは昨日の夜，夢を見たかもしれません。あるいは，今朝の

早くに見たかもしれません。そしてことによるとあなたは同じ夢を明日も見るかもしれません。あるいはことによると土曜日に，木曜日と同じように……あるいはことによると来週見るかもしれません。しかし今週であっても来週であっても，それは実際には大した違いではありません。

　私はラジオである曲を聴くとき，すぐに，その曲を以前聴いたときのそのときの昔のそこに運び込まれるということを知っています。さてこれから，（クライエントの名前），時間をさかのぼって，心のなかで，あなたが深く心地よくリラックスしていたときに，それはいつでもいいのですが，そのときに戻っていくことをあなたにお願いしようと思います。それは昨日なのか，6か月前なのか，10年前なのか，それ以上なのか……私にはわかりません。しかしあなたの無意識の心があなたを時間的に戻らせるようにしてほしいのです。何の意識の努力もしないで戻らせてほしいのです。あなた自身のペースで，あなた自身のやり方で，あなたが深く心地よくリラックスしていると感じた，どんなときでもいいのですが，そのときに時間的に戻ること。……そして今それをしてください……そしてあなたはそこにいるようになったら，頷いて私に知らせてください。……ハイ結構です。

　そこにいるあなたに細かい注意をしてください。……何歳なのか……それは昼間なのか夜なのか……あなた一人でいるのか他にも人はいるのか……ことによるとそれは映画のスクリーンを見ているのとほとんど変わらないかもしれません，私にはわかりません……あるいはことによるとあなたはうんと近くにいるかもしれませんし，あるいはことによると遠くにいるかもしれません。それは実際にはたいしたことではありません……細かい点にまさに注意を向けてください。……そしてその体験にもっともっとあなた自身が入り込むようにしてください。……そのときにさかのぼって深く心地よくリラックスしているあなた自身の体験に入り込むようにしてください……。

再覚醒化

　何かの追加的なセラピーワークのあとに，クライエントは現在の時間に戻ることを求められる。そして数を1から5まで数えることによって再覚醒化されるかもしれない。

催眠後のやりとり

　時間歪曲と観念感覚感情に向けられたトランスを承認するための質問に付け加えて,「どういうふうに感じていますか？」とか,「何が心に浮かんできましたか？」というような開かれた質問はしばしば鮮明な回想を生み出す。年齢退行の体験に特に注意を払ってほしい。それは将来のセッションでの深化法やセラピー部分に用いることができる。

実践上の注意

　もし深化法のときに頷きを求めて, はっきりとわかる頷きがなかったら, どうするか？　これは年齢退行に対する許容的暗示のときにしばしば起こる。しかし, これは直接的, 権威的暗示のときにはもっとよく起こる。例えば,「魔法の絨毯に乗って（あるいはタイムトンネルを通って, あるいはセラピストが準備したほかの何かの工夫で）, 10歳まで（あるいは,「30歳以前に」など）今時間のなかで漂いながらあなたにさかのぼってほしいと思います」と言うようなときである。われわれの暗示を一般的で, 許容的に注意深く保つことは, クライエントが残りを想像するように彼らの想像力を用いることを許す。それで不安や抵抗に遭う可能性は少なくなる。しかし, 頷きが1, 2分経っても現れそうにないとき, 次のような一般的な, 合わせる言葉を単純に言うのがよいだろう。例えば,「……そしてそこで起こっていることは, それでいいのです……」。これは次のような一般的な深化法に戻るよいときであろう。例えば,「そしてこれから私は10から1まで逆に数えていきます。私がそれをしているとき, あなた自身がリラックス状態にどんどん深く入っていくということを想像してほしいと思います」。彼らが, どういうわけか失敗したということを伝達してはいけない。

　この時点で最初に暗示されたような年齢退行をするクライエントがいる。たぶんその要求が取り除かれたとたんに, 彼らはそれをするところまで自由になったと感じるのだろう。これらのことは催眠後のやりとりで, 話し合い, ——そして問題解決——されることができる。何がそれぞれの個人に対して役に立つかについてわかって来るに従って, 誘導法と深化法の両方はその人に合うように作り上げられていくことができる。

大部分のクライエントは年齢退行のような，彼ら自身の経験を描写する深化法と同時に，埋め込まれた意味の誘導法に好意的に反応するように見える。虐待の犠牲者と一緒に心の仕事をした多くのセラピストは，年齢退行やリラクセーション様式の一部分としてのどちらかで，「安全地帯」のイメージを選択する。「安全地帯」は乱用されている用語である。そしてそれは特に被虐待への処置として行われていないクライエントに対しては，否定的な含みを伝えるかもしれない。言い換えると，あるクライエントに対する「安全地帯」は，彼の生い立ちの何かが危険であるとか，今のセラピー構造が危険であるというどちらかを意味するかもしれない。われわれは「あなたが深くリラックスしていると感じるとき」のような表現を好む。この方がもっと自然で，一般的である。
　指の合図と同様に，ときどき尋ねたあと，頷きに気づかないときがある。しかし催眠後のやりとりのとき，そのクライエントは「ええっ，私は頷いたと思いましたが」と言うかもしれない。もし次のセッションで，同じ問題にぶつかったら，言葉での報告を求めるのがもっともいいかもしれない。もし過去のトランス中のやりとりがノンバーバルであったなら，「過去の時間に到達したら，教えてください」と言うことはできない。なぜなら，クライエントはノンバーバルで答えないといけないと考えているだろうから。このことは覚えておいてほしい。人びとはトランス中，非常に具体的に考える傾向がある。もし言語報告を望むなら，非常に明確でないといけない。例えば，「あなたが過去のあるときに到達したとき，**言葉で私に告げてください……**」と。
　主観的には，多くのクライエントでは，どのような表に現れた行動（頷き，指の合図，あるいは言語報告）でも，それは彼らのトランスを浅くさせるだろう。したがって，われわれは普通，時間の最初にクライエントにこれらの方法の一つでやりとりすることを求められるだろうと知らせることにしている。そうしたとしても，あるクライエントは——たぶんリラックスし，実際に何もしたくないと望んでいるクライエントは——いらいらするだろう。特に彼らに大きな声で話すように求めるときは。ほかには，クライエントは単純にびっくりするかもしれない。そして彼らに言ったことを忘れてしまうか，トランスが浅くなったことに彼らは怒るかもしれない。どちらにしても，次のように暗示することは役に立つかもしれない。例えば，「あなたが話している間でさえも，あなたは深いトランスのなかにいていいのですよ」とか，もしトランスが実際

に浅くなったことを見分けることができれば，彼らに求めるだろう，「さあ2回深呼吸してください……そして2度目の呼吸を吐き出すに従って，あなた自身がもう一度トランスのなかに深く漂いながら入っていくのを感じることができるでしょう。ことによると前の状態よりももっと深いかもしれません……」と。

　もしクライエントがトランスワークのどこかで咳をしたらどうすればいいだろうか？　これはときどき起こることである。そしてそれは多くの理由のために生じるかもしれない。喫煙者と肺に問題を持っている人たちはしばしば咳をするかもしれない。もしクライエントが頻繁に咳をするなら，それは彼らに対してのみではなく，セラピストに対しても破壊的である。われわれはその咳を常態化するように努力するかもしれない。例えば，「……トランス中にあなたが体験することは何でも大丈夫ですよ……」とか，それを利用して，「……ときどき起こる咳や似たような体験は，あなたがまさにもっと深くリラックスしようとしていることを意味しているかもしれませんね……」と。しかし，これらのやり方は頑固な咳の覚醒に対しては不十分である。そのプロセスをまさにやめて，次のセッションで再びそれを試みないといけないかもしれない。確かに，咳はすべて，痛みや，聴力低下や，無意識の抵抗などのセラピストに対する挑戦である。のど飴，一杯の水，一回分の吸入器による薬剤（もし彼らがそれを持っていれば），あるいは姿勢を変えること（下に座るとかまっすぐ座るとか）は役に立つかもしれない。

なかに入っていくこと

　われわれ仲間全員は，どうすればいいのか教えてほしいと望むクライエントと一緒に心の仕事をしたことがある。ときどきわれわれは彼らに強いるが，もっと多くは彼らが彼ら自身の解決法を生み出すように手助けする。非常に具体性を望むクライエント，あるいは人格障害の，あるいは知能の低いクライエントは，さらにもっと挑戦的であることもある。これらの人たちの場合には，適切な変化をクライエントが認めるように手伝う必要があるかもしれない。

　われわれはしばしば，資源を探すための内的探索を刺激するために以下の誘導法と深化法を用いる。うまくいっているかどうかをどのようにして知るのだ

ろうか？　クライエントは自己効力感や抑うつ尺度で，付随的な改善を示すかもしれない。客観的に彼らは改善したように見えるかもしれない。われわれは新しい行動を生み出すことを探すけれども，新しい内的資源の例示はかなりぎりぎりの生活を送っている人たちには非常に地味であるかもしれない。それは，「私は禁酒団体に戻ることに決めました」とか，「前の教会に行き始めました」とか，さらには「私はもっと事態について考えてきました」というようなことかもしれない。この誘導法のあと，一人のクライエントは，以前は天気予報番組が好きだったが，漫画の番組を見始めたと言った。彼にとっては，これは紛れもないパラダイムシフトを表していた。そしてすぐに彼は全体にわたる新しい行動を示した。

　この誘導法とともに用いられる深化法はミルトン・エリクソンについてのよく用いられる物語を含んでいる。ハンディキャップを持った人たちやすさんだ生活をしている人たちは，他の多くの人たちと同様，他の州からアリゾナにやってきて定住したこの有名な手負いの癒し家についての物語を楽しむように見える。トランス前のやりとりのなかで，われわれはエリクソンについて話をする。彼は若いときポリオを生き延び，生涯を通して，激しい痛みと身体障害に耐えたと。

　その目標が無意識の刺激や探索のときのほかの誘導法のときと同様に，クライエントには無意識の心の具体的説明が必要とされるかもしれない。例えば，「あなたが夢を見るとき——あるいは空想にふけるときに，引き継ぐあなたの心の部分」と。また，「想像」という言葉が彼らにとって，その概念をとらえるかもしれない。強調される暗示と催眠的概念は声の調子を変える読み方で読まれてもよい。

誘導法

　ジャクリーン・バーンズは，46階の重役室で窓の外を眺めながら，深い物思いにふけって，我を忘れていました。社長の言葉が今もなお彼女の頭のなかで鳴り響いていました。「**なかに入りなさい。バーンズ**」。彼女が説明を求めたとき，彼の言ったことは，「**なかに入りなさい。それを理解しなさい**」とだけでした。

　ジャクリーン・バーンズは広告部門の長でした。その部門では，練り歯磨き，

レンタカー，そして金物用品に対する 19 の一流の広告主を持っていました。その会社で数年経ったとき，変化は避けられないということと物事は違った理由で起こることがあるということを彼女は悟りました。攻撃をうまくかわしてきて，彼女の創造性とやる気は彼女をその領域でトップに押し上げました。

　ジャクリーンは部下による対策委員会のメンバーを集め，彼らに課題を与えました。「私たちは**なかに入る**必要があります」と彼女は言いました。

　「『**なかに入る**』ということでどういうことを意味しているのですか？」と彼らは尋ねました。

　「それを理解するように。私たちは**なかに入る**必要があります。30 日後に私にこたえて，報告してください」と，彼女は指示を出しました。

　多くの討論とブレーンストーミングのあと，レンタカー部門の対策委員会は次の計画を実行しました。彼らは混雑している高速道路の入り口，停止信号，そして旅行者があまり通らない都会の道の迂回路のところにビデオカメラを設置する承認を会社から得ました。遠隔操作用の観察室がいくつかの場所に設置され，午前と午後のラッシュアワーの間それらの観察を記録するために人びとが雇われました。

　「バーンズが，『**なかに入る**』と言うとき，**実際**に何を意味しているのかについて未だに思いをめぐらしている」と，その対策委員の一人がコンピュータの一つのファイルを開きながら言いました。別の女性は，一枚の紙を硬く丸めて，それをくずかごのなかに落とす前に，その上でぶらぶらとぶら下げながら，意見を述べました。「それは上から降りてきたと彼らは言うけども，この**内部の**行動は外からやってきたと思う」と。その部屋を横切りながらそれを見ていた第 3 の女性は，この新しい**内部の**事態の変化についての 2 人の観察に答えたい気持ちに駆られるのを感じました。しかし，彼女はしばらくの間心のなかでそれについてまさにゆっくりと考えることを選びました。

　遠隔操作用の観察場所にいる対策委員会の作業員は多くのことを目撃しました。気温が 38 ℃を越えているときでも，窓を開けているドライバーのいることが観察されました。2 台のウォルマートの運転手は 2 人とも退屈しているように見えました。そしてスクールバスの運転手は，生き生きした様子で，肩越しに子どもたちと話していました。一方，別のスクールバスの運転手は，自分の深い考え以外何に対しても気を留めていませんでした。レクリエーション用

自動車のなかの運転手とほかの乗っている人たちは信号が変わるのを待ちながら，まっすぐ前を見ていました。そしてリンカーン・コンチネンタルのなかでは——窓は上げられていましたが——二人の非社交的な男の人が前の座席に座り，一方後ろの座席では灰色の髪で麦わら帽子をかぶった二人の女の人が元気よく会話していました。いくつかの車の十代の運転手は，まったく前と後ろの車を意識しないで，ラジオで音楽を聴いていました。明らかに共同利用のマイカーのバンのなかの人たちは午前中よりも午後会話にもっと没入しているように見えました。しかしまたその一方で，反対も別のときには真実であることが証明されました。

　さて，遠隔操作用の観察場所にいる人たちはそれらすべての乗り物の**なか**で何が進行しているのかを観察しながら，**彼ら自身の心をさまよわせ始める**ということが起こりました。彼らは彼ら自身の運転経験について考えました。道を走っているとどんなに**簡単**に退屈してしまったかということ。そして曲がりくねった道ではどんなに前をしっかり見ていたかということ。そのために，コンビニが道のどちら側に建っているかということについて告げるのは難しかったこと。しかしそこに着いたときには，見つけるのが常だったので，**同時にそれはどんなに実際には問題ではなかったか**ということ。

　見ていたなかの数人は，観察した何千人という運転手の**興味ある**活動**に引き込まれて**しまっていました。一方，ほかの人たちのなかには，手元の仕事以外は**何に対しても没入してしまっている**人たちがいました。一方，またそれ以外の人たちのなかには，多くの事柄に関する彼ら自身の考えにふけっている人たちがいました。交通の仕事に身を入れ，その上に，**道路の徐行規制**に欲求不満やじれったさを感じながら，彼ら自身の考えについて数名は考えていました。ほかの人たちは何の関係もないように思える数え切れない事柄に思いをめぐらしたり，心のなかで吟味をしたりしていました。一人の女性は考えました。「ここの中から外のあそこの車のなかのすべての活動を見ることは，**私がかつて経験したことのあることよりも不思議な離脱の一つだ**」と考えました。

　確かに，隣の車線の人をあまりにも長く見つめることは失礼です。そしてサイドミラーのひとつで誰かを非常に長く見ることはできます。しかしバックミラーで非常に長く見ることは非常に目立つようになることもあります。子どもにクリネックスを渡している一人の女性に一人の人が**気づきました**。そして彼

は彼女の**手が空中に浮いていた**とき，そんなに昔ではない彼自身の似た経験を思い出さずにはいられませんでした。それを思い出したとき——もちろん人の何かについての記憶は時間が経つとあやふやになってくることがありますが——彼はほんの数秒間クリネックスを維持していたのか，あるいは**時間がかすませる**というそのことが1分を1時間のように単に感じさせたのかどうかについて**思い出すことはできません**でした。

　葉巻の青い煙が家具店運搬トラックの運転席のなかで渦を巻いていました。そしてこれを見ていた複数の人が反射的に咳をしました。別の人はローライダー〔車高を低く改造し，車をバウンドさせ火花を飛び散らしながら乗り回す若者の車〕が大きな音楽のぶんぶんいう音で震えているのを目撃しました。そして彼女は，身体的に胃の撹乱と耳のなかの反響という形で反応しました。あるいはそれは頭のなかだったのだろうか？　別の人は一人の運転手が背もたれの上に腕をかぶせているのに**気づきました**。迂回路で数分間その姿勢で腕を維持しているのを見て，一人の観察者は，**夜腕枕をして寝たあとの彼女自身の腕を思い出しました**。確かに何か腕——あるいは手——のようなところで**感覚をなくす**ことは，歯医者でのノボケイン〔米国製の局所麻酔薬〕の注射とそんなに違っているはずはないと彼女は考えました。

　数千の運転手の行動が細かく調べられ，そして十分に記録されながら，これらの観察と検討が数週間続きました。とうとうその対策委員会の長が発表しました。「われわれの仕事は終わりました。われわれの課題そのものとその精神の両方をうまくつかんだと私は信じます」と発表しました。ジャクリーン・バーンズはその報告書を読んだとき，**気持ちのよい驚きを感じました**。そして彼女には，社長もまたそう感じるだろうとわかっていました。

　しかし時間が経つと，離れて観察していた場所で勤務していた人のなかには彼らの仕事を懐かしく思う人たちがいました。これとはまったく異なる別の課題で仕事をしながら，その体験を愛情を込めて眺めていたので彼らの**心はもう一度漂いました**。

深化法

　（クライエントの名前），この話を聞いている間に，何かの考えや感情や思いつきが浮かんできたかもしれません。これから私はあなたに別の短い物語，私

が前に言ったエリクソン博士についての物語を話そうと思います。そしてあなたがこの話を聞いている間に，**もっとさらに深くなかに入っていってほしいの**です。そしてこれはまったく自動的に何のあなたの意識的努力もなく，起こりうることです。……さらに深く深く2回これから呼吸をしてください。そしてあなた自身をちょっと漂わせてください。そうです……。

　数年前エリクソン博士は，中西部でいくつかの講義をしていました。それはミルウォーキーだったと思いますが，確かなことは忘れました。そして彼がそこにいたとき，誰かが彼に家から一歩も離れない一人のうつの女性を訪問してほしいと頼みました。その女性は，かつては多くの友達がいる教会に通っていました。しかし，とても長い間彼らの誰とも会っていませんでした。非常に好奇心の強いそして助けとなる人であるエリクソン博士は，もっとも興味深い状況のように思えるところに喜んで**立ち寄りました**（looked in）。

　一度**なかに入る**と，その家はそれは真っ昼間でさえ，とても暗いことに気づきました。彼はその女性に家のなかをあちこち見せてくれるように求めました。それはたくさんの部屋のある大きな三階建ての家でした。そしてエリクソン博士はすべての部屋を見せてもらうことを強く求めました。そして屋内のすべての部屋で，カーテンが降ろされていて，昼の光を閉め出していることを知ることができました。エリクソン博士は，心の表側では観察がとても鋭くて，一方心の裏側では多くの事柄を吟味していました。そしてその家の三階のずっと裏手で，小さな窓を通して**入ってくる光**に彼は気づきました。そしてその窓の前の小さなテーブルの上にきれいなアフリカスミレの入った花瓶がありました。その女性は彼女のスミレについて誇らしげにあれこれ言いながら，ちょっと元気になりました。彼らはその大きな暗い家を見学しながら，エリクソン博士は「はいはい」と答えていました。

　エリクソン博士は，ドアの前で別れを告げるまでその女性にほかには何も言いませんでした。それから彼はちらっと付け加えました。「あなたの教会の人たちがあのすばらしいアフリカスミレを喜ぶことができるとしたら，それはすばらしいことじゃないですか？」と。それから彼は立ち去り，そして二度とその女性に会うことはありませんでした。

　数か月後，その女性は非常に気分が良くなっていて，定期的に教会に通っていますと誰かがエリクソン博士に報告しました。彼女はもっともっとスミレを

育て始めたとき，カーテンを部屋から部屋へと開け，光を入れねばなりませんでした。そしてその町の非常に多くの人たちが彼女のスミレを喜んだために，アフリカスミレ女王として知られるようになりました。

再覚醒化

われわれの目標はアフリカスミレの物語を無意識的に受け入れることなので，以下のようなやり方で再覚醒化する。「これから私はあなたに目覚めることを求めますが，最初に，あなたの無意識の心に一つ質問をしたいと思います。そしてあなたは右手の指の一つで答えるでしょう。質問はこれです。エリクソン博士の物語はあなたが今から次回ここに戻ってくるまでの間に，喜んでじっくりと考えようとするものですか？ 必要なだけ時間をとって，指の合図で答えていただけませんか，……はい結構です」。

「さて，あなた自身のペースで目覚めてほしいと思います。そして目を開けてください」。

催眠後のやりとり

この誘導法と深化法に暗に含まれる要求に対して，次のように言って，答えるクライエントがいるかもしれない。「これは私にこれこれのことについて考えさせました」と。しかし「しばらくこれについてあなたの無意識の心が働くようにさせましょう。そして心に浮かんできたことについては，次回尋ねます」と言って，すばやく議論をやめる。また，そのことは前に具体的に説明したようなトランスの存在を証明するためにいつも役に立つ。

実践上の注意

頭のいい，想像力に富んだ，そして強く動機づけられているクライエントの場合は，セラピーが早く進むかもしれない。しかし，具体性を望む，あるいは素朴なクライエントでは，もっとゆっくりと進む必要があるかもしれない。資源を生み出すことや無意識的な関わりをすることは，日常の経験からは遠く離れさせられることかもしれない。したがって，上述したようなセッションと，リラクセーションを目的とした会話誘導法と深化法を交互に行うのがいいのかもしれない。われわれはクライエントに行ってほしい場所を計画する必要があ

る。しかしもし彼らが，あまりの多さとあまりの速さに圧倒されるなら，面接に戻ってこないかもしれない。事実，われわれはすべてのクライエントに対して毎回催眠をすることを要求はしていない。ときどき危機場面のようなものを扱うことは必要である。それは言語的に進められる必要がある。他には，行動的な，あるいはそれに関連する応用の問題がセラピー時間に扱われるのがもっともよいときもある。一般的に，定期的にそのセラピーが進行している場所を調べることはよい考えである。そして，これは言葉でのやりとりで行われる必要がある。

　クライエントが以前のセッションでは指による合図で反応していて，そして突然そうすることをやめるとき，反応のもつれをほぐすためのメタファを用いてその暗示を強化することを考えてほしい。例えば，もしわれわれが無意識に向けられた質問をして，1，2分経っても指が動かないとき，次のように言うかもしれない。「あるとき誰かが天井に上がっている風船を想像しました。そしてその風船からの糸が一つの指を持ち上げ，下に降ろしました……」とか，あるいは，「私は水の入ったバケツと大きなコルクを持っていました。そして水のなかにコルクを入れ，そこで維持しました。そしてそれを離したとき，それは表面にまさにひょいと現れました……」とか，「あるとき私は音楽の演奏を聴いていました。ステージの上で彼らは演奏をやめました。そして気まずい沈黙のあと一人の人が手を叩きました。そしてそれから拍手喝采がさざ波のように聴衆の間に起こりました……」とか。しかし，われわれがよく知らないクライエントに対しては，そのような例は普通控えることにしている。彼らに圧力をかけたくないからである。あるいは何らかの力の葛藤に寄与したくないからである。

スピードを落とすこと

　不安管理とストレス・マネジメントの方法はしばしば問題を生じさせている。それで自然に，クライエントが**スピードを落とす**ための手伝いの異なる方法をわれわれは探すことになる。全般性不安障害やほかの診断名に付随する不安をもつクライエントのなかには，数セッションの催眠療法から非常に大きな恩恵を受けるクライエントがいる。これらのクライエントは，この本で見いだ

されるようなたくさんの誘導法によく反応する。深呼吸のような錨を据え付けることと，クライエントに合わせたオーディオテープを与えることは，彼らがしばらくの間不安を管理することを助けるかもしれない。

不安を呈するほかのクライエントに対しては，大事な順番を整理し直すこと，よりよい時間の管理，あるいは単に忙しい生活を単純にすることについてわれわれはやりとりをするかもしれない。しかし，多くの人たちは助けを求める前にこれらの具体的なやり方を用いる試みをすでにしてきている。なかには，ヨーガ，瞑想，祈祷，セルフヘルプテープ，一般的な心理療法，そして催眠療法さえも試してきているクライエントがいる。言い換えると，クライエントは行きたいところについて知ってはいるが，出発することができないのである。「私を何かが引き留めている」と彼らは言うかもしれない。あるいは，「薬は助けになる——しかしそれは非常に助けになるだけだ」と。

一応，そのような人は生活ではかなりうまく務めを果たし，抑うつや不安尺度で目立った点数をとらないということにしておこう。今まではわれわれは，このような人を実践のなかで見かける，神経症的，あるいは不安を持った「健康ではあるが不幸な」クライエントの特徴を持っている人として分類してきたかもしれない。彼は**スピードを落とし**，この忙しい電子社会のなかでいくらかの平和を楽しむ能力を求めている。しかし出発することができず，そして**ここからあそこへ到達する**ことができない。**何か**が彼を引き留めている，あるいは道をふさいでいる，あるいは気を滅入らせている。このとらえどころのない**何か**を探して，数か月，あるいは数年も談話療法で心の仕事をすることは，やろうと思えば可能である。

ところで，この「依然として到達しないといけない旅行者」にこの**何か**を単に迂回することによって**間接的**に関わることができる。トランスに入り**たい**が，入れない人たちによって示される無意識的抵抗と同じ見方でこの臨床的提示物をわれわれは理解する。**何か**が彼らを引き留めている。これらの状況で作用しているのは，催眠現象として考えると，カタレプシー（不動）である。だから動きが暗示される必要はあるかもしれない。そのような動きは必ずしも速さを意味しているのではなく，むしろ不活発の欠如を意味している。間接催眠療法的やり方の主な利点の一つは，それが無意識の資源に到達し，変化をし始めるために人びとを解放することであるとわれわれは信じている。そのような動き

なら，行動的活性化，新しい学習，何かについての違った方法による思考や感情，あるいは何かほかの新しい体験を含むことができる。

　無意識の資源に近づき始める主要な方法の一つは，埋め込まれた意味によって進められる誘導法を通してである。多くのクライエントは間接的方法に慣れていないので，彼らは無意識の心についての催眠前のやりとりによってと同様に，トランス体験によって慣らされる必要があるかもしれない。トランス中の体験とは（「埋め込まれた意味」のような）一連の誘導法を意味することもあり得る。それは想像やセラピー的物語を刺激し，そしてそれはクライエントと情動的につながり，重要な学習が彼らの認知構造のなかに組み込まれることを許すものである。ほかの誘導法と同じように，「女の人」は「男の人」と変わりうるし，太字の言葉は発話の強調で与えられてもよい。催眠前のやりとりにおける「**スピードを落とすこと**」という種まきは，この誘導法を使える状態にする。そしてそれは十分なポーズ（中断）をもって，**ゆっくりと**繰り出される必要がある。

誘導法

　ずっと以前，一人の女性が**スピードを落とす**いろんな体験について私に話していました。

　最初彼女が話していることは，私にははっきりしませんでしたが，しばらくしてはっきりしてきました。彼女はかなり**ゆっくりと**話しました。それはいいことでした。なぜなら，私はそれらの言葉に細かく注意を払い，多くの細かいことに気づき，そして，毎日の体験で**スピードを落とすこと**についての彼女の特別な理解について理解をすることができたからです。彼女は時間について，砂時計で告げられるものとして話しました。そしてこれと腕時計の時間を比べました。最近デジタル時計以外のもので時間を告げることのできない子どもたちがいることについて彼女は非常によく知っていました。

　まったく静かに座っているとき，頭の皮膚にちくちく感のようなおもしろい感覚や身体のじーんとした感じのような微妙なおもしろい感覚と同様に彼女は衣類の感覚に実際に気づくことができました。ショッピングセンターで，あるとき座り，そこで非常に静かにまさに座り，そしてすべての騒音に耳を貸さないようにしました。とても長い時間のように思える時間座りました。でも実際

はほとんど時間は過ぎてはいませんでしたが，人びとが横を流れるように通っていき，おぼろげに見える動きがちょっとありました。まったく突然誰かが非常に**ゆっくり**とそばを通りました。それははっきりと注意をとらえました。非常に長い時間をかけてそばを歩いていた人は彼女に別の形の妨害を思い出させました。何度も何度も何度も繰り返して，何かを観察しているとき，あるいは何かをしているとき，そして思いもかけず**何か違ったもの**が注意を引きます。

彼女が**外側**で進行している事柄について話している間ずっと，**内側**では**スピードを落とし**始めていました。そしてこれを心地よくておもしろい二つの体験と彼女は呼びました。それは過去にしばらくの間おこった何かに似ていなくもないものですが，彼女は正確なときについては思い出すことができませんでした。

彼女は言いました。木はかなり**ゆっくり**育ちます。しかし花やほかの植物では一週間ごとの変化を見ることができます。彼女は一度ウサギの耳を通して，朝の日光がピンク色をしているのを見たことを思い出しました。そしてチョークの粉の匂いがずっと昔の学校の教室の記憶を思い出させました。これらとほかの記憶が心のなかで**ゆっくり**と細々と生きながらえている様子はおもしろいことです。「繊細に**延期されている**」と，彼女はそのことを言いました。

記憶について話すことは，外の現象を描写する一方，彼女に内面で**スピードを落とす**ことを味わわせました。そしてこれは似た，**スピードを落とす**ことを生み出しました。「もっと深い内面での**ゆっくり**」は，彼女の表現の仕方でした。「それはゆっくりとした，漸進的な種類の方法でもっと深く展開していきました」と，彼女は付け加えました。「強い木の生長，上に付ける枝と下に深く張る根」についての何かをそのとき一緒に話しました。しかし私はずっと昔のそのときの言葉は何だったのか正確には忘れました。

かつて高層ビルを建て，そしてそれは誰かがいつか発見するでしょうが，基底部の**下**に人びとがタイムカプセルを閉じこめた様子について彼女は思い出しました。数年が経ち，そしてそれからある日，彼女はそのビルのそばを歩いているのに気づきました。それは温かい，天気の良い日でした。このことについて話しているとき，靴の**なか**で指先が縮こまっているのに彼女は気づきませんでした。そしてタイムカプセルについて話し続けました。そしてSF小説のなかで描かれるようなタイムトラベルの考えについてさえ話しました。

飛行機のなかで，あるとき彼女はいくつかの標準時間帯を通り過ぎました。九つの標準時間帯を持つロシアのような大きな国では，人びとは彼らの腕時計を合わし続けることをたぶん忘れるでしょう。しかしそのようにすることは，行こうと思っているところに着くまでは**実際大した問題ではないでしょう**。標準時間帯の考えは彼女の心と身体の両方の内側で，異なる種類の**スピードを落とすこと**を生み出しました。とはいっても実際にはその感覚はつながっていないのですけれども，異なる種類の**スピードを落とすこと**を生み出しました。「一緒だけども同時に離れている」と彼女は表現しました。私には彼女がそれによって意味したことはわかりました。彼女の**腕**は膝の上の外のそこで，**重く感じられました**。

寝る時間前の夜はしばしばかなり速く，休みのときの時間は滅多に**ゆっくり**ではない様子を彼女は思い出しました。外で運転しているとき，人は信号が変わるのを待ちます。それはいつも**ゆっくり**です。それは会議や教室で座っているときの時間と同じように**ゆっくり**です。あることがふっと素早く心に浮かび，それから彼女の心はそのことについて**考えることに留まりました**。彼女は，それはどうしてなのだろうかと考えました。以前しばらくそこにいたという体験を刺激したのは，一つの言葉だったのだろうか，あるいは何かほかのことだったのだろうか？ ことによるとそれは昨日だったかもしれないし，数年前のことだったかもしれません。彼女にはわかりません。とにかく，これらの事柄すべてについて考えることによって，彼女の心は突然非常に活動的になり，一方，彼女の身体はそれに比べると実際に**スピードを落とし**ました。

深化法

さて，私は20から1まで逆に数えていきますから，あなたの場合，次のどっちが当てはまるのか気づいてほしいのです。それは，逆に数えられる数が速いのか**ゆっくり**なのかということです。あるいは，奇数の前の偶数のあとにペースが速くなるのかどうかということ。あるいは**ゆっくりさ**が，すべての数字の間の空間を満たすのかどうかということ。あるいはとりわけどのような**ゆっくり**さも全般的にあなたの心，あるいはあなたの身体でスピードを落とすことに関連づけることができるのかどうかについて気づいてほしいと思います。

覚えておいてほしい重要なことは，私が20から1まで，とてもとてもゆっくりと数えていくということです。そしてこの間に，あなたはあなた自身の体験が深まるようにすることができるということです。それでは，数え始めます。20……，19……。

再覚醒化

上のような臨床的やり方のときには，われわれはセラピーの構成部分を含まないかもしれない。したがって，次のようにして再覚醒化する。「（クライエントの名前），今日あなたはすばらしい心の仕事をしました――そして多くの努力をしました――まさに**スピードを落とす**ことについて今思い浮かべています。それは私たちみんなが知っている非常に良いことです。さて私が1から5まで数える間に**非常に速く**目覚めることによって，この体験に対して素早くコントラストを作り出してほしいと思います。1-2-3-4-5」。

催眠後のやりとり

トランスから出てきたときのクライエントの最初のいくつかの発言内容には，非常に注意して聞いてほしい。このときに言われる事柄は彼らが知らずに与える贈り物かもしれない。次回に利用できる事柄かもしれない。例えば一人のクライエントは，「私には花火が見えていました――それはすばらしいものでした」と言った。いくぶん抵抗的なクライエントは，「頭のなかで私は20から1まで**速く**数えました。そしてあなたがそれをするずっと前にそこに到達しました！」と言った。花火を見たそのクライエントは役立つ試金石を準備した。それはのちに数回の深呼吸にまで誘導法を短くすることを許した。それで，「あなた自身をリラックスした状態のなかへ深く漂わせてください。そして必要なだけ時間をとって，あの花火を想像することができたとき，あなたの**ハイ**の指を使って，私に教えてください」と。

速い計算者の発言への場合は，価値のある時間を浪費しないということへの切望と責任ということで，その行動をリフレーミングすることによって利用された。私（GG）は，その誘導法のあと連続して10回それを行ったが，そのとき素早く深いところに入るこの能力について教えてほしいと彼女に頼んだ。このクライエントはその後のセラピーのなかでもまったくうまくそうした。そし

て，彼女はきっと私に対して，利用について本当に非常に多くのことを教えてくれたことについて決して自覚していなかったであろう。

実践上の注意

　埋め込まれた意味がこの誘導法を進めていくが，多重拘束された深化法と速い再覚醒化は混乱要素を付け加える。目標が無意識の抵抗を避けることであるようなクライエントの場合は，われわれはこの誘導法，深化法，そして再覚醒化を試みることを勧める。メタメッセージ（**スピードを落とすこと**）はより受け入れられやすい。クライエントのなかにはこのタイプの誘導法に対して，再覚醒化のとき特に時間歪曲，健忘，そしてぼうっとした表情によって特徴づけられるような深いトランスによって反応する人もいるだろう。これらのクライエントはその次には，混乱誘導法よりも，混乱の少ない誘導法にもっとよく反応する傾向がある。例えば，道路，旅行の誘導法，あるいは第2章で出てきたどの会話誘導法に対しても。言い換えると，彼らの故意ではない抵抗をうまく無効にしたのである。今では彼らは指の合図とセラピーのほかの局面に対して，準備ができあがっている。これらのクライエントの多くは，連続した間接的なやり方と逸話や物語に対する健忘を誘導することにはうまく反応する。健忘を誘導することは意識の干渉なしで，問題に無意識が働き続けることを許すことになる。これは抵抗的な，あるいは分析的なクライエントに対しては非常に役に立つかもしれない。これらの技法のさらなる考察のためには「なかに入ること」と「エリクソンがハクスレーに会う」を参照のこと。

　この誘導法はまた混乱要素なしでもうまく働く。例えば，抵抗によって複雑にされていない不安の問題においては，「スピードを落とす」誘導法は標準的な深化法と一緒にしても役に立つ。われわれはまたそれをセラピーのなかで自我強化物語として用いてきた。なぜなら，建築技術と管理能力の獲得はいつもその人の自己効力感の基礎になりうるからである。

エリクソンがハクスレーに会う

　われわれは75歳のクライエントのためにこの誘導法を考え出した。この人は心理療法と催眠療法の両方についてかなり洗練された知識を持つ退職した数

学教授であった。17歳の兵士として，彼は第2次世界大戦のときノルマンディーの侵攻でオマハ海岸の最初の上陸のなかにいた。しかし，戦闘に長くさらされたが，それは何のPTSDの症状も作らなかった。そして彼は生活を非常にうまくずっとやってきた。この男の人，この人をサムと呼ぼう。この人は，気分変調と診断された。しかし自分自身を完全な，そして不治の抑うつと信じていた。サムは一そろいの薬と心理療法を試みたが，成功はしなかった。彼はミルトン・エリクソンを読み，エリクソン派の催眠療法を試みたいと熱望したが，それが何を意味しているのか実際には彼にははっきりしなかった。われわれは，彼のがんとした自滅的な考え方を変えさせるのを狙った介入とともに，会話誘導法を試みたが，失敗に終わった。

　サムは読書を楽しんだ。オルダス・ハクスレー（Aldous Huxley）をすでに読んでいた。彼は「私が頭をすっきりさせることができる」時間として，毎日の散歩を高く評価していた。われわれは誘導法としてエリクソンのハクスレーとの出会いの出版された説明（Rossi, 1980）を採用した。そして深化法として二つの互い違いの物語を作った。これは同僚のマット・ワイヤー博士とジュリー・フェルドゥマン博士（Dr. Matt Weyer and Dr. Julie Feldman）によって考案されたものである。深化法のなかの埋め込まれた意味（**歩く**と**動く**）は本当に埋め込まれた意味であるが，誘導法のなかの催眠現象のいろいろな暗示は，「私の友達ジョン」誘導法（第6章）とほとんど同じように，代理としての意味合いの方が強い。トランス前のサムとのやりとりで，われわれは広く**歩く**と**動く**ということを種まきした。そして，彼の忙しい心を紛らわせるために，誘導法のなかで**トランス**という言葉を聞いた回数を数えるように彼に求めた。催眠現象やキー概念は太字で書かれている。そしてそれらは微妙に強調して読まれる必要がある。

　サムは深く座り，そうすることを求めなくても彼は目を閉じ，そして次に述べるようにして，われわれは始めた。

誘導法

　1950年の最初の頃，フェニックスの精神科医ミルトン・エリクソンはイギリスの有名な作家，オルダス・ハクスレーに会うためにロサンゼルスに向けて車を走らせました。その頃は運転時間がちょっと長くかかりました。そして道

路を走りながらエリクソンの心はいつものように**漂っていました**。そして彼はハクスレーについて**思いをめぐらせました**。二人はお互いを知りませんでした。そして非常に違った背景を持っていました。それにもかかわらず，彼らはお互いについて聞いていました。そして彼らは心理学的意識性のさまざまな状態について共同探求のために会うことを同意しました。ハクスレーは催眠についての正式な訓練を受けてはいなかったのですが，**深い夢中遊行的なトランス**を例証する被験者としての能力と同様に**無意識の心**の彼自身特有の用い方で知られていました。

　この合同の冒険についてのエリクソンの興味は心理学的実験に関係していました。一方ハクスレーは心に将来の文学作品を持っていました。事実，1954 年に彼は有名な作品，『知覚の扉』を出版しました。これらの会合の間，それは毎日連続した 10 時間でしたが，二人はいくつかのルーズリーフのノートに彼らの観察を記録しました。それらのノートは会合の終わりにハクスレーのところに残されました。その後すぐに，山火事がハクスレーの家と家財道具を燃やしました。そのなかにはそれらのルーズリーフのノートも含まれていました。そのプロジェクトに関しては再び論議されることは決してありませんでした。そしてエリクソンがハクスレーとの出会いについて作ったばらばらのノートを発見する数年後までは忘れられていたようです。

　彼がノートに目をざっと通していたとき，ハクスレーが**軽いトランス状態**を表現したやり方をエリクソンは思い出しました。それは，「**外から内への興味の単純な閉じこもり**」であり，その間はそこで，彼が意志でもって意識性の状態を変えることができる「**ぼんやりしているが準備のできている**」意識性を維持していることを彼が体験する状態でした。彼はこれと**中程度のトランス**とを比べました。中程度のトランスは，「**心地よさのもっとも楽しい主観的感じ**」であり，「外の現実があるという曖昧な，**ぼんやりした意識性**」であると彼は名付けました。もし外の現実の事柄を調べるとすれば——例えば，**彼の下の椅子の感じ**とか，部屋の静けさとか，そうすれば，彼はいつもトランスに深く入っていきました。

　ハクスレーは，彼が**深い熟慮**の状態と呼ぶものについてやりとりすることを熱望しました。約 5 分で**深い熟慮**の状態に入ることができると言いました。「私は単にすべての錨を解き放つだけだ」と言いました。生理学的な**リラック**

ス状態，閉眼，**内側に向きを変えること**，そして外の世界からの深く，漸進的**な心理的閉じこもり**によって特徴づけられました。それは適切でないあらゆるものを「**外に設置すること**」であり，そして興味のある事柄に，**完全に心理的に没入**した状態でした。生理的な活動は彼の思考の流れを遅くしたり，妨害したりはしませんでした。そして彼自身の外側で進行しているあらゆるものは**完全に周辺の活動**のように思えました。「活動がかろうじて周辺に接していると私は言ってもいいかもしれない」とハクスレーは付け加えました。例として，原稿を書いているときには**深い熟慮**の状態にいつもいる様子を引き合いに出しました。電話が鳴り，彼は妻への伝言を書き留めるのでした。しかし彼の妻があとで帰ってきたときには，電話のこともそのメモのことも**記憶にはありません**でした。

　ある日エリクソンとハクスレーは実験を行いました。**その状態に入る**前に，エリクソンはハクスレーに，机の上で鉛筆が3回叩かれる音を聞いたら，その後彼は目を覚ますかどうかについて尋ねました。ハクスレーはすぐに**トランス**に入りました。そして次の数分間の間にエリクソンは続けて4回鉛筆を叩きました。2回，8回，異なる変化とインターバルを用いて叩きました。ハクスレーは反応しませんでした。エリクソンは椅子を床に大きな音でひっくり返しさえもしました。ハクスレーは**深い熟慮**のなかのままでした。ついにエリクソンは3回叩きました。ハクスレーは目を覚ましましたが，起こったことについては**まったく気づいていません**でした。「何かが起こっていたという」曖昧な感覚だけを報告しました。しかし，それが何だったのか知りませんでした。ハクスレーは何が行われたのかについて**まったく気づきません**でした。

　別のときエリクソンはトランスに誘導し，ハクスレーはあとで次のように報告しました。「色の海，**存在の海……感覚**……そして，本来の私自身という感覚とまったく完全に関係していない**感じ**」のなかで彼自身を「**なくして**」いましたと報告しました。単に目を開け，彼が「そこから帰ってきた」ことを悟るために，まったく突然，「意味の存在しない空間」でのその色を，なくすプロセスを彼は体験しました。ハクスレーは繰り返し彼の体験についてトランスのなかでコメントしました。「……まったく驚くべき……もっとも珍しい……」とコメントしました。

　ハクスレーはまた違った水準のトランスで実験をすることを望みました。**浅**

いトランスのなかでは，「漂っている……意志で彼の意識性の状態を変えることができるという，あるいは彼は『手を伸ばして外の現実をつかむ』ことができるという『ぼんやりしているが準備のできた』意識性を持っている」彼自身を発見しました。**中程度のトランス**では，主観的にはもっと深いトランスに入る必要性を感じ，そして，知的には**中間段階のトランス**に留まる必要性を感じていることを発見しました。かつて中程度のトランスのなかで主観的な価値に対する外的現実の事柄を点検していたとき――例えば，その部屋の本来備わっている静けさと比べて，その家のクッションの柔らかい心地よさ――，そのときトランスは**深く**なっていきました。

エリクソンとハクスレーはそれから，**浅いトランスと中程度のトランスの両方で幻覚現象を展開させること**について思いをめぐらせました。味の幻覚を持ったとき，これをしている一方，**つばを飲み込む行為が増加していた**ことにはハクスレーは気づきませんでした。同様に匂いの幻覚を体験したとき，彼の**鼻の穴は広がっていました**が，再び，それをしていることに気づきませんでした。彼らはとうとう音と視覚の幻覚の両方まで進んできました。そのとき，ハクスレーは音楽を聴き，そして巨大なバラを見ました。たぶん直径1メートルぐらいありました。このとき辺りに，彼は何か非常にいやな匂いをかぎました。そしてその体験を「強烈な……はっきりとバラ的ではない」，**本当にもっとも興味のある体験**として表現しました。

彼らはついに超難度の記憶に進んできました。それは，過去の事柄を思い出すハクスレーの極端な能力のために，彼でテストすることには困難が伴いました。ハクスレーが**浅いトランスと中程度のトランス**の両方のなかにいるとき，エリクソンは本棚から手当たり次第に本を出して，一つの頁から数語を読みました。そしてハクスレーは65％の正確さで，その段落の残りを告げることができました。そしてその本のページも告げることができました。

それからハクスレーが**深い夢中遊行的なトランス**のなかにいる状態で実験をしました。その状態では，彼はあらゆるものが非常に文字通りで，具体的であるような**意識性**の奇妙な**制限**を体験していました。例えば，彼がトランス中に目を開けたときには，彼には非常に近いものだけを見ることができました。座っている椅子，エリクソンの椅子，それは彼の前のそこにありました。

エリクソンのそのときの体験についての記憶と同様に，ノートはそこで終わ

りました。数年後，彼はハクスレーの**深い熟慮**の能力について考えていました。

深化法

　さて，（クライアントの名前），「トランス」という言葉の数を数えることをやめていただけますか。そして私が二つの短い物語を話している間，あなた自身の体験をちょっと深めてほしいと思います。かつて，誰かが私にブルースという名前の男の人について言いました。その人が今まで知っている人のなかでは，もっともすばらしい料理人でした。ブルースはシェフになるためにいくつかの学校に行きました。そしてそのうえいくつかのすばらしいレストランで働きました。しかし彼には彼の能力までの料理を作ることは決してできませんでした。しかしあるものを見つけたときのある日，彼にとって事情は変わり始めました。非常に驚いたことに，いろいろな壺と平鍋の間の食器棚のなかのずっと奥に，彼は彼の古い**中華鍋**（wok）を発見しました。

　同じ頃，西海岸に生活の多くの領域で非常に熟練したアリソンという名前の女性がいました。うまくやり続けるために，彼女はほんのちょっと離れたところに**転居していました**（*moved* around）。……そしてご存じかもしれませんが，**移動すること**は簡単な努力では済みません。ほかに慎重に考える人がいる場合は特にそうです。そして，そのときはもう一度**移動する**ときでした。

　あの**中華鍋**は鉄さびで覆われ，何年も使われていませんでした。彼はアジア料理ではいつも苦労していたことを思い出しました。しかし，同じとき，シェフの学校でのクラスメートたちは，**中華鍋で料理をすること**（woking）にまったく熟練した状態になっていました。「あなたが中華鍋で料理していて我を忘れているとき，料理をすることについての多くのことにあなたは気づかないといけないんだよ」と彼らは彼に言いました。

　西海岸に戻ると，アリソンは**引っ越し**会社を選んでいました。そして彼女は田舎を移動する引っ越しのトラックのあとについていくことを選びました。丘を上がったり下がったり，平原を越え，そしてときどき，それはまったくどちらに向かっているのかわからないようになりました。たとえ，人が合衆国を横切って移動するとき味わうようになる自然の美しさによって，著しく彼女自身が**感動している**（*moved*）のを発見したとしてもです。

　料理場で，ブルースは彼の**中華鍋**で実験を始めました。最初は一種類の油で，

そしてそれから別の油で。そして最初は弱火で，それから中火で，そしてついには強火で。彼は彼の中華鍋を使って仕事をしたとき，多くのことについて考えました。しかし，大部分は深い内面で，「これはできる，本当に私にできる」と慎重に考えました。そして少しずつ彼は改善されてきて，ついにはそれをまったく正しくできるようになりました。彼の調理したアジア料理は，人をじりじりさせ，まったくすばらしくて，そしてすぐに五つ星レストランに雇われました。

再覚醒化

後催眠暗示を提示するためと，健忘を促進するために次のようにしてわれわれは再覚醒化をするかもしれない。「(クライエントの名前)，あなたは今日ここで，立派な心の仕事をしました。数えること，聞くこと，そしてトランスに入ること。そしてすでに私は思いをめぐらせ始めています。(クライエントの名前)，まさに思いをめぐらせています。今から次にあなたが戻ってくる間に，**あなた自身についてどのような重要なことに，外にいるときあなたは気づくのだろうか？** と，そのように思いをめぐらせています。これから1から5まで数えていきます。そして5になったとき，あなたはもう一度目覚めることができます。しかし最初に，覚えていようとしたかもしれないあらゆることを，都合よく忘れるようにあなたに求めることを私にさせてください。それでは，これから数え始めます。1，2，4……そして，5」。

催眠後のやりとり

クライエントが目を開けるとき，たいてい見当識を失っているように見える。彼らに何を覚えているか尋ねると，「エリクソン……ハクスレー……何か引っ越し会社についてのこと……」などと答えるクライエントがいる。ほかには，すべての内容について健忘しているクライエントもいる。

実践上の注意

次のセッションで，「私は何か変化を起こす必要があると気づきました」というような報告をするクライエントがいるかもしれない。数人のクライエントはこの気づきと活動を関連づけることができるだろう。例えば，散歩をすると

か。しかし多くのクライエントはそのような関連づけをしないだろう。なぜなら再覚醒化のときの暗示（「あなたが外にいるときあなたについて何か重要なことに気づく」）は，意識の干渉なしで無意識がその問題を解決することを許すために「忘れられる」からである。もしその暗示を自然に生じる行動，例えば歩くということに付け加えるなら，それはもっと効果がありそうである。健忘は誘導法で種まきされ，そして数を数え上げていくときに3の数字をとばしたのと，忘れるという直接暗示の両方でもって，再覚醒化されるなかで活性化される。人の注意は何かはっきり間違っていることに引きつけられる。それはその結果，健忘を促進することにつながる（Jefferey Zeig, 個人的会話, 1998）。深いトランスを成功させるためには普通必要である。

　このやり方にうまく反応するクライエントは，残りのセラピーに対しては，会話誘導法に普通うまく反応し，そして標準的な数を逆に数える深化法にうまく反応する。われわれは最初に作り上げた観念運動による指の合図とそしてそれからセラピー部分として自我強化物語を告げることによって，間接的なやり方を習慣的に続けたいと思っている。その物語のあと，クライエントは尋ねられる。「これは何かあなたの無意識の心が利用することのできるものですか？あなたの指の一つで答えていただけませんか」と。もし「私は知らない」，あるいは「私はまだ答えたくない」という指が上がるなら，そのあとこの質問をしたいと思う。「これは何かあなたの無意識の心が，今から次回までの間に喜んでそれについて考えたいということですか？」と。ほとんどたいてい彼らはハイの指でこの質問に答えるだろう。その後クライエントは，最初の質問をされたときにはたいてい肯定的に答える。

　われわれのクライエント，サムに何が起こったのだろうか。5回の催眠療法のセッションのあと，彼は調子良く感じると言い，そしてもはや以前の不安や否定的なものを示さなかった。彼は長い一日の散歩をまさに維持することを好むという説明で，標準的な認知療法と集団療法のどちらの提案も断った。われわれに再びサムからの連絡はなかった。それでわれわれは彼が長い長い時間の散歩を続けていることを単に願うだけである。

雨ごい師

　この本ではいくつかの誘導法で，「想像する」と「興味のある」というような語の催眠言語に言及している。それらは思いをめぐらすとか類催眠行動の感覚を刺激すると信じられているものである。このカテゴリーのもっとも強力な言葉の一つは「物語」であるかもしれない。われわれがクライエントに，「あなたに短い物語を話しましょう」と言うとき，彼らはすぐにそれに続く言葉に焦点を当て始める。物語は大昔からの伝統であるとともに一般的な経験である。クライエントは疑いもなく子どもの頃物語を聞いてきた。そしてその伝統はいろいろな形で彼らの今現在の経験のなかに続いているということはありそうである。彼らは一人で物語を読んだり，子どもに読み聞かせたり，孫に読み聞かせたり，あるいは映画のなかで，歌のなかで，宗教的伝統のなかで物語に出会うかもしれない。

　ときどきわれわれは単に物語を告げるだけでトランスに誘導する。その物語は何もトランス現象のための埋め込まれた暗示を持っている必要はない。聞いている間に，クライエントの注意が没入状態になり，そして没入が生じてくると，彼らはその物語に本来備わっている象徴的意味（meta-meaning）やメタファに受容的になる。多くの回数，クライエントに数え切れないやり方で解釈可能なメタファを持つ曖昧な物語を提供してきた。決してその物が伝えるように意図されている内容については説明しない。しかし，その代わりに彼らに，「あなたが何らかの結論に飛び移る前に，それをしばらく無意識の心に置いておいてください」と求めることにしている。

　ちょっと前，私（SB）はわれわれがヒラムと呼ぶクライエントとの面接を行った。その男の人はちょっと肥満している50代の人であった。彼は体重を減らすために多くのことを試みてきていた。そしてそのときは彼は催眠を求めていた。初回面接でのヒラムについてのもっとも印象的だったことは，**変わる準備ができている**ように見えたことである。したがって彼にとっての問題は，「私は意志力を持っていない」ということであった。再度やってきたとき，「雨ごい師」と呼ぶ物語を彼に話した。そして深化法として，彼の今現在の問題に取り組む埋め込まれた意味の物語を提供した。ボブ・ホール博士（Dr. Bob

Hall）に「雨ごい師」に対して感謝の意を表す。

[誘導法]

　私はこの物語を何回も聞いてきました。そしてそれを聞くたびに，もしあるとすれば，それが持っている意味は何だろうかと思いをめぐらします。ある人たちは，「それは**これ**を意味している」と言いました。そして別の人たちは「それは**あれ**を意味している」と言いました。そして，また別の人たちはそれはまったく何も意味していないと言いました。私はそれでも同じようにその物語が好きです。それでそれを今あなたに話しましょう。それは「雨ごい師」と呼ばれています。

　数年前，海を渡ったかなり遠くの国で，一つの村の人びとが何か月も干ばつに耐えていました。そしてすぐに雨が降るという徴候が毎日ありませんでした。多くの人たちは彼らの農産物を失うことを恐れました。そして多くの不安と緊張がその村にはありました。

　ある日，雨ごい師としてあまねく知られていた年のいった長老がその村に現れました。村の長に言った彼の言葉はほとんどありませんでした。「私に小屋を建てて，そこに丸三日間一人にさせてください」と言うだけでした。小屋はすぐに建てられました。そして雨ごい師は入りました。

　一日が経ちました。そしてまだ雨の徴候はありませんでした。二日目の終わりまで空は晴れていました。その村の人びとは前よりももっと不安になり始めました。数人は雨ごい師の小屋の前の砂の上を，そわそわと行きつ戻りつしました。数人は両手をもみ合わせ〔もみ手に似た仕草をして，苦痛・失望・不賛成などを示す〕，髪をかきむしりました。一人の男は破れかぶれで自分の腰布をずたずたに引き裂きさえしました。しかしたいていの村人たちは静かにまさに悶々としていました。

　三日目の昼頃まで，まだ雨の徴候はありませんでした。緊張が高まりました。一人の男が昨日の夜ハゲワシの夢を見たと言いました。母親たちはしっかりと彼らの子どもたちをつかみました。そして古老たちの間でうめき声と嘆きがありました。この午後の遅く，黒い雲が空に広がり始めました。そしてそのすぐあとで雨が激しく降りました。

　人びとが喜んでいたとき，その雨ごい師はゆっくりと彼の小屋から現れまし

た。村人たちは彼のそばに駆け寄り，足下に跪きました。そして彼のしたことすべてに対して惜しみなく感謝しました。その雨ごい師は目をこすって眠気を覚ましました。そして困惑した表情を顔に浮かべました。ついに彼は言いました。「しかし私はまだ何もしていません。病気で，三日間休む必要があったのです」と言いました。

深化法

　別の話をしますが，その間にあなたの体験が深まるようにさせてほしいと思います。私が知っているある人，名前をアンジェラと言いますが，その人が私にちょっと先日，彼女の母親について話しました。その母親はタクソンの，道を下ったあたりに住んでいます。彼女のママ〔母親のこと〕はTEP——タクソン電力を意味する——の隣に住んでいます。ある日，彼女のママは毎日の散歩で外にいました。そして彼女はTEPで働く男の人に会いました。それは午後遅くで，非常に暑い日でした。その男の人の名前は**ウィル**（Will, **意志**），発電所（*power plant*）の**ウィル**，ということがわかりました。その人は軽い食事を外で楽しんでいました。そこでアンジェラの母親は，親しげに会話を始めました。彼女のママは瞑想の熱心な研究家です。そしてすぐに彼女と**ウィル**は無意識の心の**力**について，やりとりをし始めていました。**ウィル**は実際心が非常に**力**強いことに同意しました。そして彼自身の瞑想体験についての物語までも話しました。

　一度トランスのなかでと，彼女のママに発電所（*power plant*）の**ウィル**は言いました。彼の悪い習慣のいくつかを，彼自身が切り抜けているという気づきを彼は持ったと言いました。付け加えて，彼の強さ——身体の強さと同様に内面の強さと内面の強固な意志の両方——に気づいたと言いました。**力強い**体験のあと，**ウィル**は彼がもっと啓発されているのを感じ，もっと人間全体という観点から見て健康な人間でいようと新しい決意を持っていると言いました。アンジェラの母親は彼の話にうっとりし，ほほえみ，そして彼女はしばしば瞑想をしていて，関連のある精神を進んで見つけていることを言いました。それから彼女はいつもの散歩を続けました。発電所の**ウィル**とのつながりを強めたことで幸せでした。

再覚醒化

形式張らない誘導法に合わせて，われわれはクライエントに，物語は終わりで，彼らは普段の状態に戻ることができると告げるのを好む。

催眠後のやりとり

同様に形式張らない，そして全般的な質問，例えば，「あなたは何を考えていますか？」とか，「今どのように感じていますか？」とかの質問がされるかもしれない。このときにクライエントは「あの物語は何を意味していたのですか？」というような質問をよくするだろう。もちろんわれわれは決して意味のある答えは提供しない。最初の物語について，健忘を経験する人がいるかもしれないが，二番目の物語の埋め込まれた意味ははっきりしていたと教えてくれる人がいる。最初の物語と同様に，彼らの注意をそらし，無意識がそれを今から次までの間，ゆっくりと考えるようにさせてほしいと彼らに求める。

実践上の注意

もしクライエントが戻ってきて，このやり方で想像面が刺激されているなら，そのとき同じ無意識の資源を活性化し，彼らが問題の彼ら自身の解決法を見つけ出す手伝いをする，より多くのものをわれわれは提供する。このやり方では，セラピストは実際そのクライエントに全般的な枠組みを提供する，まさにガイドである。これらのクライエントでは，また指の合図を確立し，ほかの誘導法で考察されたように，われわれは無意識の関与を求めるだろう。

いくらかのクライエントでは，この形式張らない，全般的で，許容的なやり方はまったく失敗に終わる。彼らはトランスの指標をほとんど示さないかもしれない。あるいはそのプロセスにうんざりしてしまうかもしれない。そのような場合，われわれは彼らの反応を作り上げる努力として，会話，あるいは埋め込まれた意味の誘導法を試みるだろう。

そして肥満のヒラムは？ 彼はこの誘導法と深化法によく反応した。彼は決して再び意志力には言及しなかった。そして私も。彼は医者と栄養士によって作られた減量プログラムの熱心な参加者になる前に，あと3回やってきた。

この非常に非指示的やり方の最大の価値の一つは，それが必要な変化に対し

てクライエントを**作動可能な状態にする**手伝いをすることである。ヒラムは変化のための準備はできていた。そしてまさにちょっと一押しが必要だったのである。ほかの人たちでは無意識が関わる自我強化的なセラピー的物語や，あるいは成長への障害物を取り除くための単なる無意識による探索が必要とされるかもしれない。一度これらがやり遂げられると，そのクライエントは普通さらなる催眠療法的なやり方や会話的談話療法に準備ができている。

　物語は催眠療法においては，例外なく何にでも向くやり方である。それは誘導法，深化法，あるいはセラピーの，強力で効果的な部分になり得る。われわれは物語一つだけ，物語を含んだ物語，二つやそれ以上の互い違いの物語，そして終わりのない物語を用いる。終わりのない物語は直接無意識による探索を刺激する。その発見は次回明らかになるかもしれない。あるいはわれわれは誘導的やり方で無意識による探索を激励するかもしれない。（終わりのない）その物語を終えたとき，われわれはクライエントに結末を準備することを求める。例えば，「十分な時間をとり，結末，どんな種類の結末でも，その結末があなたの無意識の心から浮かんでくるとき，あなたのハイの指はぴくっとして，それ自身軽さを生み出し，空中に浮かぶでしょう」と。指の合図のあと言語的報告を求める。そのプロセスはまた繰り返されることがある。催眠後のやりとりはまたさらなる情報を生み出すかもしれない。

第4章 混乱誘導法

ろうそくの炎

　この誘導法は中央アメリカからの難民との，私（GG）の無料の仕事のなかで作られたものである。これらの人たちの多くはグァテマラとエルサルバドルから来ている。そこでは何年にも及ぶ内紛によって，土着民の文字通り何十万という人たちの誘拐，拷問，大量殺戮，失踪，そして殺人が起こった（Melville & Lykes, 1992）。彼らの母国では，これらのクライエントの生活は恐怖と迫害で満たされていた。慢性で，ひどい PTSD と大うつ病は彼らの適応を複雑にしている。フィッシュマン（Fischman, 1991）とポウプとガルシア＝ペルトニーミ（Pope and Garcia-Peltoniemi, 1991）は，政治的弾圧と拷問の心理的後遺症を扱うさまざまな刊行物をレヴューしている。合衆国への文化変容はゆっくりとしたプロセスで，そしてある人たちにとっては（私が話す）スペイン語は彼らの土着言語に次ぐ第2の言語になっている。われわれが知っているように，ほとんどの人は心の健康治療の経験がない。しかし心の健康治療を紹介されたとき，彼らは普通好感の持てる参加者である。たぶん，心の健康がこの大学の家族実践外来で，医学モデルの統合的部分になっているからであろう。これらのクライエントのなかにはわれわれが会う前に，薬物治療で始められる人たちがいる。

　PTSD に関する心理教育はときどき効果を伴わない。図解入りでの完璧な説明を受けてさえも，クライエントはまだ心配していると信じているかもしれない。例えば，「グァテマラで飲まされた薬のせいだ」と。それにもかかわらず，彼らは症状から解放されたいと強く望んでいる。催眠療法は有効な手段の一つである。またこの誘導法はアフリカからの難民たちにも用いられた。その難民

たちは多くの場合，中央アメリカからの人たちよりもさらにひどい拷問と残酷な行為を経験していた。

　私はすぐに閉眼暗示について忘れることを学んだ。ほとんどの人はいつもそうすることを望まなかった。これらのクライエントはすぐに凝視に没入することはできる。私の判断でカソリックの聖なるろうそくの炎を用いることを始めた。それを彼らは好むように思えた。ろうそくの炎に加えて，注意をさらに取り込むために，そして願わくば同時にセラピー的効果を獲得するために，二つの交互の誘導法を用いる。これらのクライエントの多くは非常に身体症状的側面が強いので，彼らの身体に温かい液体が入っていくという直接暗示が自我強化物語と交互に用いられる。私が温かい液体のメタファと自我強化物語を交互に行き来しているとき，**クライエントは声に出して，数を数える**。ろうそくに没入している状態で留まりながら，ゆっくりと，100から1まで。

　クライエントには，セラピストが身体のリラクセーションのための暗示を与えるということと，無意識の心に向けられた物語を話すという情報が与えられる。「あなたが夢を見ているときに引き継ぐあなたの心の部分」という言い方は，たいていのこれらのクライエントに無意識の概念を伝える。炎を見ている間逆に数えるということに，彼らは同意を示す。

誘導法

あのろうそくの炎を見続けることを続けていただけませんか。そしてあなたがそれをしている間，私はあなたに話し続けます。そしてそれらの言葉はただ聞こえてきて，消えていくかもしれませんが，その言葉に注意を向けないでください。というのは，あなたの無意識は特に慎重に注意を払うことができますし，そしてあなたをこのとき助けることができるからです。そうです。あの炎を見ていてください。あなたはほかのことを何もする必要はありません。そしてもし目が疲れてきて閉じたいと思ったら，それらは自然にそうなるかもしれませんし，あるいは，あの炎に楽しく，心地よく没入しているのを続けることもできます。心地	100 99 98 97 96 95

よく，リラックスして呼吸をしています。そうです。深い心地よい呼吸。身体と心をもっともっとリラックスした状態になるようにさせています。

さて，（クライエントの名前），私はあなたに，そこの上にあるあなたの頭のてっぺんで，暖かい楽しい感覚が出てきて，広がっていき始めるのを想像してほしいと思います。あなたには温かい液体か何かの楽しい心地よい感覚を想像することができます。そしてそれを想像することができたら，私に頷くことで知らせてください……結構です。そうです。

さて心地よい感覚があなたの頭のうしろをずっと降りていくようにさせてください。そうです。その感覚によって接触されるようになったあなたの身体のすべての部位は，もっともっとゆったりして，そしてリラックスしてくるでしょう……そして今度はあなたの首，深く心地のいいリラックス状態。

一人の青年が学校に行く途中，毎日すばらしい温室のそばを歩きました。彼はそこに育っているすべての美しい植物に気づきました。大きさの異なる濃い緑の葉っぱ，そして明るく，かわいらしい色の花。ある日，彼は夏の間その温室で働くことができるかどうか尋ねました。そしてそこの主任は言いました。「いいとも。でも，きつい仕事だよ。君が何をしているかについて慎重に注意を払わないといけないよ」と。

すばらしい心地いい感覚があなたのうしろをまったく下に，降りていっています。両方の肩胛骨を降りていっています。そして背骨を降りていっています。ゆっくりと，心地よく，もっともっとゆったりして，リラックスして，心地いい感じです……。

さて青年は非常に一生懸命毎日働き始めました。彼は地面を掃き，土と泥炭有機肥料の袋を運び，大きな

温室の周りの雑草を取りました。短い休憩のたびにすばらしい香りのなかで呼吸をし，彼を取り巻く豪華な色のなかで我を忘れるのが常でした。

　さて，（クライエントの名前），あのすばらしい感覚があなたの身体の前の部分を降りていくようにさせてください。最初は顔，そしてそれから胸を続けて降りていき，非常に楽しく心地のいい感じ，そうです。あなたが空気を新たな活力の湧いてくる呼吸で取り入れるとき，あなたの胸が上がったり下がったりするのを感じています。その楽しい感覚があなたの胃のところまでずっと降りていくようにさせています。

　一つの通路から次の通路へ歩いていると，彼は上からぶら下がっている植物と，下にある植物で包まれているように感じました。多くの色といろいろな匂い，それはすぐに一つの湿気のある香りに一緒に混ぜ合わさり，彼はすぐに注意を払うことを忘れました。

　非常にうまくやっていますよ。（クライエントの名前），ゆったりして，あなたの心と身体がリラックスしています。そしてあの暖かい感覚を今も続けさせています。腕に降りていきます。最初はその右腕，肩から始まって，そしてその腕を降りていっています。ゆっくりと，心地よく，指先までその腕全体を降りていっています。

　その青年がどちらを向いても，これらのすばらしい植物の生長を見，匂いをかぎ，そしてほとんど感じることができました。彼を取り囲んでいるもののなかで呼吸をしているとき，時間を忘れました。そして温室のなかに没入し，内面では，時計の時間が一時的に止まっているように思える一方，彼の注意は没入することができることを楽しみました。

　そして今度はその左腕に降りていきます。（クライ

エントの名前），あなたの腕全体に降りていきます。
この心地のいい感覚と触れているあなたの身体のすべての部位はすぐにもっともっとゆったりして，リラックスするようになります。あなたの心と身体はゆったりしてきています。

　その温室でのその青年の仕事の一つは，ポットから小さな芽を取り，それをより大きなポットに植え替えることでした。彼はこれをベンチで毎日行いました。数か月前，誰かが偶然小さな芽をそのベンチの後ろに落としていました。そして，暗い，忘れられた，明らかに死んだような状態で，それがそこに横たわっていることに彼はほとんど気づきませんでした。

　そして今度はあなたの脚。あなたの右脚から始めています。想像しています。心地のいい感覚があなたの右脚全体に降りてきていることをまさに想像しています。お尻から膝全体を通って，足の指先まで降りてきています。その脚の心地よさとリラックス感を楽しみながら，そうなるようにまさにさせています。

　ある日，その青年はその芽を発見しました。彼はそれを詳しく調べ，壊れたポットと，先が乾いて茶色くなっている茎を見ました。主任がそばを通りかかりました。彼はその乾いた芽を自分のものにすることができるかどうか，さりげなく尋ねました。それでその主任は言いました。「それは捨てなさい。いいのを，元気のあるのをあげるから」と。しかし，その青年は固執して，その小さな芽を手に入れました。

　そして今度はあなたの左脚。その暖かさと心地よさをお尻から膝，そしてその先，その足の指先まで全体に広がるようにさせています。そうです。

　その日のおわりに，その青年はその小さな芽をもっと詳しく調べました。そのポットの破片をはがし，そ

れを下の方まで見て，その根鉢〔鉢や植え込み用容器のなかの植物の根と土からできるボール様の塊〕の付いているところを見ました。そこには本当に小さな緑がありました。その芽は死んではいなかったのです。事実，そこのずっと下の方では，それは非常に生き生きしていました。まったくその**強い根の組織**のおかげです。

　さてあなたの身体全体はすっかり，そして心地よくリラックスしています。あなたの心と身体は，深く，そして心地よくリラックスしています。

　彼はその小さな芽を取り，そしてそれを新しい土に植えました。育つための場所と水と光をそれに与えました。そしてすぐにそれは育ち始めました。直ちにそれは土の上に新しい芽を送り出し始めました。そしてそれは育ち続けました。**より強く，より強く**。その小さな芽は実際**強い根の組織**を作り上げていました。

　想像するだけで，心地よい感覚をあなたの心と身体にゆっくりと降ろしていくことを想像するだけで，深い心地よさとリラックスをあなたは楽しむことができるということを知ることはすばらしくないですか？あなたは好きなときいつでもこれを想像することができます。

　すぐにその小さな芽はすばらしい木に成長しました。そして今日(こんにち)でも，それはたぶん誰かの庭で非常にすばらしい木として生えているでしょう。結局，その小さな芽は生き延びました。耐えて，そしてついには繁茂しました——それはすべてその**強い根の組織**のおかげです。

深化法

　普通，何も付け加える深化法を必要としない。

再覚醒化

急激な再覚醒化（例えば，「ここでやめます。それでどうぞ目覚めてください」）の前に，健忘をわれわれは暗示することを好む。それはいろいろな方法で行われることができる。直接，「あなたが覚えておこうと思うかもしれないあらゆることを，今ちょっと忘れてくれませんか」とか，メタファ的に「私は昨日の夜，夢を見ました。そして目が覚めたとき，その夢の少しの部分しか，あるいは全然思い出すことができませんでした。思い出せません」とか，そのクライエントに反射的に「イイエ」と答えないといけませんということを言って，例えば，「フェニックスでは暑くなりません」とか，『ピープル』〔米国 Time 社発行の人物紹介を主とする週刊誌，創刊は 1973 年〕誌には決してそのなかに写真がありません」とかを言う〔英語では，質問に対する肯定・否定ではなく，答える内容によって，yes, no が決まる。日本語では，質問に対する肯定・否定で，ハイ，イイエが決まる〕。V. A.（退役軍人省）でのクライエントに対しては，われわれは「どのV. A. の病院でも，約束の時間を決める必要は決してありません」とか，「どのV. A. でも，外でたばこの吸い殻や，内側では紙挟みを決して見つけることはできません」と。健忘を育てるほかの気の散らしは，再覚醒化のあと**すぐに**，何か見当違いのことや関係のないことについてクライエントに質問するときである。例えば，「昨日の夜ニュースで大統領を見ましたか？」とかである。

どのような種類の紛らわせでも一時的な混乱を招くことができる。そして健忘がしばしばそれに伴う。エリクソンはもじゃもじゃの犬の話を始めると言われていた。あるいはトランスの最後に，すぐにクライエントを再覚醒化して，彼らを待合室に急いで行かせると言われていた。クライエントを大切にするためには，クライエントを助けるため，あるいは「レーダーの下に入る」ための努力として，これこれしかじかのことをしているという説明をクライエントにするのが賢明である。そうすれば，そのことを多くの人たちが理解し，承認する。

催眠後のやりとり

身体症状のクライエントに対しては，彼らの身体の感じに質問を向けること

が大切である。緊張や痛みと対照的なリラックスに気づくことは，トランスをしっかり強化して，それを承認させる。もし彼らがその物語を思い出さないなら，その健忘を良い催眠の能力として，それはもちろんそうなのだが，はっきりと言葉に出して言う必要がある。実際のクライエントのなかには思い出せないと，幾分うまくできなかったと感じる人がいる。われわれはまた健忘を誘導することについての合理性をすぐに説明する。「それでそれはあなたの意識の心の妨害を受けずに，無意識の心のなかで働くことができます」と。

実践上の注意

この温室の物語は，リー・ウォラス（Lee Wallas）のすばらしい『三番目の耳のための物語』（*Stories for the Third Ear*, 1985）のなかの一つ，「芽生え」から採られたものであると気づく人がいるかもしれない。物語は，自我強化物語としてもっと型どおりの誘導法と一緒に用いられても，またセラピーの一部として用いられてもその物語単独で有効である。この物語と似たような物語は，クライエントを「増強する」ことに高い効果を持っていて，それらのクライエントはたいていすぐあとに肯定的反応を誘う言葉を口に出すことをわれわれは発見してきた。

この誘導法はいくつかのはっきりした利点を持っている。それは誘導法と，深化法とセラピーを含んでいる。それはまた十分に「せわしない」ということで，同じクライエントに数回用いることが可能である。人びとは**それを好む**（彼らはそのために気分がいいと感じ，それは無意識などを刺激する）という理由で，もしそれを違ったときに用いるとしても，彼らはうんざりした気分にはならない。事実，人びとは数回目に用いられたとしてもたいていそこで新しい学習を報告する。

セラピストは異なる錨でもって実験をするかもしれない。例えば，親指と人差し指で拳を作ったり，輪を作ったりして。自然な環境で錨を用いることはリラックスと自我強化を刺激するはずである。われわれは普通クライエントが家で練習するためのテープを作る。

クライエントはときどき数えている間に我を忘れる。そして数を混乱して，間違えるかもしれないが，それは実際問題ではない。もし彼らが非常にゆっくり数えることという教示に従うなら，セラピストは彼らが終わる前に終わるだ

ろう。もし彼らが早く数え終わったら，もう一度100から始めてもらうのがよい。

　分離しがちのPTSDのクライエントは，この誘導法では，そこまで分離しないようだ。たぶんそれは十分に構造化されているからであろう。しかし，もし彼らが簡単にまさに分離するのなら，穏やかにもう一度数えるように指示を出すことは彼らを軌道に戻すことの助けになる。もし長い間分離しているのであれば，全体のプロセスを中止する必要があるかもしれない。この誘導法の構造はまた，侵入思考と似たような現象を阻止するように思われる。われわれの経験では，もしPTSDのクライエントがトランス中に再体験や興奮しがちな場合は，その行動はどんな誘導法でも，あるいは型どおりの漸進的筋弛緩法のなかでさえも，起こるであろう。

　われわれはこの誘導法を，それがメタファ的暗示に対して与える二つのプロセスと機会の故に，「混乱的」と命名する。もちろん，ほかの混乱技法はもっと言葉遊びと明白な認知的加重負荷と混乱に頼っている。

　このような支持的催眠療法に好意的に反応するクライエントのなかには，フラッディング，除反応とリフレーミングを伴う催眠年齢退行，あるいは眼球運動脱感作と再加工（EMDR）のようなエクスポージャー・タイプに対して準備のできている人がいる。しかしこれらのクライエントはPTSDを持つ多くのクライエントと同様に，PTSDに対する直接的扱いがどのようなものであっても，それらに対しては同意しない。なぜなら彼らは古い傷をもう一度開けることには耐えられないからである。

当惑させること

　もしクライエントが，「いいえ，催眠に興味はありません」と言うなら，われわれはたぶんその方向でのさらなる努力はしないだろう。しかし，もしクライエントが「トランスに入りたいけども，それがまったくできません」と言うなら，われわれは多くの役に立つ選択肢を持っている。興味を持たないクライエントは意識による抵抗の例である。一方，二番目のクライエントは無意識による抵抗を表している。

　二人の誘導者の誘導法は無意識による抵抗を無効にするための最大の早道で

あるかもしれない。しかし，もし二番目のセラピストという贅沢を持っていないなら，この誘導法は必要とするもの，そのものであるかもしれない。多くの同僚はこの誘導法を使ってきた。そして彼らはわれわれに，それは非常に当惑させるように見えるので，クライエントはいつも決まってトランスに逃げ込むと話してきた。ライター症候群，関節炎で痛く，そして衰弱させる形式のものであるが，それを持っている青年に対して，この誘導法を開発した。その青年はとてもトランスに入りたがっていた。そして，「何かが引き留めている——それは何なのかわからない」と言った。それ以来われわれはこの誘導法をほかのもっと抵抗の少ないクライエントにも用いてきた。すべての誘導法と同様に，その人に時間の最初に何が求められているのかについて告げる。それで彼らは，この奇妙で，一見理解不可能な事柄は，彼らのために言われていることを理解する。別の言い方をすると，「私はあなたに『当惑させる誘導法』と呼ばれるものを読んでいきます」と言ってもいいかもしれない。

　物語のなかの物語——誘導法のなかの誘導法——は，固定された意識セットを迂回するための便利な方法である。催眠現象の暗示（例えば，観念感覚感情）はほかの誘導法と同様であるが，ここでは加重負荷と混乱は目標まで到達させる手段であるということに注意してほしい。

　このやり方を覚えるのは非常に困難なので，われわれはいつもそれを読むことにしている。始める前に，クライエントは眺めるための場所を選んで，われわれがその誘導法を読んでいる間，その場所を眺め続けることを教示される。また，「いつでもトランスに入っていいし，あるいは単に次のことを聞くだけでも結構です」という適度な拘束とともに，「いつでも目を閉じて結構ですよ」と告げられる。

誘導法

　私たちのセラピストの一人が，内面で起こっていることを見分けるのにかなり苦労していた人に，そのセラピストがトランスを誘導することに取りかかったときに行ったかなり奇妙で混乱する体験についてあなたにお話します。したがって，そのセラピストは望む状態に誘導するために，いろいろ反対の現象を並べ，混ぜ合わせることに頼りました。これらすべてはあなたにとってすぐには意味をなさないかもしれません。しかし終わる頃までには，あなた自身のや

り方，あるいはあなたの身体の感覚で，そのことによって生じる意義をきっと感じるでしょう。

　ご存じの通り，あなたは喜んだときに何かをします。そしてその体験を振り返り，ことによるとそれを時間や空間的な広がりの全体像のなかで味わうときの様子についてはあなたは知っています。さて，われわれはあの日の正確な言葉をテープレコーダーに記録したことに満足しています。その逐語録をあなたに今読みます。

　「ボブ」──彼の名前はボブと言いました──「私も知っています，あなたも知っています，そしてほかの多くの人も知っています。それはあなたも私もほかのたいていの人も右手と左手，左足と右足，右耳と左耳，そして無意識の心と同様に意識の心を持っているということです」。

　「これらのすべてのもので私たちは多くの体験をします。ずっと昔にさかのぼると，私たちはそのとき，数えることを学びました。1，2，3……たぶんもう一方とは対照的に，片側である感じや感覚を体験しました。あるいはことによると同時に両方でかもしれません。さてボブ，私はあるとき苗字で呼ばれることを強く主張していた人と一緒に心の仕事をしていました。その人の苗字はインスキープでした。かなり変わった名前です」。

　「私は言いました。『インスキープ，今すぐ，意識の努力なしで，ちょっとの間左手にじーんとした感じのような微妙な感覚を想像してほしいと思うのです。ちょっと想像してほしいと思います。それからそのじーんとした感じのような微妙な感覚を右手で想像してほしいと思います。そうです，インスキープ。それを行うのではなく，それの想像だけをしてください。そしてこれからそのスピードをちょっと上げていきます。これから素早くします。左の耳タブにじーんとした感じのような微妙な感覚を想像してください。そしてそれから右の耳たぶに同じものを。そしてそれから右手の左の3分の1のところに無感覚かあるいはじーんとした感じを。そしてそれからあなたの左手の右の3分の1のところにじーんとした感じかあるいは無感覚を。自動性，独自性，そこに。そうです。このすべてのことは混乱しているように聞こえるかもしれないということを私は知っています。しかしあなたが行っているようにそれをし続けてください。意識的努力はまったくしないでください。そしてあなたの手足にどのようなことを感じてもそれはまったく結構です。そして心で細かい注意を

払ってください』」。

「インスキープはそのように椅子に座り続けていました，ボブ。そして彼は私に，彼の手について私たちが話しているとき，彼の靴のなかで足の指が縮こまるという苦しいときを彼は持っていました。それは興味があるように聞こえるかもしれません……あるいは感じられるかもしれません」。

「私たちはそれから続けました。『インスキープ，寒いと暑い，暑いと寒い，30℃，0℃，24℃，6℃の間には多くの温度があります。そして誰もこれらのことを感じるために熟練者としての資格を必要としません。人びとは軽いトランスや中程度のトランスや深いトランスを展開することができます。彼らの無意識が何を望んだとしても。たとえときどき意識の心が何か違ったことを挿入しようとしても。ちょっと想像してください，インスキープ。少しの間あなたの右手のほとんどのところに軽さと，左足の一番下の部分のそこのところに重さをちょっと想像してください。右手，左足，ここの上のところのほとんどのところと，そこの下の一番下の部分，結構です。そしてそれからあなたの左手の3分の1で重さと右足で軽さ——あなたの左足全体ではなく，それのまさに意味のある部分で。うまくやっていますよ。まさに想像しています。そして，強さは，漂って離れていくことのないことにまったく抵抗できないことを可能とさせないことを許さない強い心を意味していることをあなたは理解しつつあります〔否定形による4回の逆転〕』」。

「『インスキープ，内面に入っていっています。何の努力もしないで，ほかと関係なく，人は同時に外の事柄に注意を向けることができます。想像してください，片方の手に重いゴムの手袋をして，もう一方の手に柔らかい暖かい二また手袋，左か右のどちらか，そして手を伸ばして，無感覚か，じーんとした感じのあなたの足の部分に触れることを想像してください。または，別のやり方として，一つの足にウールの重いソックスを想像してください。たぶん左か右，そしてその足を手の一つに触れるために，その手では特定の暖かさ，あるいは冷たさ，その感覚はことによるとじーんとした感覚の暖かさ，無感覚の冷たさ，片方で，あるいはことによると両方で，それが生じてきたそれらの手の一つに触れるために，上のそこまで伸ばすことを想像してください。誰かが私にあの手足は深い意味を持っていると，以前言いました。しかし，軽い状態や中程度のそちらの状態では，知らないこと，忘れること，あるいは部分的に認

識していることは気づく値打ちのある何かをまた準備している何かであるということを私は知っています。そしてあなたの身体で何が起ころうと，それはまったくすばらしいことです。しかし，インスキープ，私は個人的にはあなたの心が漂うことを許す権威を何も持っていません。だから，あなたの身体にまさに集中してください』」。

ボブは細心の注意を払っていました。そしてそのときまでに彼の手足に多くのことを体験していました。しかしまた，彼の呼吸がほとんど気づかないくらいの程度で変化していたその様子に彼は気づいていました。この体験は非常に幼かったときの何か覚えていることと似ていないわけではありませんとのちに私に言いました。それは海岸でプラスチックのバケツを一杯にしたこと。そしてそのバケツは砂でまったくすぐに一杯になり，あふれました。一方大地のその穴は水で満たされました。そして彼がもっと掘れば掘る（dug）ほど，そのバケツとその穴はあふれました。そして彼がその体験から学んだことはそれ以降いつも，ダッグ（Doug）という名前の人に会うと，ほとんど重荷に近いものを感じるということだけでした——それが何を意味していようが。

ボブにはまた，中学校の先生で苗字がダギンという名前の先生の授業がありました。ダギン先生は後ろの席で空想にふけっている彼を見つけ，彼に言うのが常でした。「あなたの時間のときに，心を漂わせてほかのことを考えるように，ボブ。私の時間ではなく」と。

「『インスキープ』，私は続けました。『あなたの手足と一緒に，私の声がそこにあるとちょっと想像してください。そして私たちは進み続けましょう。しかしちょっと速く。というのは，今終わりに近づいているからです。そして外側と内側の両方に今度は細かい注意を払うことが，さらにもっと興味のある局面を迎え入れることになるかもしれません。あるいは，あなたの無意識の心が内面でおもしろいことをまさに持つことになるかもしれません』」。

「『インスキープ，ちょっと次のことを想像してください。人の右耳の左の3分の1は，**今や**非常にはっきりとした感じを生じさせることができます。一方，同時に左耳の下の部分はその反対の感じを見つけることができます。ことによると交互に，ことによると一緒に，常に聞きながら。一方，同時に内面では第3の耳で聞きます。そしてそれはどういうことかわかりますよね』」。

「『そしてそのことすべてがそれらの耳で進行している一方，あなたはそれら

の手と足で左-右，上-下の楽しみごとを想像することができます。一方あのもう一つの人の耳——それらの三つのすべて——は独立してそれら自身で動きます。暖かい-手——番下-3分の1，あるいはもう一つの冷たい方の上の半分，そして反対側の足の無感覚，あるいはじーんとした感じ-交互に-左-3分の1-ハイ-そして-それの-残り-イイエ，あるいは一箇所かそれ以上の箇所での重さ，そして片方の手である程度生じてきているすでにあるその軽さとは異なるもう片方の手，あるいはそれ自身で命を引き受けていないはずがない反対側の足。感覚，独自性，自動性，発展……』」。

深化法

（クライエントの名前），そうです。本当にうまくやっていますよ。さて，10から1まで逆に私が数を数えていくのを注意深く聞いていてください。そしてそれらの数が少なくなっていって，1になったそのとき，希望を持ってトランスのほんの軽い状態にほんのわずか深く，そして深くあなた自身がゆっくり下降するのを想像することができます。さあ，数え始めます。10……9……8……彼は小さかったとき，風船をふくらませました。それは緑のものだったのだろうか，青いものだったのだろうか？ 忘れました。とにかくそれをふくらませたあと，彼はその横を指で突き刺しました。そしてそれを小刻みにあちこちに動かしました。そしていまだに彼の指がその風船の内側だったのか外側だったのかについて思いをめぐらせています。……**あなたにはそれをすることができます，**（クライエントの名前），……7，……6……別の夜，私は明かりのスイッチを探して手を伸ばしました。そしてそれはありませんでした。……**そしてあなたにはそれをすることができます，**（クライエントの名前），5……4……3……彼らは道ばたでそれぞれたった200円でメキシコ製の毛布を売っていました。……**そしてあなたにはそれをすることができます，**（クライエントの名前），……2，そして1……。

再覚醒化

もしあれば，そのセラピー部分のあと，クライエントは別の誘導法と同じように再覚醒化される。混乱誘導法の目的はクライエントにトランス体験をさせることなので，その誘導法と深化法だけで普通十分に一回のセッションとして

はセラピー的である。

催眠後のやりとり

トランス後の質問は，誘導法に的が絞られるべきである。「足ではどのように感じますか？」「右手と左手の間でどのような違いに気づきますか？」「あなたの頭のなかは混乱していると感じていますか？　それについてもっと私に教えてください」。このような質問と，その上に時間歪曲と健忘に向けられた質問が勧められる。すべてこれらのことはトランスを強く納得させるものである。

実践上の注意

深化法ではわれわれは**無関係な話**を用いた。これは慎重に区分けされれば，大きな配当を払うことのあり得る小さな混乱の工夫である。無関係な話は，前提には従っていない推測や結論である。単独で，クライエントの意識セットに従っていない，あるいは合っていない発言である。その結果は混乱である。人びとは自然に混乱から道を探す。それは彼らを，暗示に対して特に開かれた状態のままにしておくように思える。それで，セラピストは奇抜な考えを提供する——しかし望まれる方向に向けての。それ故，**あなたにはそれをすることができます**，あるいは似たような暗示が典型的には提示される。しかし，ほんの数秒間，混乱が高まっているのを許されている間だけである。

そのクライエントがトランスにいったん到達すれば，混乱誘導法を捨てて，もっと会話的なものに行くことができることを覚えておいてほしい。しかし，常に例外はある。ライター症候群のその人はそのあとずっとこの誘導法を**強く要求した**。「私はそれが本当に好きだ」と，彼は説明した。数か月のコース全体で，痛みと不安管理，自我強化，そして身体活動の増加のために，有効なさまざまなセラピーの利用のための手段としてわれわれはそれを用いた。

ひとたびクライエントがトランスをうまく体験すると，ラポートと信頼の促進がある。協力と「ダンス」はそのとき本格的に始まることができる。そしてそれは頷きや指の合図を始めるよいときである。

二人の誘導者

　多くのクライエントはトランスのおのおののセッションで，トランスの増加した深さと，そのうえ全体にわたるより大きな反応性を例証する。クライエントはより心地よく感じ始め，それでわれわれは彼らの特定の求めに対して催眠療法を彼らに合ったものにすることができる。催眠で「調子が良くなる」と，彼らはもっとそれを実践する。このことの別の見方は，良い被験者になるためにわれわれはクライエントを訓練しているということである。ミルトン・エリクソンが書いているクライエント——それらの人は例えば，自動書記や時間の誤った感覚を体験しているが——それらの人は普通でないクライエントではなかった。エリクソンが非常に熱心に一緒に心の仕事をした彼らは，多くの人にはエクソシストと見えるかもしれない，あるいは少なくとも理解が困難である，特定のセラピー的やり方をエリクソンが試みる前に，普通少なくとも8時間，エリクソンがトランス体験で彼らを「訓練した」普通のクライエントであった。

　強烈な無意識の抵抗を持ち，そしてすでにほかの誘導法が試されているクライエントに対しては，われわれは二人の誘導者誘導法を用いる。タクソンV.A.では，訓練グループで教える目的のために，あるいは特にほかから紹介されてきた慢性で抵抗的なクライエントに対して，この誘導法を行う。

　われわれは時間の最初に，誰が「直線人間」になり，すなわちリラクセーションのために直線的暗示を与える誘導者のことで，そして誰が「混乱者」になるか，すなわちその人の混乱させる発言で，クライエントが過負荷状態になり，それで彼らはトランスのなかに逃げ込むだろうという，その2人を決める。**逃げ**道や**逃げる**ための窓のある映画についてお互いにさりげなく話し合うことによって，トランス前のやりとりのなかで「逃げる」という言葉をわれわれは種まきするかもしれない。

　もちろん，そのクライエントにはこの誘導法に対する合理的な説明が与えられる。「私たち二人はあなたに違ったときに話しかけます。そしてそのうちのいくらかは混乱しているように見えるか，または無意味に思えるでしょう。しかしこれはすべてあなたの手助けをするために行われるのです」と。そのクライエントは，凝視かあるいは閉眼に関する許容的な教示を与えられる。そして

それから二つの深い，清めの呼吸をするよう告げられる。

誘導法

セラピスト1：私たちはあなたがここに今日やってきてくれて，非常に喜んでいます。さて，（クライエントの名前），疑いもなくあなたは今日の外の**天気**に気づきました。そして今日ここでどんな体験をするだろうかとちょっと考えました。**軽い**トランスに入るのか**中**程度のトランスに入るのかについて思いをめぐらせました。そして深いトランスは今回は**達成できない**だろうということはわかっています。

明らかなこと

似ている選択肢の拘束

制限

セラピスト2：彼の言うことは聞かないように。

混乱

セラピスト1：ここのなかに入る前に**外**のあそこで待っていたとき，たぶんあなたは何かあることを考えていました。そして心の内側に入ること，**あなたがそれをすることができる程度に応じて**，それは非常に**興味のある体験**かもしれません……そしてあなたが今日ここでするどのような種類の体験も，それはあなたのものですし，あなただけが楽しみ，そして味わうことができるあなたのものです。いつも**運転席**で……。

反対の並置
明らかなこと

制限
ほのめかし

メタファ

セラピスト2：なぜ小川は昼も夜も休みなく流れるのでしょう？

無関係な話/混乱

セラピスト1：うまくやっていますよ，（クライエントの名前），人がやらないといけないこと，あるいは知らないといけないこと，あるいは感じないといけないこと，あるいは考えないといけないことはまったく**完全に何もありません**。……あなたは次のことを知る

何も理解しない/何もしない

ことに興味を持つかもしれません。それはここに入っ ほのめかし
てくる人のなかには，言葉を**聞きさえもしない**，ある 似ている選択肢の拘束
いは言葉に**耳を貸さない**人，それから完全にそれらを
無視する，あるいは何かほかのことにちょっと**注意を
向ける**人，そして何もしないでまさに放っておいて，
内側で**楽しむ**人さえもいます。

セラピスト2：彼はいつも人びとに，「言葉をどうぞ 混乱
聞かないでください」と言います……しかし，彼が何
について話しているのかについて彼は知りません。

セラピスト1：一人の人があるときここにやってき メタファ
て，まさにその椅子に座りました。そして彼はゆっく
りとリラックスし始めました。それは上の首から始ま
り，身体をずっと下っていき，筋肉がリラックスし，
腕を下り，そしてそれから背中……深く深く非常に軽
くて楽しいリラックスの状態に入っていきました……。

セラピスト2：彼はページの間の短い沈黙に入りまし 無関係な話/混乱
た。

セラピスト1：**別の人は下から**始めました。最初はあ メタファ
の楽しいリラックスを感じ——それはじーんとした感
じのような微妙な感覚か無感覚かあるいは何かほかの
興味のある感覚だったかな？——彼の足，そしてゆっ
くり彼の脚を上がっていきました。そのことに気づき，
ついにはそれを味わいました……心地よさとリラック
ス……。

セラピスト2：トランスはとにかく主観的な状態で 混乱
す。

セラピスト1：さらに別の人は，**深いトランス対中程度のトランス**についての考えを心に抱きました。そして別の**穏やかなトランス対その二つのより深い状態**，そして彼はついには**意識的な決断**をまったくしないことに決めました。そしてちょっと彼自身をその時点で，彼にとって心地よいトランスの深さに，漂いながら入っていくようにさせることに決めました……。　　メタファ

意識–無意識の二重拘束

セラピスト2：あなたは**巧みな操作**に注意する必要があります……そして彼は何を言っているのかわかっていないのじゃないでしょうか……。　　混乱

セラピスト1：心地よくゆったりと呼吸をしています。ゆったりすることがどんなにすばらしく心地のいい状態になりうるかということを理解しつつあります……あなたの身体のなかのそれらの感覚を味わっています……。

セラピスト2：あなたは家に帰る道では**スピードを上げて運転**しないといけないでしょう。ですから，どうして今スピードを下げて，ゆったりしないといけないのでしょう？　　混乱

セラピスト1：トランスに入っていくことでは特に心地よい感じになることができます。あなたの身体の例の感じに気づいてきています……そしてあなたの呼吸，呼吸の微妙な変化さえも気づいてきています——味わっています——，そして**それぞれの心地よい呼吸**があなたを深く深く，軽い，あるいは中程度でさえもあるかもしれないリラックスの状態に**連れて行くこと**ができる様子に気づいてきています……それでまた，

ほのめかし

言葉の連結

次のことに気づいてきています。時間が**ゆっくりに思えるかもしれませんし，スピードを上げるように思えるかもしれない**その様子に気づいてきています。しかし時計の時間とトランスのなかでの時間は両方とも間違って理解されるようになることもあります。そしてついにはこのことはまったく何も問題にはならないかもしれません……そしてそれが時間を忘れることなのか，その腕〔hand は時計の針の意味もある〕の感覚をなくすことなのか，これらすべてはトランス中での普通の体験です……。

(セラピスト1 はセラピスト2 に，やめるように合図を送る。)

セラピスト1：(クライエントの名前)，私は今あなたの今のままをちょっと続けてほしいと思います。たぶん思いをめぐらしているでしょう……ことによるとあなたの心はさまよっているかもしれません。私にはわかりません。そして**あなたが何をするにしてもそれは実際まったく問題ではないのです**。そして私はあなたに短い話をこれからしようと思います。それは**あなたの状況と関係しているか，あるいは関係していないかもしれない**物語です。そしてもちろん，あなたは**聞かないことさえ選択してもよいのです**。それもまったくすばらしいことです。**ある人たちは**，あなたがしたようにここに**入ってきて**，そこに**座り**，そのように**息を吸い，吐きました**。そして身体のある感じに**気づきながら**，**人びとは映画を見る，あるいは車を運転する，あるいは物語を聴く，あるいは何かほかのことをしながら，彼ら自身を漂うようにまさにさせます**。彼らの無意識の心がその独自の方法で，そしてそれ自身の時

時間歪曲

分離

何も理解しない/何もしない

制限

メタファ
明らかなこと

メタファ

間で，たぶん重要だろうと思えるどのようなことをも
点検し，解決するようにさせます。一方ほかの人たち　　メタファ
は心を解放する課題に意識的に一生懸命取り組みま
す。これはそれ自身の**強さと決断力**を確かに要求する　　再枠づけ
事柄です……そしてあなたの場合は，それは早すぎる
ために，**意識の心，**あるいは**無意識の心**があなたにト
ランス体験の心地よさと安らかさを許すかどうかとい
うことを告げるのはできないかもしれません。その感　　無意図性
覚は本当に何か**ひとりでに生じる**ものです。足あるい
は脚が眠りに入るというような，あるいはあなたが退
屈をしているときうとうとするような，そのような何
かです……。

〔深化法〕

　セラピスト１：これから短い物語を話しますので，その間にあなたの体験を深めていってほしいと思います。このような物語で，ある人たちは，その言葉に意識的な注意を払わないで，心を漂うようにさせ，夢うつつでぼんやりさせ，あるいはその代わりに外で起こっているほかの何かに，あるいはことによると内面のことに注意を集中します。そのようにすることがおもしろいことだとその人たちは発見します。この物語，それは「風船物語」と呼ばれますが，1950年代の後半かその辺りだったように思います。テキサスの田舎，あるいは他の州だったかもしれませんが，ちょっとはっきりしたことは私にはわかりませんが，そこの小さな高校を卒業したマリアという名前の若い女性がいました。その頃は，女性マリアの年代は家の近くに留まり，結婚し，家族の面倒をみることが望まれていました。また，そしてその頃の昔の青年たちはその町に留まり，たぶんその小さな町で働きに行き，そして決して家からあまり遠くを歩き回ることはないと考えられていました。しかし，マリアは独立心旺盛で，冒険好きで，その上非常に聡明でした。そして彼女はウィスコンシン大学で生物を勉強するための奨学金を獲得しました。故郷の人たちは，彼女がさらに医学部に行き，その後有名な研究者になったということで，驚かされ続けました。しかし，それは実際にはこの物語とは関係ありません。

ウィスコンシン州のマディソンでの新入生のとき，お金が厳しくて，何とかやっていくために，いろいろな仕事を彼女はやらねばなりませんでした。勉強していないときには働きました。そして仕事のなかには，大学のスポーツ行事での場内売り場がありました。ホット・チョコレート，コーヒー，ピーナッツ入り豆板を売りました。そして割り当てられたところはどこでも，行きました。そしていつも非常にうまく仕事をこなしました。同窓会のアメリカンフットボールの試合の日，上司がマリアに言いました。「今日あなたに特別な任務をしてもらいたいと思っている」と。そして彼女を下のフィールドまで連れて行きました。エンドゾーンの端でマリアは数十万の小さな風船でふくれあがっている大きな塊のネットを見ました。赤いの，白いの，緑色のもの，さまざまな色がありました。そして塔のようになっているネットの下では，すべてがそこでしっかりとふくらんで張っていました。

その上司が言いました。「マリア，一つの仕事はこれです。ハーフの終わりに，フィールドをわれわれの選手が走って戻ってきたとき，このひもを引いて，**これらのすべての風船を放つように**。それらがきちっとはがれるように。わかった？」。マリアは頷きました。確かにこれは非常に簡単な仕事でした。ちょっとそのひもを引くだけです。しかしすぐに密かに考え始めました。「**それらの風船を放つほかの方法があるに違いない**」。

彼女は決してアメリカンフットボールの大ファンではありませんでした。それで，それらすべての風船をもっとじっくり眺めることでその試合を無視しました。彼女は暖かい状態でいるために，力強く両手をこすり，地面に足を強く踏みつけました。そして凍った息の蒸気を通して，その山になっている風船を研究しました。たった一つの赤い風船を放つということはどういう風なことになるのだろうということに思いをめぐらせました。そしてそのネットに十分な空き場所を作ったあと，彼女は**それを放ちました**。その風船はすぐにひどく寒い空気のなかで上に上がりました。そしてすぐに速い気流がそれを競技場から運び出しました。マリアは急いでそのネットの反対側に走って回り，そして同じことを緑の風船で行いました。ネットを開け，**それを放ちました**。誰もマリアに何の注意もしていませんでした。そのとき，ウィスコンシン住民は反対側のエンドゾーンに突進していました。そして，そのときハーフタイムまで2分を切っていました。

彼女は，手を伸ばして白い風船を放ちながら，くすくす笑いました。そしてそれから赤い二つ。それからそこのうえのほうにある青い三つ。そして下にある一つの緑。彼女は**それらを放ちました**。これを続けました。違った色の組み合わせで，ここの二つ，あそこの五つ，上，下，反対側のあっちこっち，それらをまさに放つことは喜びでした。寒い天気をまったく忘れました。そして完全に時間を忘れました。それは実際，問題ではありません。なぜなら，アメリカンフットボールの試合の，時計の2分は10分以上にもだらだらと長引くことがあるからです。

ハーフの終わり，選手たちがそのフィールドに流れるように戻ってきたので，ファンは大きな歓声を上げました。しかしマリアは風船を放つことに非常に熱中していたので，何も聞こえませんでした。ついに上司は彼女の注意をとらえて，叫びました。「それらを放て！」。彼女はそのひもを引っ張り，残りのすべての風船，数え切れないほどの風船，彼女は**それらをしっかり放ちました**……。

再覚醒化

われわれの目標は抵抗を迂回することであるということを心に留めて，次のやり方で再覚醒化をするかもしれない。それは制限的なメッセージ，うまく行われた仕事に対する賞賛，そして後催眠暗示を提供するようなやり方で。「言葉は単に言葉でしかありません。物語はただのつなぎ合わされた多くの言葉です……そしてときどき私たちはあまりにも多くの意味を多くのこれらの事柄にくっつけます。とにかく，あなたが今日ここでうまく課題を行ったということに気づくことは大切なことです。そして次回あなたがここに戻ってきて，そこにまさに座ること，それはあなたにとってもう一度トランスの心地よさとリラックスに戻り始めるための合図になりうるということが私たちにはわかっています」と。

催眠後のやりとり

反応の良いクライエントは，トランスのしるしである不動，マスク様表情，嚥下行動の欠如，そしてその他のしるしを示すだろう。これらのトランスの証拠は時間歪曲と健忘とともに承認される必要がある。反応の悪いクライエントはこれらの行動を示さないだろう。そしてこれらのクライエントには彼らの想

像的体験や全体にわたる主観体験についての質問をするかもしれない。例えば，「この体験の間に内側で進行していたものは何ですか？」と。もし彼らが少しでも没入——あるいは興味や魅力さえも——この水準で報告するなら，われわれはこの体験の周りに次回のセッションを組み立てるであろう。なかには上述した二つとも報告しないクライエントがいるかもしれない。しかしそのクライエントたちは，何らかの意味で二人の誘導者体験は興味があったとか，役立ったということをほのめかすかもしれない。これはわれわれの努力が彼らがトランスに到達するための助けになるということの承認以外の何ものでもないことを意味しているかもしれない。もし彼らがその体験について興味があるとか役に立つと報告すれば，次回もまた二人の誘導者誘導法をわれわれは繰り返すだろう。たぶん，没入を促進するための沈黙の，より長い時間を含めることでそれをちょっと変えて。

　何はさておき，クライエントに彼らが失敗したということを伝えないように努力してほしい。たとえ彼らの「反応的」行動がすべての時間，そこに座っていたということだけであったとしても，これは次回増築される可能性を示す何か肯定的なものであると強調してほしい。

実践上の注意

　何年にもわたってわれわれはこの誘導法でいろいろなやり方を実験してきた。二人の誘導者が同時に話すことは，交互に話すことほど効果的ではないようである。同時に話すことは**あまりにも**過負荷のように思われる。それはクライエントをトランスに逃避させるよりも，むしろ憤慨に逃避させてしまうかもしれない。混乱者の役割について，意味をなさない，混乱させるように思えるものを読むことをわれわれは試みてきた。例えば，E. E. カミングズ（Edward Estlin Cummings）〔1894-1962：米国の詩人・画家〕の詩のようなもの。これは良い結果を生み出す。もし混乱者が制限するという混乱的指図（「彼の言うことは聞かないように」）を無関係な話（「壁に掛かっている絵が曲がっていたのはどうしてだろうかと今も思いをめぐらせている」）というのに置き換えたとしても，それもまた効果的である。両方の暗示は混乱させるもので，クライエントにトランスの方向に逃げさせるようにさせるであろう。そして，無関係な話を用いることは，その誘導法のかなりの粗暴さを柔らかくさせるかもしれな

いし，また想像的な刺激を与えるかもしれない。

　われわれはしばしば「風船物語」をセラピーの初期に用いる。特に不安の強いクライエントに対して。誘導法と深化法が終わったあと，典型的やり方としては，ハイ，イイエと，わかりません，あるいはそしてまだ答える準備ができていませんという反応に対する指の合図をわれわれは形成する。物語を話し，そしてそれから，クライエントが指の合図で答えるための無意識に向けられた質問をする。例えば，「この物語は何かあなたの無意識が利用することのできるものですか？　必要なだけ時間を取って，指の一つで答えていただけませんか……」と。二人の誘導者誘導法では，深化法として「風船」か似たような物語を用いる。なぜなら多くの抵抗的なクライエントは，標準的深化法よりも物語にたやすく没入するからである。

　この誘導法の目標は，トランスをもっとも望ましい選択肢にすることである。すべての努力はクライエントの気を散らし，過負荷状態にすることに向けられている。それによって，彼らは「直線的」誘導者の方向に逃げ出す。したがって，クライエントに「直線的」誘導者につながるようになることを望んでいるので，誘導中に役割を変えることを望んではいけない。一人の誘導者でこれをするには，椅子を変え，したがって声をその都度変える必要があるだろう。テープレコーダーで混乱者の部分を行うというやり方は，扱いにくいが，われわれの同僚のなかにはこれをうまく行った人がいる。二人の誘導者を用いることはたいていの設定のなかでは贅沢である。しかし多くのクライエントは標準的誘導法においてさえ，二つの声に非常によく反応するということで，このように設定することはそれだけ努力をするだけの価値がある。

　この時点で，あなた方のなかには，「誰かをトランスに入れるのに，わざわざそんな苦労はしたくない」と思っている人がいるかもしれない。その場合には，最初に「当惑させる」誘導法を試してほしい。それはこれと同じくらいしばしば効果がある。覚えておいてほしい，多くの抵抗的なクライエントはこのような誘導法に費やす努力によく反応するだろうということを。そしてその時点で，彼らの抵抗をうまく通って進むだろうと。次のセッションでは，標準的な誘導法の一つに戻ることができる。

右-左

　シトレンバウム，キング，そしてコーエン（Cittrenbaum, King, and Cohen, 1985）は，ある日その三人の著者がワークショップを運営するためのところへの道に迷ってしまった様子について記述している。彼らは道を尋ねるために，ガソリンスタンドに立ち寄った。そして，「それは三つ右で二つ左」と言われた。三人組は，希望を失って，混乱してしまった。そして彼らは道に迷った。しかし，その経験が彼らに心を解放することについて何かを教えた。われわれはこの逸話を混乱誘導法のなかに採用した。そしてそれから深化法として「単純な部屋」とわれわれが呼ぶ物語を用いる。

　ほかの混乱誘導法と同じように，ほかの誘導法がトランスに到達しなかったとき，これらに頼る。それはわれわれに今世紀前半の肺結核の処置を思い出させる。タクソンのV. A. 医療センター，それは1920年に建てられたものだが，1600年代からの近くのスペイン大使館をモデルにして作られた魅力的なタイル屋根の複合ビルである。その屋外の屋上は今は連絡通路である。しかし，昔のその頃は，太陽の下で座っているのが，肺結核の主な治療法の一つであったので，患者がそこで昼間の良い部分を過ごした。効果的な薬学的作因到来の前，肺結核患者はアリゾナに引っ越し，屋上であえぎ，そして咳をして，喉につかえたものを吐き出すのが常であった。もし日光，休息，そして良い栄養が効果がないとき，外科医は感染した肋骨と肺の部分を切除した。良くなる患者もいたし，そうでない患者もいた。処置の選択肢はほとんどなく，そして処置が失敗したとき，実際に医者が行うことのできることは**同じことをさらに行うこと**であった。調合薬はついに，その病気を扱うことに役立つようになった。そしてもし患者が一つの薬に無反応であったなら，ほかにも試す薬があった。そこには実験的な作因も含まれていたが。

　同じ頃，心理療法と催眠は，大部分の長期の精神分析療法と，催眠の非常に指示的技法のなかに存在した。処置の選択肢はほとんどなく，もしあるやり方がうまく働かないなら，心理療法家は**同じことをさらに行うこと**にいつも戻っていた。B. F. スキナー（Skinner）とミルトン・エリクソンのような並はずれた思想家たちは命を救う薬ほど大きな影響は持っていないかもしれないが，彼

らの影響はかなりのものである。われわれは今では，最前線のやり方に無反応なクライエントを扱うための，より多くの方法を持っている。例えば混乱誘導法のような。

深化法でわれわれは，「単純な部屋」と呼ばれる物語を用いる。それはエリクソンが「部屋から部屋への移動」(Rosen, 1982) と呼んだ，教えるための話から採用されている。その物語のメタメッセージは**ここからそこに行くのに多くの方法がある**ということである。この物語の間中，クライエントに彼ら自身をもっと深くトランスにゆっくり下降するように求める。しかし，ほんの短い時間である。それから彼らは体験を浅くするように求められ，そして注意をもう一度その物語に向けるように求められる。

これらの物語では，「頭がおかしいように聞こえる」方法に対して，合理性を説明することはいつも重要である。そうすることによって，クライエントはセラピストを軽蔑する人としてはとらえない。無意識の抵抗というような概念を理解しないかもしれないクライエントにとっては，「彼らがトランスに入るのを手伝うための興味のある，普通ではない何かを試みること」という説明は理解するだろう。

誘導法

ある日の午後，一人の女性が彼女の友達の家を見つけることに着手し始めました。彼女はかなり疲れて，眠気を感じていました。しかし，途中，方角がわからなくなってしまっていることに気づいたとき，そこで，しゃきっとしました。とにかく方角を確認するために止まろうと決めました。そして左手でハンドルを握りながら，右手でダイエット用ライトコーラを床に置きました。そしてその方角を確認するために，コートの左側のポケットに身体の前を通って，腕を伸ばしました。しかしそこにはありませんでした。彼女はハンドルを片方の膝で固定し，そしてそれからもう片方の膝でというふうに交互に膝で固定しながら，両方の手で十分調べましたが，それはもう一つのポケットにもありませんでした。そのとき彼女の友達が，「それは二つ右で一つ左」と言ったことを思い出しました。

彼女は右に曲がりました。それで一つの右と一つの左が残りました (left)。左に曲がりました。それで一つの左と二つの右がまだ残っていました。彼女は

二つの右を試みました。それで一つの左が残りました。そして一つの左だけを試みたあと，二つの右が残りましたが，**まだ彼女の友達の家を見つけていません**でした。それで少し混乱し始めてきました。

　彼女はさらに熱心に試みるように決意しました。それは疲れと交通事情をものともしないくらい熱心でした。そして彼女がした最初のことは右-左の順番を逆にすることでした。はっきりと考えたことは，まさにそれから行うためのその場にふさわしい（right）ことでした。その角から出発して，しっかりと左に曲がりました。残りの二つ右を通り過ぎました。そして彼女はまだそこにはいませんでした。一つの右と一つの左，そしてもう一つの右を続けることは彼女を今回もまだそこには連れて行っていませんでした。そしてついには，完全に困惑してしまい，ほとんど激怒の状態で，彼女は車を道路脇に寄せ，運転席に深く座り，一回深呼吸をし，そして言いました。「ああ，もう，**あきらめた方がましだわ**」と。

深化法

　（クライエントの名前），これから，今日のトランスワークの深化部分に入ります。私がこれからすることは，あなたに「単純な部屋」と呼ばれる短い物語を話すことです。この物語を聴いていてほしいと思います。しかしそれを真剣に聴く必要はありません。というのは，ときどき私たちはある特定の物語に不必要な意味を付け加えたりする傾向があるからです。そしてたぶん私たちの経験にとっては，それが一般的なのでしょう。その物語のあらゆるところで，あなたの体験が深まるようにさせるいくつかの特別な指示を出すつもりです。それはまったく非常にやさしいことですし，あなたはそれをかなり興味深いものだと発見するかもしれません。進める準備ができたら，頷いて私に知らせてください……はい。

　ある日一人の人――彼をサンチェと呼びましょう――，彼が入ってきました。寒い外から。そして**ここからあそこに行くのに困難を感じる**と言いました。それで私は彼に尋ねました。「サンチェ，町の北東側の上にあるあなたの家では，どのようにして一つの**部屋**からもう一**つの部屋**に行くのでしょう？」と。それで，**一つの部屋からもう一つの部屋**に行くために考えられるすべての可能な方法を彼は数え上げました。歩いていく，膝で這っていく，あるいはドアを宙返

りをしながら通って行くことができると言いました。

　(クライエントの名前)，はい，今，一回深呼吸して，あなた自身をトランスのなかにもっと深くゆっくり下降するようにさせてほしいと思います……そうです……さらに深い心地よさとリラックスを楽しんでいます……そして**今度は**その心地よさとリラックスをちょっと置いて，あの物語を聴くことに戻ってください……結構です。

　そして彼は，また後ろ向きに入ることができます，あるいはお腹で，あるいは背中ででも突入することができますと言いました。ゆっくりと，あるいは素早く，あるいは背中で，――あるいは胸で――ドアの片側の側面に接触して，あるいはその反対側に接触して，彼は入ることができます。ことによると，入り口にはしごを置くことさえもできます。

　(クライエントの名前)，本当にうまくやっていますよ……それでこれから一回深呼吸をして，あなた自身をトランスにもっと深く，もっと深くゆっくり下降するようにさせてほしいと思います……さらに深い心地よさとリラックスを楽しんでいます。たぶん以前のどのようなときよりも，もっと深いかもしれません，私にはわかりませんが……そして**今度は**その心地よさとリラックスをちょっと置いて，あの物語を聴くことに戻ってください……。

　そしてサンチェはまた，一つの**部屋**から**もう一つの部屋**に大股で，あるいは中程度の歩幅で，あるいは小股で，そしてさらに足の指先ででも行けると言いました。彼は家中行くことができ，後ろの窓に上ることもできます。忘れましたが，さらにいろいろほかのことを彼は言いました。ついには，一つの**部屋**から**もう一つの部屋に**どのようにしていくかについてのかなり現実的で熱心なブレーンストーミングの数分間のあと，彼は**ここからあそこに行く**可能なすべての方法を言い尽くしてしまいました。

　(クライエントの名前)，はい，これからもう一度あの深呼吸をして，あなた自身をトランスに深くゆっくり下降するようにさせてほしいと思います……さらに深い心地よさとリラックスを楽しんでいます……非常にいいですよ……そして**今度は**その心地よさとリラックスをちょっと置いて，あの物語を聴くことに戻ってください……結構です。

　さらにいろいろじっくり考えて，そしていくらか議論して，一つの**部屋**から**もう一つの部屋に**行くのに実際，多くのほかの方法があるという見方になりま

した。彼は時計の何時というその時間に，あるいは何時何十分のその時間の30分のときに，あるいはほかのある時間に入ることができます。ダイエット用ソーダを4分の1飲んだあとで，あるいはグラスの2分の1のミルク全部を飲んだあとで入ることができます。ラジオで何か聴きながら入ることができます。あるいはときには何か重要なことを考えながら，**一つの部屋からもう一つの部屋に入ることができます**。そして別のときには，心を白紙にしてそうすることができます。

　彼は3回その街の区画を回って歩き，空港に行ってロンドンに飛び，戻ってきて，そして**それから**あの別の部屋に入ることができます。一緒に私たちは多くの多くの可能性を考え出すことができました。それで私にはそれらすべてを書き出すことはできませんでした。その体験で学んだことの一つは，サンチェと同様に，**一つの部屋からもう一つの部屋に行く数え切れない数の方法がある**ということでした。

再覚醒化
　われわれは次のようにして急速に再覚醒化することを好む。「今，目を覚まして，目を開けてほしいと思います。はい，いいですよ」と。

催眠後のやりとり
　クライエントのなかには深化法の物語を思い出さない人がいるであろう。しかし彼らは深化法の時間が妨害されたという不快感を思い出すだろう。一般的な開かれた質問がふさわしい。例えば，「どのように感じますか？」「あなたは何を考えていますか？」「すべてを思い出しますか？」ということである。

実践上の注意
　突然の再覚醒化は健忘を生み出すかもしれないが，それは以前われわれが論議したように，無意識過程を促進するために勧められる。クライエントのなかにはすべてを思い出す人がいるかもしれない。そのような場合は，彼らがまさに成し遂げたということに対して強化してほしい。例えば，閉眼，細かい注意を払ったこと，じっと座っていたこと，等々。健忘を経験しなかったクライエントは多くの場合，その物語の意味をやりとりすることを望むだろう。われわ

れはクライエントとこれについて決してやりとりしない。むしろ意識過程を強化しないことを好む。次のようなことを普通クライエントに告げる。「しばらくあなたの心の後ろ側が，これについて働き続けるようにさせましょう」と。クライエントはすぐに回り道とメタファについてやりとりしないことに慣れるようになる。トランス中に，認められる深さを経験しないクライエントの場合は新しい学習や新しい行動を持って戻ってくるかもしれない。しかし，多くは十分により会話誘導法に対して準備が整うであろう。

　深化法でわれわれは，進めるために頷きを求める。たいていのクライエントは頷きをするだろう。しかし，ときには頷きや認識できる頷きをしないかもしれない。もしこういうことが起こった場合，次のように言ってほしい。「うまくやれています。そしてどのようにリラックスがそれ自身の速さで非常に心地よくやってくることができるかについて知ってください。そして続けていくに従って，いくつかの非常に興味のある事柄をあなたは体験するかもしれません……」と。関わり合いは非常に重要ではあるが，それは課題からそらせてしまうほど重要ではない。頷き，あるいは言語報告，あるいはそれ以外の指の合図をあまりにも長い間待って，そこでぐずぐずすることは，クライエントへの権力に対するあがきの合図かもしれない。それをしないで，前に進むことがもっと重要なことである。

　深化法で，われわれは意図的にクライエントに何か楽しいことを与えることは差し控える。催眠における反応性を作り上げることにおいて，あるいは一般的な心理療法において，人びとは，もし何かがあまりにも簡単にやってこないなら，もっとそれを高く評価するかもしれない。

第5章 直接誘導法

腕 カタレプシー（ARM CATALEPSY）

　ときどきカタレプシーと呼ばれるが，この誘導法は臨床家がしばしば生のデモンストレーションで目にするだろう。数年前，私（GG）は大きなカンファレンスで，観客のなかにいた。そしてコリドン・ハモンド博士（D. Corydon Hammond）は，性的虐待に苦しんでいた一人の男の被験者に，この誘導法を用いた。ハモンド博士はそのクライエントにトランスを素早く誘導し，それから年齢退行，除反応，そしてリフレーミングを進めていった。これは外傷体験を扱う効果的な催眠技法である。

　この誘導法は非常に速く，早いトランスの証拠を準備する。これはコントロールをなくすことを恐れるクライエントには用いられるべきではない。あるクライエントにとっては，彼らの無意識の心の願いに反応して，無意図的に腕が下がったり，上がったりするのを見ることは非常に落ち着きを失わせることである。好まれる手や利き手を尋ねることによって始めるのがよい。それからそのクライエントに次のように言って，反応を種まきするのがよい。「その右手を前にまっすぐに伸ばしてください。それはどう感じますか？ 結構です。今度はその手をもう一度あなたの膝の上に下ろしていただけませんか」と。

　新しいクライエントの初期のセッションでは，時間の最初に無意識の心の概念について述べておくことは重要である。あるクライエントでは，より有効な術語は「下意識の心」，「心の後ろの部分」，あるいはさらに「あなたの想像」という言葉かもしれない。

> 誘導法

　（クライエントの手を取り，それを下から支えながら）私はあなたの手を取り，それをこのようにここでまっすぐに伸ばして支えていきます。……そして**その手の甲**に眺める**場所**を決めてほしいと思います。そして場所が決まったら，頷いて私に教えてください……結構です。

　（ゆっくりとその手を離しながら）私は**その手**をあのようにあそこで浮かぶようにさせます。そうです。さてたぶん**その手**は重く感じられると思います。ことによると軽いかもしれません，私にはわかりません。そして**それ**は小さな震える動きを持っています。そしてその手の**軽さ**がそれをあなたの顔まで**浮き上がらせ**ていくのか，あるいはその手の**重さ**がそれをあなたの膝の心地よさのなかに**ゆっくり下降**させていくのかについてまだ私たちにはわかりません。そしてそれは実際たいした問題ではありません。同時にあなたが意識的に行わないといけないこと，知らないといけないこと，考えないといけないこと，あるいは変えないといけないことは，まったく何もありません。……**小さく揺れて動いています**，同時にちょっと，**下の方に動いています**。

　今日ここでこのことをしています。そしてことによるとあなたは**呼吸に気づいて**います。そしてその手がとてもゆっくりと下に向かってずーっと動くにつれて，手の甲のその場所にもっともっとあなたは**没入**していっていますが，あなたの無意識の心が，すばらしい，深いトランスにあなたが入るための準備ができるまでは，あの腕を膝の心地よさのなかにゆっくり下降してしまうようにはさせないでほしいと思います。そ

分離言語
凝視法

歩調を合わせること
許容的暗示

何も理解しない／何もしない

歩調を合わせること

明らかなこと

条件に伴う暗示

うです……ずっと下の方へ少しずつ**ゆっくりと下降して動いています。**　　　　歩調を合わせること

　（クライエントの手が膝に触る）はい結構です。（もしクライエントがまだ目を閉じていないなら）さてちょっと**目が静かに閉じるようにさせて**，その椅子に　　暗示
深く座ってください。

深化法

　（クライエントの名前），あなたの体験が深まるようにさせるために短い時間を取りたいと思います……（30秒間かそれくらい待つ）そして今度はあなた自身をさらに深く深くリラックスの非常に完全な，そして安らいだ状態にゆっくり下降させるために，2回，新たな活力の湧いてくるもっと深い呼吸をしてほしいと思います……そして十分深くなったときについて，あなたの右の人差し指がぴくっとして，そこに独特の軽さが出てきて，そこが空中に上がることからあなたの無意識の心は知るでしょう。無意識の心に必要なだけ十分な時間を与えてください……。

再覚醒化
　セラピーが終わったあと，クライエントはセラピストが数を1から5まで数えることで，再覚醒化される。

催眠後のやりとり
　時間歪曲はこの誘導法のあと，目標とされるべきものである。それはクライエントが必ず時計の時間での実際の経過よりも，もっと多くの時間が過ぎたと信じるからである。例えば，「壁の時計を見ないで，今の正確な時間をどうぞ当ててください」と。観念感覚の感じを質問すると，しばしばカタレプシーの腕に重い感じが生み出されている。

実践上の注意
　ほぼほとんどのクライエントの腕は上がるよりもゆっくり下降していくだろう。しかし，セラピストは上がっていくような場合の反応にも合わす準備をし

ておく必要がある。その場合は，無意識に向けられた暗示は以下のようになるだろう。「……その手があなたの顔に触れるまで……」と。

　私（GG）には，かつてその人の腕が彼女の膝の3センチのところまでゆっくり下降し，そして私が言うことを使い果たし始めるほど，20分ほどもそこで浮いていたクライエントがいた。ついに，彼女は目を開けて，そして言った。「私はあなたと戦っているのですか？」と。それは私には重要な教訓であった。そこでは，それは彼女の無意識の抵抗の可能性を例証していた。その後のクライエントでそれが起こったとき，私は彼らに，単に，「今のところは，あなたの無意識の心をそのまま置いておいてください。そしてちょっとその手をあなたの膝に戻して休めてください」とだけ言ってきた。最近の数年間は，単にこの誘導法をわれわれの訓練グループにおけるデモンストレーションの目的のためか，無意図性を体験したい強い要求を表現するクライエントにだけ用いてきた。

　深化法では，指の合図が**無意識**への暗示に対する反応として求められたことに気づくだろう。もしクライエントが誘導中の無意識への暗示に肯定的に反応しないなら，私ははっきりと**意識的な**頷きや指の合図の反応を求めてきた。「あなたが十分に深くなったら，右手の人差し指をあげて，それを私に教えていただけませんか」と。これらの反応は普通，空中に数センチメートル指を意図的に上げるということである。一方，本当の無意識の反応は普通，単なるぴくっとしたものかあるいは震えである。セッション中，どのような種類の指の合図が行われる場合でも，始めるときは，クライエントに手を膝に置くように求めてほしい。そうでないと，指の動きを見るのは難しいだろうから。

　この誘導法は，首や背中の痛みを持つ人たちには禁物である——これが，始める前，彼らに腕を伸ばし，それがどんな感じかを尋ねるもう一つの理由である。

腕固め（STIFF ARM）

　非常に直接的な誘導法は，トランスの強力で早い証明物である。この誘導法は，また四肢硬直（Limb Rigidity）や腕硬直（Arm Rigidity）として言及されるが，これはクラシルネック（Crasilneck, 1982）の勃起不全の処置のとき

に用いられている。あるいは似たようなテクニック（例えば，手袋様感覚マヒ glove anesthesia，腕浮揚 hand levitation）の一つの集合のなかの一部として，いぼの処置（Crasilneck & Hall, 1985）のときに用いられている。無意図性（例えば，曲げられない硬くなった腕）を経験するクライエントは催眠の力と，勃起を刺激するとか，いぼを取り除く（Hammond, 1990）彼ら自身の心の力に納得するかもしれない。この本ではわれわれは納得させるものとしての，トランスを承認することの重要性を低く見積もってきた。とは言っても，トランスの承認の別の意義のある副産物は，それが落胆に対抗して，変化が可能であるということを例証することによって，望みを与えることである（Hammond, 1990）。

　この誘導法は，一度クライエントの腕が硬くなったら，その腕をその状態に保つことを手助けする。したがって，われわれは最初にそうすることの許可を求めることを好む。また，われわれは時間の最初に，クライエントにその行動をリハーサルすることを求める。「私のために，どうぞこれをしてください。あなたの右（好きな）腕をこのように前に突きだし，そして拳を作ってください……いいですよ。それはどんな感じがしますか？　はい。その腕をもう一度リラックスさせていただけませんか……」と。首の痛み，末梢の神経障害，あるいは似たような状況を見落とした場合には，この簡単なリハーサルは，痛みを調べ，その反応を種まきすることの，両方をすることになる。

　この簡単な誘導法のあとに，われわれが心因性の勃起不全やインポテンツの処置の最初の段階で用いる，この誘導法よりも長い深化のための物語が続く。アルファベットと数字の文字が，支配，堅さ，そして強さのためのさまざまな間接暗示の一部として用いられる。カタレプシーがインポテンツの特徴を成しているので，動きがこれらの文字と数字で暗示される。そしてそれは6と9，性的含みをもった二つの数字，そして3，それは「3番目の足」，すなわちペニスを暗示している。

　　　　　　　　　　　　　誘導法

　（セラピストはクライエントの前，1メートルぐらいのところに座る。）
　私のためにもう一度その右腕を伸ばしてください。

そうです。そして強く握ってください。はい，いいですよ。

　私はこれからあなたの腕に触ります。そして私がそうしている間に，その腕を，鉄の棒のように硬く，強くしてほしいと思います。結構です……。　　　セラピストが腕に触る

　その腕をもっともっと強くしてください。それが鉄の棒のように，数日間水に浸した一本の木のように，曲げられないようにしてください。そうです。今それは堅く，強く，曲がらなくなっています。それで私は今それを曲げようとします。……私にはできません。というのは，それは非常に硬く強く，鉄の棒のようになっているからです。以前，あなたは何かをそのように強く，そのように硬くしたことはなかったでしょう。これがあなたの無意識の心の力を示しています。そしてあなたはこの力をこれから始まることにうまく用いることができます……いいですよ。　　セラピストは腕を曲げようとする

　さて，（クライエントの名前），その腕をゆっくりとゆるめていってほしいと思います。そしてそれがあなたの膝に戻るとき，あなたは後ろにゆったりと座り，目を閉じ，あなた自身を非常に楽しい十分なトランスに，漂って入っていくようにしてください。あなたに話し続けますので……「南東の拡張物語」と呼ばれる短い話をします……。

深化法

　今の状態，心の状態，心も身体もリラックスしています。まさに自由にしています。することや知ることは何もありません。私の声の響きにまさにリラックスして入っていっています。安らかで，穏やかです，そうです……。

　心を漂わせ，夢うつつでぼんやりさせていると，過去に習得したいくつかのしっかりした課題に戻って考えることができます。……たぶん最初アルファベットの文字を書くという学習，疑いもなく，するためのしっかりした事柄で

す。そして最初，誰かがあなたの手を取り，その方向に向かわせる手伝いをしました。そして一人でそれをするように徐々になっていくと，あなたの身体全体はそれらの文字を形作るようになりました。そしてことによると，それを完全にうまく行うことに集中しているとき，あの舌の先を突き出すことさえもしていたかもしれません。それがあなたにとってたやすくなるにつれて，すぐに手だけを使うようになりました。それから徐々に親指と人差し指だけで，すなわち書く方の手の二つで，容易に書けるようになりました。そして実践とともに，あなたのねらいが行の間やどこであってもぴたりと定まり，そしてすべてのことが容易で，スムーズに，自動的になりました。そしてあなたは止まる必要がなくなり，文字BやDを書くために，どちら側に棒があったかについては何も考える必要がなくなりました。Pに対しては，その棒は上に上がるのでしたか，下に下がるのでしたか？ そしてMは何本の脚を持っていますか？ 3は横に向くとMそのものですか，あるいは6は上を下に持っていくと9ですか，あるいは回転するほかの方法がありますか？ あるとき，一人の人が木のマッチ棒で文字と数字の両方を作りました。なぜなら，彼らは紙がいいと思うときよりも長く棒の世界でいたからです。変わったことをその人たちはします。中国の計算方法が彼がかつてマスターしたもっともしっかりしたものだったと言った，あの同じ人だったと思います。

　リラックスすること，それは非常に楽しく心地いいものになります。心と身体はリラックスしてきています。あなたはここに入ってきたとき，あらゆるものに細かい注意を払いながら，心をしゃきっとさせました。そしてそれからあなたは心をリラックスさせました。そして身体も，ときどきそれは用心深くなり，興奮しますが，そして別のときにはそれらの筋肉はまさにリラックスし，眠っているときと起きているとき，あるいは緊張しているのとリラックスしているのの，あるいは昼と夜に似ていなくもないコントラストに気づいてきています。筋肉がリラックスしている一方，**ほかの人たちとまったく同じようにあなたの骨は硬く強い状態でいることができます**。さもないと，倒れてしまうでしょう。

　鉄の柱を持つ**強い**超高層ビルは，確かに硬いですが，さらにもし大地が揺れ始めたなら，それらの構造を支えるためにある程度の柔軟性を持っています。**強い**建物を造る人たちは，彼らの仕事に誇りを持つべきです。そして疑いもな

くあなたは過去の事柄について考えることができます。過去の，それは最近のことかもしれませんし，ことによるとずっと昔のことかもしれませんが，何かをうまくやり遂げたときのこと，たぶんそれは大きなこと，ことによると小さなことかもしれませんが。そしてまたあなたが行ったことに対して心地よく感じ，誇りを感じることにまさるものは何もありません。

　ちょっとスポーツについて少しの間考えてみましょう。アメリカンフットボールでは，4回のクォーターで，彼らは攻撃と防御の両方をしていました。野球では，ピッチャーは9回投げていました。しかし最近では，それはかなり専門化されてしまい，彼らのポジションをより短い時間行います。そしてたぶん結果としては，**さらに激しく**プレーします。バスケットボールでは，ときどき一人の選手が休憩なしに40分すべてに出ることを私は知っています。しかしよりしばしば，選手はすばらしい休憩を取ります。それを彼らは認めています。そして結果として，一度試合の途中退くと，**もっと激しく，強くなって**戻ってきます。

再覚醒化

　以下の方法の再覚醒化は，健忘と身体の分離や無感覚の両方を促進するために計画されている。「（クライエントの名前），私たちは『ピープル』誌には絵がないということ，そしてフェニックスとミネアポリスは完全に同じ気候であるということを知っています。そしてこれから非常に特殊な方法で，1から5まで数えることであなたを目覚めさせていきます。あなたは心では目を覚ますことはできますが，身体ではありません。それではこれから数え始めます……1……2……」。

催眠後のやりとり

　すぐに観念感覚現象に質問を向けることで，「しかし身体ではありません」を強化する。それはまた意識の気を散らすものとして役に立つ。したがって，健忘のための暗示を強化することになる。

実践上の注意

　非常に直接的な誘導法のあとに，埋め込まれた意味の深化法が続くことは，

われわれが間接的なやり方に強く結ばれているということを必ずしも意味しない。反対に，二つの正反対の方法がお互いをすばらしく補い合うことを発見してきた。暗示に非常に反応しやすいクライエントは――すぐに腕硬直を展開し，深く座り，そして深くトランスに入っていく――そのようなクライエントは，分離の二重拘束の再覚醒化と**何も**反応を要求し**ない**健忘促進的な質問の両方によく反応するだろう。これらのクライエントは深化法のときのことを何も覚えていないのみならず，セッションを終える前に，彼らの身体を完全に目覚めさせる特別な時間を必要とするかもしれない。クライエントがセッションを去る前に，目覚めているかどうかの確認をすることは重要である。特に，身体が目覚めないという暗示を用いたあとには。そうでないと，反応時間が遅くなるとか，認知が遅くなるということから問題が生じるかもしれない。

　非常にまれに，トランスから戻ってこないクライエントに遭遇する。ヘレン・ワトキンス（Helen Watkins, 1986）は，そのクライエントが覚醒するまで，穏やかで，しっかりした再覚醒化の暗示を繰り返すこと，そしてそれから，感じと体験について質問することを忠告している。そのような分離は自然に生じる現象であるかもしれない。そのような場合は，その実践家がそのような問題についての専門技術（Dolan, 1991; Kluft, 1993）を持っていないなら，再度の催眠はやめた方がいいかもしれない。これやほかの問題への魅力的で勧められる催眠療法的やり方は自我状態セラピーである。ジョンとヘレン・ワトキンス（John and Helen Watkins），このやり方を開拓した人たちだが，彼らはそれを『自我状態：理論とセラピー（*Ego States: Theory and Therapy*, 1997）』（また Phillips & Frederick, 1995 も参照）のなかで明確に表現している。

コイン落とし（COIN DROP）

　アメリカ臨床催眠学会の誘導法マニュアル（Hammond, 1988）に書かれているこの技法は，アレクサンダー・レビタン博士（Alexander Levitan, M.D.）によるものである。これは，トランスに入っていることを実証するとかフィードバックをする必要のあるクライエントに対して役に立つ急速な誘導法である。さらにどのように誘導法を行うかを勉強する最初の臨床家にも役に立つ。われわれはそれを速く単純な誘導法として訓練初期に紹介する。セラピストは，

歩調を合わせることとリードすることの両方に細かい注意を払うことを求められる。例えば，クライエントが誘導法の終わりまでにそのコインを落とした場合のために，反応に歩調を合わせることと次のステップへ移動することにも準備をしておかねばならない。

コインを獲得する有様はそのプロセスを美しく演出するかもしれない。クライエントか訓練グループの誰かに次のように尋ねる。「誰かコインを持っていませんか？ どんなコインでも結構です」と。クライエントは，それから手首を下に曲げた状態で，親指と人差し指の間にそのコインを穏やかに維持するように指示される。その腕は身体に対して直角である。われわれはレビタン博士の原作から次の誘導法を採用した。そして同僚のクリス・ヤング（Chris Young）が深化法を準備した。

誘導法

注意をあなたの親指の爪に**向けて**ほしいと思います。そうです。**それで，**そうしながらも，**親指と人差し指で支えられている**そのコインにあなたは気づくことができます。そしてたぶんそれらの指の周りに**じーんとした**感じのような微妙な感覚を感じるでしょう。あるいは，**何かおもしろい，あるいは興味のある感覚**がそこに生じてくるのを感じるかもしれません。	凝視法 言葉の連結 明らかなこと あらゆる可能性を網羅する暗示
さて，（クライエントの名前），そのコインがもっと**重く，もっと重くなる**までにそんなに長い時間はかかりません。そしてそれと同時に**その場所を見続けている**と，瞼が重くなってくるのを感じるかもしれません。	暗示 歩調を合わせること
あなたが望むそのときに目を閉じることは非常に心地いいかもしれませんよ。あるいはまた，**その場所を見つめ続ける**かもしれません。それはまったくそれ自体で非常に没入的なことでもあります。**それで，**もっともっとリラックスして行くにつれて，呼吸が変化し始めている様子にあなたは気づくことができます。たぶん**速くなってきているか，**あるいは**ゆっくりなって**	許容的暗示 言葉の連結 反対の並置

きているか。そしてさらにもっとリラックスした状態になる準備ができる**やいなや**，そのコインは落ちるでしょう。**何らあなたの意識的努力なしで，ひとりで**にそうなるでしょう。

そしてコインの床に落ちる音は，私とあなたにあなたが心地よさとリラックスの楽しい状態に入ったことを教えてくれるでしょう。**そうです。**まさにそれが**ひとりでに起こるようにさせています。必要なだけ時間を取っています**……。

（コインが落ちたら），**はい結構です。非常にうまくできました。**そして疑いもなく，またあなたの**腕は重さを感じています。そしてそれは膝の心地よさの上にゆっくりと動いていくことができます。**そしてそうなったとき，**ちょっと後ろにゆったりもたれて，もっと深い心地のいい呼吸を一回して，そしてあなた自身をさらにもっと深くもっと深く，トランスの非常に十分な状態に入っていかせることができるでしょう。あなたがしないといけないことや知らないといけないこと考えないといけないことは，この楽しさ，心地よさ，そしてリラックスを体験する以外は何もありません。**

	条件に伴う暗示
	無意図性
	歩調を合わせること
	無意図性
	歩調を合わせること
	リードをすること
	歩調を合わせること
	何も理解しない／何もしない

深化法

さて，想像してもらいたいと思います。（クライエントの名前），都会，好きなどんな都会でも結構です。その都会のデパートにあなたはいます。必要な時間を取って，それが想像できたら，頷いて私に教えてください……結構です……。このデパートはたまたま10階建てです。そしてこれからあなたに降りていってもらいたいと思います，心のなかで。一度に一階ずつ。そしてそれぞれの階を通るたびに，さらにもっと深く心地のいいリラックス感を感じるでしょう。そのエレベータのなかであなた一人なのかどうかについて，あるいはほかの人たちが一緒なのかどうかについては私にはわかりません。エレベータ係が，エレベータが止まるたびにドアを開け，どのような商品とサービスがそ

の階にあるのかについてアナウンスする古いタイプのエレベータです。

　彼は 10 階でドアを開け，そして大きな声で叫びます。「美容室，写真館，そして街のきれいな景色」。ドアを閉め，アナウンスします。「下にまいります！」

　すぐに彼は大きな声で叫びます。「9 階です。掃除機，ミシン，皿洗い機，そして湯沸かし器。降りる人は誰もいませんか？　では，下にまいります！」

　「8 階――電子レンジ，冷蔵庫，冷凍庫，オーブン，ガスレンジ，料理用レンジの上面，そしてエアコン。8 階は寒いです。下にまいります！」

　「7 階――スポーツ用品，補聴器，そして思い出せませんが，その他のもの。降りる人は誰もいませんか？　それでは下にまいります！」

　6 階では，彼はネクタイを直して，やさしく言います。「6 階は，家庭雑貨，カーテン，カーテン棒，カーペット，そして床材。下にまいります！」

　「5 階――紳士用靴，紳士服，男の子用の子ども服，外出着，普段着。今半分降りています」。

　「4 階は，女の子用の子ども服，婦人服が全フロアーを占めています。降りる人は誰もいませんか？　では，下にまいります！」

　「次の階が私の一番好きな階です。3 階――テレビ，ステレオ，CD，テープ，コンピュータ，さまざまな電子機器。もうすぐ一番下に着くでしょう。降りる人は誰もいませんか？　それでは下にまいります！」

　「2 階――ベッドと浴槽，メガネ，宝石，香水，あらゆる種類の香水。そこに行かなくても，私にはそれらの匂いをかぐことができます。下にまいります！」

　「1 階――金物類と自動車部品。ここがこのエレベータで下りられる最終階です。でももっと降り続けたいのなら，外の右手に階段があります。その階段でさらにもっと下に降りることができます」。

再覚醒化

　セラピーに続いて，数を数え上げることが深化法への有効な補完として役に立つ。「私が 1 から 5 まで数えて行くにつれて，あなた自身の気分がしっかりしてきて，新たな活力が湧いてくるのを感じることができるでしょう。そして私が 5 に到達する前にあなたは目を開けることができます」。

催眠後のやりとり

ほかの誘導法と同じように，観念感覚の感じ，時間歪曲，そして健忘について尋ねることによって，トランス体験を承認することはきわめて重要なことである。直接性と，この誘導法と深化法の構造に対するクライエントの反応を評定することはもっとも重要なことである。もしクライエントが，これらの要素があまりにも仕掛け的なために，あるいは難しいために想像することができないと彼らが知ったことを報告したら，もっと許容的な誘導法と深化法を，その後のセッションでは用いることを考えてほしい。一方，クライエントのなかにはこれらの技法に完全に入り込み，完全に魅力を感じたと報告する人がいる。そのような場合は，これらが繰り返されることもある。

実践上の注意

これは催眠そのものではなく，催眠**療法**ということを覚えておくことは大切なことである。**そのクライエントのために効き目があるもの**は何なのかを見つけ出したいと思っているのである。もし沈黙の許容的な時間の深化法を伴ったコイン落としの誘導法にクライエントが反応すれば，それなら目的地への道具や道，それはセラピー的に利用されるものであるが，それを持つことになる。しかしそのクライエントがコイン落としを好み，しかし何かほかのことを試したいと望むなら，そのクライエントにゆったり後ろに座らせ，目を閉じさせ，そしてコインを落とすことを単純に想像させることをわれわれは示唆する。これは同様に効き目があるはずである。

腕浮揚（HAND LEVITATION）

この誘導法は，しばしばワークショップでデモンストレーションされるが，これは訓練実践と，否定できない承認物を要求するクライエントに対するトランスの強力な説得物として特に役に立つ。彼らの手が上がっていくのを見ることはクライエントにその体験の無意図性を強く強化する。難しさという観点からは，われわれは腕固め誘導法を，たぶん似たような有効性を持つ，より扱いやすいものとして見なしている。新しい誘導法を学んでいるあなた方のために

は，それによって心地よさをあなたが感じる，一つか二つの直接的な誘導法を見つけ出すようにわれわれは激励する。なぜなら，あなたがクライエントに伝える心地よさと自信は，良い催眠療法を準備するために計り知れないほど大きいあなたの助けとなるだろうからである。

われわれはこの誘導法の前に，タクソンでマート・ストーン博士（Dr. Mirto Stone）が研修医であったときに，減量のためのクライエントに対して彼女が用いた物語の一部を話す。そのクライエントの注意は，一杯のお茶を飲むことに没入する。その一方，セラピストは**軽い**と**ゆっくり**を埋め込む。それは腕浮揚の一部としての行動を強く種まきすることになる。

クライエントは尋ねられる。例えば，「私たちは今日，あなたの手が空中に上がっていくようにさせることで，トランスに誘導してもいいですか？ それは非常におもしろいことだとあなたは知ると思いますよ」と。それから彼らはゆったりと深く座り，手を膝の上に置き，彼らが望むなら，目を閉じ，そしてその誘導法が始まる前に物語を聴くことを彼らは求められる。

誘導法

これはあなたが物語を聴いたなかでは，専門家としてのお茶の鑑定士，はい，お茶の鑑定士についての話は初めてかもしれません。これからちょっと想像してほしいと思います。ちょっと心にそのような人を思い描いてほしいと思います。それはお茶の鑑定士です。一杯のお茶のカップを**持ち上げ**ています。ちょっと時間をかけて，ゆっくりとお茶の**輝き**（light）と色……透明性の……反射を眺めています。そうです。まさに想像しています，あるいは思いをめぐらせています，それは非常に楽しい体験でもあります。息を吸っています，そして吐いています，もっともっとリラックスして，心地よくなってきています。

お茶の鑑定士は，**ゆっくり**……非常に**ゆっくり**，もう一度そのカップを**持ち上げ**，そして注意して眺めること……味わうこと……そのお茶の微妙な香りを楽しむことに，しばらく時間を費やします。そして同時に，あなたはトランスのさらに深い**魅力的な**（de*light*ful）状態に気づき始めるかもしれません。ことによると深い状態のなかでの，**より軽い**状態かもしれませんし，**軽い**状態のなかの，より深い状態かもしれません。あるいは何かまったく違う状態かもしれません。私にはわかりません。そしてそれは実際，大した問題ではありませ

ん。なぜならあなたは，あなたが非常に心地のいいリラックスした状態になることができるということそのものに気づき，味わうので，それについて考えること，あるいはすること，あるいは知ること，あるいはそれ以外のこと，それらをする必要はまったくないからです。

　確かに，お茶の鑑定士は少しの量のお茶から最大の**大きな喜び**（de*light*）を与えるものを取り出します。……**ゆっくり**……香りを吸い込んでいます，ほんの一口飲んでいます。それはコップ一杯をごくごくと飲み干すような人とはまったく違います。一度にほんの一口だけ**ゆっくり**飲んでいます，そして微妙な風味に集中しています……そして色，そして口のなかのお茶の感じに気づいてきています……1秒1秒が長く伸び……**ゆっくり**……**喜びを持って**（de*light*fully）……それはある人たちにとっては，**啓発的**（en*light*ening）体験になりうるでしょう。その上，何か非常に楽しめ，楽しいこととなるでしょう。

　（クライエントの名前），膝の上で，穏やかに，軽くその右（もしそれが好まれるなら，左）手をカップ状にしてほしいと思います。それらの指が上に上がってきています。そしてその親指。それで，それらはあなたの脚に非常に軽く触っているようになってきています……そして同時に（もし彼らの目が開いているなら）あなたの目で，その手の甲に注意をちょっと集中してください。あるいは（もし彼らの目が閉じたままなら）その手にひとりでに特別な軽さが出てくるにつれて，あなたの身体の深いリラックスをまさに続けていくことができます……そうです。

　それらの指の下のズボン／服の布地を感じることができます。そしてその親指の下の布地の感じ。そしてことによると暖かさを発見し始めることができるかもしれません。あるいはほかの指よりも一つの指で，もっとじーんとした感じのような微妙な感覚を発見し始めることができるかもしれません。そしてその手に，そこで非常にわずかな，ほとんどわかるかわからない程度の動きに気づき始めることができるかもしれません。そして同時にあなたは想像します。あなたの手が非常に非常に軽いことを想像することができます……ほとんど羽毛のように軽く……そして一つの指がまず動くと，それからほかの指，そして手の残りの指が，それがゆっくり上に動いて行くにつれて，ほかの指がついていくでしょう……ほとんどあたかも風船が天井に上がっていくというが如くの

ことが，その手をゆっくりと上に持ち上げています……そしてその手があなたの額に触れたとき，あなたがトランスの楽しい状態にさらにもっと深く入ることができるという，あなたに対する合図にこれがなるでしょう……そうです……。

（その手が額に触れたとき――あるいはそれが上がる限界まで上がっているとき）……はい結構です。そして今度はその手をもう一度膝の上でちょっとリラックスさせてください。

深化法

これから，（クライエントの名前），10から1まで逆に数えていきます。そして私が数を声に出して言うたびに，あなた自身に「もっと深く，もっと深く」と心のなかで言ってほしいと思います。さあ，数え始めます……。

再覚醒化

そのクライエントを1から5まで数えることで，再覚醒化してください。

催眠後のやりとり

クライエントはしばしば，彼らの手がまったくひとりでに上がっていくように見えるので，非常に驚く。これは，もしあるなら観念感覚の感じ，時間歪曲，そして健忘と一緒に，承認されるべきである。

実践上の注意

セラピストのなかには，もしその手がそうなるという最初の暗示のあとに上がらないなら，その手を上がるように非常に軽く手助けする人がいる。もしこれをするなら，「これから私は手を伸ばして，非常に穏やかにあなたの手首に触れます……」と言ってほしい。そのような手助けをすることは，彼らの手がひとりでにというふうに見える浮遊を見るとき体験する思いをめぐらす感覚を減らさない。後に続くセッションでクライエントは普通，会話や埋め込まれた意味の誘導法に反応するだろう。深化法における自己暗示は，またほかの誘導法でも有効である。

この自己暗示をクライエントの特定の求めに応じて，それに合うようにする

ことができる。軽いトランスのみを求めるクライエントに対しては,「深い深い状態から,トランスの軽い状態へ」となるかもしれない。やる気の増すことや自己効力感を求めるクライエントには,「私にはそれができる」とか,「私は強くなることができる」ということを試すかもしれない。

氷風呂（ICE BATH）

われわれはもっとも興味のある直接的な誘導法を最後に残してきた。あなたはかつて,トランス誘導に一杯のバケツの氷水を用いるということを考えたことがありましたか？ さて,われわれはそれを誘導法のなかに組み合わせた。氷水自体がトランスに誘導するわけではないが,クライエントにトランスを非常に強く**納得させる**からである。

冷たさの昇圧痛（氷の入った冷水のなかに手を入れていると生ずる）は,実験催眠で長年,被催眠性と催眠対覚醒の無痛（Stam & Spanos, 1980）と,催眠による無痛とリラクセーションの無痛の,痛みの多次元に関する効果（Dahlgren, Jurtz, Strube, & Malone, 1995）のような現象を研究するために用いられてきた。ここでは,科学的な意図は持っていない。単に催眠誘導法として,このテクニックを用いることを例示する意図を持っているだけである。

われわれは氷風呂誘導法を慎重に用いる。そしてトランスを体験したという証拠に対して強い要求を示すクライエントに対してのみ用いる。これらのクライエントにとっては,時間歪曲や健忘を体験することだけではそれは十分ではない。ほかの直接的な誘導法での成功もまた不十分である。彼らは,「私に何か証拠を見せてください」と言うかもしれない。あるいは「意識がなくなるということを私は確信する必要があるのです」と。もし氷風呂誘導法が彼らに求めているものを与えない場合は,われわれにはもはやそれ以上に強烈に納得させるものはもっていない。もっと身体に有害な,あるいは侵入的な刺激は勧めない。

ストップウォッチか腕時計と,タオルと,前腕の真ん中ぐらいまで手をクライエントが浸けられるくらい十分深い小さなバケツが必要である。そのバケツは氷と水で満たされ,クライエントの横の適当な高さに置かれる。そしてタオルはその人の膝の上に置いておく。クライエントはその合理性を理解し,同意

する。そして彼／彼女が最初トランスなしで手を浸し，そしてそれから二度目は催眠誘導の恩恵のもとに行うことを説明する。

誘導法

クライエントに，手をバケツのなかに浸し，それに耐えられるだけ，そのようにして維持することを求める。手が浸されたら，時間を計る。15秒かそれくらい経ったら，クライエントに1から10までの尺度での痛みの言語報告を求めてほしい。手がバケツから引き離されたとき，経過した分と秒を書いて，もう一度主観レベルの痛みを尋ねてほしい。

手を乾かして，それからトランスに誘導する。なるべく，以前の章にあったような会話か埋め込まれた意味の誘導法で。その誘導法を選び出し，そして長い深化法か物語を含めてほしい。温かさのイメージ（海岸でのすばらしい夏の日）か，浸された手の無痛のさまざまな暗示を含めることで実験ができる。

無痛は直接暗示を用いることで誘導してもよい。例えば，「その手に温かく，重い，防水の手袋をはめていると想像してください。……そしてその手袋がこれから，あなたの皮膚が経験する感覚を弱めていく様子に気づいてください」と。あるいは「そして手が眠り込むとか，歯医者がノボケイン〔米国製の局所麻酔薬〕を注射したようなときに感じるものを誰しもが知っています」というような麻痺の間接暗示によって誘導してもよい。冷たさの代わりに，痒みやじーんとした感じのような微妙な感覚のような代理感覚を暗示すること（Barber, 1996）で，あるいは感覚移動，例えば，「そしてあなたの左手のいくらか全部のその冷たさを，右足に持って行くことができます」というような感覚移動でも，また無痛現象を増加させることができる。最終的には，直接か間接暗示が分離を促進するために用いられるかもしれない。例えば，手が腕から離れていること，あるいはそのクライエントは外部の視野から浸された手を見つめていること，あるいは浸された手を他の人の手として想像することは，すべて分離を誘導する可能性を持っている。

クライエントが十分深い状態になったように見えたとき，手をもう一度バケツのなかに入れ，そして「耐えられるだけ」そのなかに入れ続けることを求めてほしい。もう一度時間を計り始める。そして彼女の手がそのバケツから出るやいなやストップする。ときどき1から10の尺度で言語報告を求めてほしい。

再覚醒化

この誘導法に続いて，われわれは「その手を乾かしてください。そして普段の状態に戻ってください」と言うかもしれない。

催眠後のやりとり

たいていのクライエントは２度目の手を浸したときには，長くて，少なくとも２，３分は手を浸していることができるだろう。また，彼らの主観的な痛みのレベルはかなり少なくなっているだろう。２度の手を浸したことの時間的違いを彼らに強調してほしい。われわれはこの時点で，明白な質問をよくする。「２度の手を浸したことの間の違いはなぜだと思いますか？」と。多くのクライエントは彼らの反応に無条件に興味を示すだろう。課題をうまくやれたことに賞賛を与えてほしい。

実践上の注意

肯定的な反応をしたクライエントは，今や先のもっと会話的な誘導法に対して，十分に準備ができている。誰に対してもわれわれは二度と氷風呂の誘導法を使ってこなかった。もしクライエントが明白な違い（少なくとも30秒以上）を示さない場合は，とにかく彼らが課題をうまく行ったと，強調してほしい。これらのクライエントに対して，ほかに強力に納得するものを提供するものはわれわれにはありませんと単純に告げる。つぎのように付け加えるかもしれない。「もしあなたにとってトランスの強烈な証拠が重要であるということが続いているのなら，たぶんこれはあなたの無意識の心があなたに，催眠は今回はあなたを手助けすることができないということを伝えているのでしょう。明らかにこれは尊重されるべきことです。しかし，とにかくあなたは催眠を用い続けることを願うかもしれませんが，１回か２回のセッション，あなたの無意識からのこの挑戦は脇に置いておきましょう。というのは，ときどき人びとは彼らの無意識の心が，その位置で可能性のある変化についてじっくり考えている間に，X（今ある問題）に関して進歩することができるからです。あるいはそれ以外に，あなたは普通の心理療法を望むかもしれません。あるいは何が起こるかを見るためにしばらくちょっと何もしないということを望むかもしれ

ません」と。

　許容的にそのような枠組みに彼らの選択肢を置くことは，しばしばクライエントを催眠の回復をさせるところまで自由にさせる。もしこれが彼らの選ぶものなら，無意識の抵抗がすでに徐々に破壊されたということを仮定することができる。この誘導法は痛みのクライエントに用いられるべきであろうか？　同僚の何人かはイイエと言う。というのは，これらのクライエントはすでに痛みを経験する方法を知っているからである。われわれは，氷風呂誘導法は強力に納得させるものを必要とするあらゆるクライエントに用いることができると信じている。もし痛みのクライエントやその他のクライエントが十分に承認される経験を持たないなら，催眠は効果的でないかもしれない。

第6章 子どもへの誘導法

子どもへの催眠療法

　われわれが読んだなかでもっとも感動させられた説明の一つは，末期ガンの4歳の男の子の事例で，クラシルネックとホール（Crasilneck and Hall, 1985）のコンサルテーションである。おびえた男の子は，食べること，薬，そして効果がないとわかっているほかの補助的な方法を拒否した。その子どものヒステリックな金切り声は両親と病院スタッフの両方にとって耐えられないものであった。そして完全に打つ手がないと感じていた。非常に直接的なテクニックで成功していることで知られている熟練した心理学者のクラシルネックが，幼い患者と関わった。そしてたばこのライターの炎に，男の子の注意を引きつけることで深いトランスにすぐに誘導した。その男の子は，リラクセーション，痛みコントロール，そして睡眠と栄養の改善に対する暗示に順調に反応した。都合のよい落ち着きが，関係するものすべてに押し寄せた。それからその男の子は，安らかに亡くなった。

　子どもの内科的な問題と，その他の問題での催眠の使用に関して，一連の主要な文献がある。これらの催眠使用は，少しの名前を挙げれば，血液ガンの問題（Jacobs, Pelier, & Larkin, 1998），いぼの軽減（Felt et al., 1998），聴覚障害（Kohen, Mann-Rinehard, Schmitz, & Wills, 1998），そして歯科恐怖（Bird, 1997）を含んでいる。それらの文献はまた，爪かみ，親指しゃぶり，遺尿症，場面恐怖障害，そしてさまざまなほかのおもてに現れる事柄（Zahourek, 1985）に対して催眠を使用した，それらに対する事例報告と研究で一杯である。

　ヤプコ（Yapko, 1990）は，トランス中どのように行動するはずかについての子ども自身の柔軟な予想のために，子どもの催眠の反応性について疑う実践

家がいることを強調している。例えば，落ち着かないとかせわしない子どもは非常にトランス的であるかもしれない。われわれの課題は，セラピーを子どもに合わせ，彼らが自然にすることを利用するように彼らに激励することである。14歳の子の心理療法では，完全に話だけで構成されるかもしれない。それとまったく同じように，同じ青年期では，大人で用いられるものと同じ誘導法が用いられるかもしれない。しかし，4歳の子どもの「心理療法」はプレイセラピーと同じような方法で構成されるのが，ほとんど普通である。そして同じ歳の子どもでの催眠療法的誘導法は，ボールをバウンドさせること，物語を語ること，あるいは，年相応の似たような自然な活動がよく用いられる。私（SB）の臨床実践では，セラピー時間の間，子どもたちが自然に入り，自然に出てくるトランス状態の数に興味をそそられ続けている。しばしばゲームと絵を描くことを用いてきている。その両方ともすぐに関心を引き，催眠への移行を準備することができる。

バレリー・ウォール博士（Dr. Valerie Wall, 1988）は，非権威的で許容的な誘導法の必要性を強調している。それらはセラピストとの最大限の交流を許すものである。マーレーン・ハンター博士（Dr. Marlene Hunter, 1994）は，子どもたちが目を開け，かなりの身体的な運動をしながら，トランスに没入するのが普通であると指摘している。子どもたちに腕カタレプシー（第5章参照）を用いた私（GG）自身の経験では，彼らの腕が，最初浮遊していて，それから膝の心地よさの状態へとゆっくり下降していくのを眺めているとき，彼らは普通くすくす笑い，そわそわするということを知った。ハンター（1994）は，子どもたちは非常に資源に富み，そして彼らに物語を話していると，彼らはしばしばわれわれのもっと先にいて，彼らのためにわれわれがそうしなくても，彼ら自身の結論を補ってほしがるということを付け加えている。子どもたちの資源は大人のそれとは異なっているが，それは豊かで，同じようにありあまっている。これらの資源はトランスに誘導するために利用できる彼らの想像力や絶え間ない活動性以外の何ものでもないかもしれない。

タクソンV.A.での家族療法訓練プログラムでは，夫婦関係の問題と家族の問題の文脈のなかで，われわれは主に子どもを扱う。そして以下に続く二つの誘導法は，開業をもとにした実践で広く役立つ一連の誘導法の例である。オルネスとコーエン（Olness and Kohen, 1996）の『子どもへの催眠と催眠療法

（第3版）』（*Hypnosis and Hypnotherapy with Children. Third Edition*）は，このテーマをさらに追求したい人たちのために求められる読み物である。年相応の誘導法の彼らのリストは，表6.1である。この表は，あらゆる年齢の子どもに対するさまざまな誘導法を提供する。物語を話すこと，好きな場所，そして好きな活動は，4歳以上のたいていの子どものために普通選択される誘導法である。

　大人と同様に子どもと心の仕事をするときは，われわれは主にセラピー的物語に頼る。この本では，ナンシー・デイビス（Nancy Davis, 1990）の『虐待児を癒すためのセラピー的物語』のような物語を用いる。特殊な目的のための，例えばデイビスの本のなかに出てくるような，そのような物語は，ほかの問題にも用いることができる。物語を蓄えてきたが，一回のセッションの中程ではわれわれはまた，物語を作り出す。このプロセスにはそんなに長くはかからないし，複雑ではない。それはほかの子どもの例を単に含むというだけかもしれない。「あなたとちょうど同じ歳のほかの子についての話をしましょう……」と。子どものクライエントの世界に合わせ，あるいはそれに習って，その物語を始めてほしい。それはあなたが理解しているということを示すことになる。例えば，「彼女にはまた，お兄さんとお姉さんがいました。彼女の両親は離婚していて……」と，そしてそれから望ましい方向に**リード**して，あるいは付け加えて。例えば，「……そして彼女は家と同じように，学校でも彼女を実際に助けてくれる一つ**の**ものを見つけました……」と。

　しばしば，7歳以上の子どもに対して，最初のセッションで，パンドラの箱の話をする。あなたはパンドラという名前の小さな女の子についての古代ギリシャの話を思い出すかもしれない。神は彼女に，この箱を**絶対に開けてはいけない**と言って，重い，宝石のちりばめた箱を渡す。時間が経って，パンドラへの興味が彼女に勝つ。彼女はその箱をこじ開けることになる。そして世界中のすべての悪が飛び出してくる（われわれはよく，その話を次のように言って，新しくする。「……世界中のすべての悪がその箱から飛び出しました。悲しみ，離婚，エイズ……」と）。それからパンドラは，その箱の下の底にきらりと光る何かを見つける。それは希望である。この物語の重要なメタメッセージは自己開示は大丈夫ということである。

　われわれがセラピーで子どもと会うとき（催眠を用いようが用いまいが），

表 6.1　年齢に応じた誘導法

発話前段階（0−2 歳）
- 触覚刺激：なでること，軽く叩くこと
- 運動感覚刺激：揺すること，腕を前後に動かすこと
- 聴覚刺激：音楽や，子どもの手の届かないところに置かれた，ヘヤードライヤー，電気カミソリ，掃除機のような何かぶんぶんいう音
- 視覚刺激：動くものや，形，色，あるいは場所を変えるもの
- 人形やぬいぐるみの動物を抱くこと

初期の発話段階（2−4 歳）
- シャボン玉を吹くこと
- 絵の飛び出す本
- 物語を話すこと
- 万華鏡
- 好きな活動
- 人形やぬいぐるみの動物を通してその子どもに話しかけること
- フロッピー・ラゲディ・アン〔J.Gruelle の童話の主人公であるぬいぐるみの人形。ボーイフレンドはラゲディ・アンディ〕あるいはアンディ
- テディ・ベア
- ビデオテープの誘導を見ることやビデオテープの自分を見ること

学校以前と初期の学校段階（4−6 歳）
- 息を吐き出すこと
- 好きな場所
- たくさんの動物
- 花壇
- 物語を話すこと（一人だけのものか集団のなかのもの）
- 力強いオークの木
- コイン凝視
- 文字凝視
- 絵の飛び出す本
- テレビを見るイメージ
- 万華鏡
- ビデオテープ
- バウンドするボール
- 温度（そしてそのほか）のバイオフィードバック
- 指下がり
- 遊び場での活動

中間の幼年期（7−11 歳）
- 好きな場所
- 好きな活動
- 雲を眺めること
- 空飛ぶ絨毯
- ビデオゲーム（実際か想像上で）
- 自転車に乗ること
- 腕下降
- 息を吐き出すこと
- 好きな音楽
- テープで自分の声を聴くこと
- コイン凝視
- 手の一カ所への凝視
- 手（指）が一緒に動くこと
- 腕硬直

青年期（12−18 歳）
- 好きな場所/活動
- スポーツ活動
- 腕カタレプシー
- 呼吸に従うこと
- ビデオゲーム（実際か想像上で）
- コンピュータゲーム（実際か想像上で）
- 手の凝視
- 車の運転
- 音楽を演奏するか，聴くこと
- 腕浮揚
- 指/手が磁石のように一緒になること〔腕移動〕
- ファンタジーゲーム（例えば，ダンジョン＝ドラゴン〔商標名で，参加者が戦士や敵の役を演じて宝物を手に入れようとする仕組みのシミュレーションゲーム〕）

Olness and Kohen（1996）から。Reprinted with permission from Guilford.

いつも食べ物を用意する。クッキー，ビスケット，あるいは似たようなスナック菓子は，セラピーに対する氷のような状態を打ち破る手助けをし，彼らを暖めることになる。大人と同じように子どもは，催眠についての否定的な誤解を心に持っているかもしれない。そしてなかにはトランス中，眠りに落ち込むかあるいはコントロールをなくすと信じている子どももいる。トランス前のやりとりのなかでこれらのことについて話しかけることは重要である。また，催眠療法を行う前には，親の同意をいつも得ることにしている。

利　用

　6歳のカルロスは学校ではクラスメートに対して，家では4歳の妹に対していじめっ子であった。彼の両親は，夫婦関係療法の3回目のセッションに，不意に彼を連れてやって来たが，その男の子は3週間後に，スクール・サイコロジストから心理判定を受ける予定になっていると言った。その夫婦は，彼らの不幸せはカルロスのせいだと責めた。「この子に何かしてください」と，彼らは主張した。

　カルロスは，父親の着ているものと同じ軍隊の作業着を着ていた。そして彼の父親の名前もカルロスと言った。父親は適応に苦労しているラテン系のベトナム退役軍人で，年齢は45歳で，そのときはマリアと結婚していた。彼女は英語をほとんど喋らないメキシコからやってきた女性であった。マリアは彼の5度目の妻で，カルロスと妹の母親であった。小さなカルロスが，めちゃくちゃでほとんど機能していない家族のなかでできる最善を生き延びようと努力していることは何も驚くことではなかった。

　われわれが夫婦関係療法を再開している間，手の空いている研修医が小さなカルロスと会った。その研修医は，任天堂ゲームと漫画を見ることのほかに，カルロスの好きな活動は，**きちんと行進すること**であるということを知った。その男の子はどのように東南アジアのジャングルを通って，「父親そっくりに」行進するかについて見せた。カルロスはときどき立ち止まって，想像上の敵，虎，あるいは蛇を撃つのであった。カルロスは，さらにうまく行進することができるようにリラックスの仕方を身につけたいかと尋ねられたとき，ハイと言った。その男の子は協力的で，平均の知能を持っているように見えた。催眠

について聞いたことはあるが，実際それはどんなものなのかについては知らなかった。カルロスはきちんと行進することに熟達していた。そして求められたときには，すぐにそれをするのであった。翌日，われわれはその誘導法の本質的なところを再現することができた。

|誘導法|

カルロス君，まったく君がやっているようにきちんと行進することをしてくれるかな。気持ちのいい，楽な速さで。一つの足を降ろし，それからもう一つの足を上げる。降ろして，上げて。足の下のその床を感じながら。そして脇で両腕を動かして，それできっと君には想像できるよ，カルロス君。今心のなかで，まねごと遊びをしている場所をちょっと想像してくれるかな。そして私に教えてくれるかな，カルロス君。今君はどこにいる？

歩調を合わせること

言葉の連結
リード

(「ベトナム」と，彼は答える)

そしてこのベトナム，それはどんなところなんだろう……。

(「大きなジャングルのあるところ。たくさんの敵がいる」。彼は一人を撃つために立ち止まる。「バン！おまえは死んだ。今度はおまえの耳を切り落としたくない。敵の。だって，ぼくの首のひもにはもう一杯耳があるから。バン！ もう一人死んだ！」)

ちょっと行進を続けていてくれるかな，カルロス君，気持ちのいい楽な速さで。そして先生の言葉がいつ君の耳，君自身の耳にただ聞こえてきて，消えていくのだろうか，カルロス君。そう……。

ほのめかし

ところで，カルロス君，このベトナムはどこにあるの？

(「ニューヨークの隣だよ」と，彼は答える)

そして今度は，その足がもっと速く行進しているよ

無意図性

うに**勝手に感じるのはいつだろうかな**？　もっと速く　　　　　　　　　　　　ほのめかし
……まだもうちょっと速く……。
　（カルロスは彼のペースを速める）
　……もっと速く，……そうなると，君は激しく呼吸　　　　　　　　　　　　言葉の連結
するようになってきて，**それで銃をもう撃つ必要がな**
くなることを知るよ。というのは，もう「敵」を見な　　　　　　　　　　　　条件に伴う暗示
いだろうからね。いいかな？
　（「本当だ」と，彼は言い，そして今度は彼は荒い息
をしている）
　そして今度は君に行進を実際に**ゆっくりにしてほし**　　　　　　　　　　　　暗示
いのだけども，気持ちのいい楽な速さで，**テレビのな**　　　　　　　　　　　　メタファ
かの男の子がスローモーションで行進をしているよう
な感じで，テレビのスローモーション。そしてその男
の子を君は**見る**ことができるよ。それとも，その男　　　　　　　　　　　　似ている選択肢の拘束
の子を**想像する**かな。それとも，そのテレビのなかに
その男の子を実際に**思い描く**かな？
　（カルロスは頷く）
　スピードをゆるめていくと，かなりスピードをゆる　　　　　　　　　　　　条件に伴う暗示
めていくと，その足がとてもとても重く**感じ始めてく**
るかもしれないよ。ちょうど君が足に大きなカーボー
イの靴を履いているように……。
　（「軍隊靴――これは軍隊靴だよ」と，彼は彼のテニ
スシューズを指さしながら言う）
　そして，そのように非常に重いと感じているその足
と一緒に，**君の身体のほかのところもまた重くてゆっ**　　　　　　　　　　　　分離
くりになってくるのを感じることができるよ……そし
てそうなってくると，また，**君の心**はちょっとテレビ　　　　　　　　　　　　条件に伴う暗示
のスローモーションのようになってくる。そう……。
　カルロス君，君が心をゆっくりにさせ，身体をゆっ
くりにさせる必要があるときはいつでも，このように
本当のゆっくりした行進をすることができるよ……。

君が怒りを感じたとき，あるいはかっとなったとき，家でか，学校でか，そのようなときがあるんだろうか，そして先生はまたあるかどうかを**想像するんだけども**……。　　催眠言語

（「ママがぼくに怒鳴るときだよ」と，彼は叫ぶ）

学校はどうなの？

（「学校大嫌いだ」と，彼は言う）

君は今日ここで，きちんと行進するという本当にいい仕事をしたよ，カルロス君。そして先生は君にまた別の日にここに戻ってきてもらって，同じことをしたいのだよ。それはどう？

（「いいよ」と，彼は言う）

そして，そのようにちょっとそこに立つこと，その同じ場所に，そして**君の足を動かし始めること**，それは君にとって，ゆったりすることと，リラックスを始める合図になるよ。　　後催眠暗示

深化法

このかなり簡易的で，即興的なセッションのときには，何も深化法は行われなかった。続くいくつかのセッションでは，エスカレーターが降りていく方法を用いた。

再覚醒化

カルロスは足を動かすことを止め，近くの椅子に単に座ることを指示された。彼はすぐに普段の状態になった。

催眠後のやりとり

小さい子どもに対して用いるときには，青年期の若者や大人でのトランスを承認するための時間は，費やす必要はない。時間歪曲，健忘，そして観念感覚の感じは抽象概念である。その代わりに，彼らはトランスをゲームと見なす。カルロスは良い仕事をしたことに対して賞賛された。

実践上の注意

　カルロスに対するわれわれの目標は，本質的にはストレスの管理を教えることによって，いじめっ子の部分を彼が減少させることを手伝うことであった。それを彼はあとの3セッションをも含めたセラピーで行った。ほとんど機能していない家族と一緒に心の仕事をする場合には，実際の心の仕事は両親と行われる。しかし，子どもに焦点を当てている（「この子に何かしてやってください！」）両親との心の仕事の場合は，彼らの要求を無視しないことが重要である。さもないと彼らはセラピーを中断してしまうかもしれない。

　カルロスは，両親が約束を守らなかったので，スクール・サイコロジストからの心理判定は決して受けなかった。カルロスのセラピーを始めたすぐあとに，父親は酔っぱらい運転で捕まった。そして裁判所命令のアルコール嗜癖の処置を受けた。このあと，別のV. A. で，3か月間，PTSDに対する入院しての処置が続いた。それからその両親は，子育てに焦点を当てた数回の夫婦関係療法でうまくいった。その家族は機能しないままだったが，彼らはついにはほんのわずかの安定に到達した。カルロスと父親の両方とも軍隊の作業着を捨て，普通の服装を着始めた。最後の報告のとき，カルロスはもう行進していないが，ユースサッカーリーグで足を速く動かしていると報告した。

　死んだ敵の耳を取るというような残虐行為を含んだ軍隊的行動の周りにいる小さい子どもに関わることは嫌悪を催させると思う人がいるかもしれない。父親が実際にこのようなことをしたのかどうかについては，われわれには決してわからないだろう。重要なことは，この行動が境界のない家族のなかで存在していたことである。しかし不快ではあるが，その行動はそのクライエントがセラピーに持ち込んだ完全なひとまとまりのものの一部である。最初それは――そのすべてが――受け入れられ，抱きかかえられなければならない，そしてそれからそれが利用され得る。

私の友達ジョン

　タクソンV. A. での家族療法訓練プログラムでは，普通，夫婦の不仲や家族不和に関係する症状を呈する青年期の人たちに会っている。これらの若い人た

ちの多くは催眠に興味を示し，直線的な誘導法に肯定的に反応するだろう。彼らの痛み，混乱，あるいは孤立と関係するセッションを1回か2回持つことが重要である。離別，離婚，あるいは複合家族の問題を経験している十代の人たちには特にそうである。

私の友達ジョンの技法は，われわれがしばしば大人で用いるものであるが，もっとしばしば青年期の人たちに用いる。エリクソンが名付け，催眠には興味を示さないが，エリクソンの想像上の人，「私の友達ジョン」を催眠に誘導することに同意した非常に抵抗的なクライエントに対するこのテクニックを，エリクソンは一般化した（Rossi, 1980）。代理人誘導法によるこれでは，クライエントが自己言及しないとか，想像上の人に向けられた暗示を組み入れないとかということは難しい。

シャウニーは，コロラドで育った13歳の少女で，われわれが夫婦関係療法で会っている夫婦によって2歳のときに養子にもらわれた。その夫婦は，シャウニーの反抗と抵抗，そして学校での成績が悪いという理由でわれわれに彼女に会うことを求めた。その始まりは，2年前の夫婦間の不和の始まりに対応していた。シャウニーは怒りで満ちていて，彼女を知ろうとする方向に向けられた一般的な質問にはほとんど答えなかった。われわれはすぐに，二つのテクニックで抵抗を発散するための努力をすることに決めた。最初のものは，彼女に椅子を変えてもらうことであった。そして彼女はそれをした。この考えは，彼女の抵抗のいくらかは最初の椅子に置いていかれるだろうということである。二番目のテクニックは，彼女がイイエと答えないといけない一連の質問をすることであった。否定性はそれぞれのイイエの反応で発散されるということが仮定されている。

「シャウニー，今日ここにいることは気に入っていますか？」
「イイエ」
「そしてあなたは私を好きだと思ってもいいですね？」
「イイエ」
「そしてあなたは学校のみんなを好きだと私は思うけども？」
「イイエ」
「それではあなたは学校のみんなを憎み，あなたにはまったく友達がいない，

そうですね？」

「イイエ」

「そうしたら，ほかの誰よりも嫌いな人間が学校にはいますか？ 先生？ ほかの生徒？」

「コーネリウスさんは好きではない。彼女は先生。ドーリが好き。彼女は生徒」

「シャウニー，私の楽しみのために，あるいはたぶんあとではっきりすると思うけども，その他の理由のために，あの椅子のあそこにいる想像上の少女を私は催眠に誘導したいのだけども。彼女をドーリと呼ぼう。それをしてもいいかな？」

「頑張って，やったら」

「わかった。そして私がこれをする間，あなたはそこに座っていてくれるかな。そしてもし望むなら，それを聞いてもいいし，あるいはその全部を無視してもいいし。あなたとまったく歳が同じ別の少女，アンはシカゴから——コロラドからではなくて——ここに引っ越して来たのだけども，彼女はそこに座りました。そしてすべてを拒むことに必死になっていました。そして私たちには彼女がそれを正確にうまくやっていたと推測することだけはできます」

誘導法

ドーリ，あなたが今日ここに**かなり離れたところから**来たことを私は知っています。**あなたの両親の車で町を通り**，午後の早くに私たちは聞いたのだけども，**暴風をものともせず**，そしてそれからここに入ってきました。そこに座り，最初は一つの椅子に座り，それからもう一つの椅子に座りました。そのことは私にはよくわかっています。そしてあなたはすでに，あなたの望むまさにその深さのトランスに入っていくことができるというふうにひょっとしたら推測しているかもしれません。人は多くの選択肢を持っているということに気づくと，**軽いトランス，中程度のトランス，あるいは深いトランス**，それらは非常に楽しくて，心地	明らかなこと 似ている選択肢の拘束

のいい体験になることができるのですが，それらの間で選択することができます。

　（さりげなくシャウニーを観察しながら）ドーリ，**部屋を見回し，そして椅子の上で身体をあちこちに動かしている**と，疑いもなくあなたが体験している**感じの強烈さ**は，あなたを**強く，なるほどと思わせる感じ**で，あるいは**力強く**，リラックスの楽しい状態のなかにあなたを進ませることができます。しかし，誰もさらにあまりにも速い速さで行かせるべきではありません。ドーリ，それであなたは，**あなたの目をこの部屋の一つのものだけに固定させること**——あるいは，ことによるとあそこの何かほかのものかもしれませんが——は心地のいいことだということをひょっとすると発見するかもしれません。そして長い間一つの場所を見つめるということは，何か人が**没入する**とか**没頭する**ことができることであり，あるいはことによるとそれは**心地のいい，気を紛らわせること**かもしれませんが，そのようなことを，体験からあなたはひょっとすると知るかもしれません。私にはわかりません。家でいるようなとき，ドーリ，あるいは学校でいるようなとき，何かがあなたの注意をとらえて，あなたは**それと一緒にいて，まさにそれと一緒にいます**……そしてそのとき私たちがそれを知っているように，腕時計か置き時計の**時間**は，実際に**ゆっくりとなる**ように思えることができ，あるいはことによるとそれは**スピードを上げる**かもしれません。あるいはことによると**人が何をするかということ，あるいは何を考えるかということは実際まったく問題ではない**かもしれません。そして**外**で進行しているこの興味のあるすべての事柄と同時に，人は**内面**でスピードを落とし始めることができます。そして身体の特定の感じに気づき始めること

歩調を合わせること
再枠づけ
似ている選択肢の拘束

制限

言葉の連結
暗示
歩調を合わせること

似ている選択肢の拘束

暗示

時間歪曲

何も理解しない/何もしない
反対の並置

ができます。**軽さや重さやじーんとした感じのような**   反対の並置
微妙な感覚や無感覚やほかのおもしろいある感覚が出
始めて，広がり，心と身体をゆったりさせるのはいつ   ほのめかし
だろうかと思いをめぐらせ，それで人の目はついには   言葉の連結
疲れを感じ，そしてまばたきし……そしてそれからま   歩調を合わせること
ばたきをもう一度し，そしてそれから呼吸はもっと   リード
もっと規則正しくなり，ゆっくりになることができ，   言葉の連結
それでもしこれらの目が勝手に静かに閉じることを望
むなら，そうなるかもしれません。あるいはあの場所
をまさに見続けること，それもまたすばらしいことで
す。

深化法

　きっとあなたは岩を壊すこと，はい，私は岩を壊すと言いましたが，それによってトランスに深く入っていくことができるとは，決して考えなかったでしょう。さてあなたがどこか外にいると想像してほしいと思います。それは昼間で，そして大きな岩の積み重なり，岩の山の前で立っています。

　（シャウニーは壁の凝視を続けている。彼女は深くため息をつくが，今までのところ目の前に置かれたイメージに対する同意も拒否もノンバーバル的には示していない。）

　岩のその積み重なりの頂上まで通じた道があります。そして心のなかで，あなたにその積み重なりの頂上まで歩いて登って行ってほしいと思います。必要なだけ時間を取ってください。そうです，ドーリ。上のその頂上で，大きなハンマーを見つけるでしょう。それはあなたが簡単に取り上げることができるものです。そしてまた一対のゴーグルがあります。そして，それを付けることができます。なぜなら私たちは，岩が小さな破片に砕かれるときどのようなものなのかについて知っているからです。さてドーリ，心のなかで，その大きなハンマーを取り上げて，それらの岩を砕き始めてほしいと思います。それらを何度も強く叩き，それらを壊し，一つずつ，あなたが岩を壊すたびに，すべての強い鬱積した感情をまさに解放していっています。疲れ果てるまで，それらの岩を粉々にし続けてください。すべてのそれらの強い強い感情を解放させて

いっています。そうです……。

（シャウニーは壁の一つの場所を見続けている。今は少し速く呼吸をしている。彼女の右手は太ももを握っている。）

そしてこれから先，あなたが強い感情を解放させる必要があるときには，いつでも，あなたのしないといけないことは手をまさに下に伸ばし，太ももを握り，ちょっとそのようにぎゅっと握ることだけです……。

（彼女はすぐに右手をゆるめ，それを拳にする。）

再覚醒化

われわれは次のように言ってクライエントを再覚醒化する。「ドーリ，すぐに私はあなたを起こします。そして目覚めているように感じるその部屋の他の人は壁を見続けることをまさに止めることができます。そして今日ここでどれだけの時間が過ぎたのかについて推測することの準備ができています」。

催眠後のやりとり

シャウニーは凝視を止め，私を見て，言った。「とにかくあなたは私を馬鹿にしなかった。私にはあなたがずっと何をしていたのかわかった」と。「あなたはかなりリラックスしたように見えますね」と私は思いきって言った。「退屈だった。それだけ」と彼女は言った。「あなたは非常に退屈させる人だ」。「私はうまく退屈させることを数年間も一生懸命やらないといけなかった」と私は認めた。

実践上の注意

シャウニーはいやいやながらあと5回両親と一緒に戻ってきた。3度目まではドーリの代わりに彼女の名前を言ってもよいと言った。それから彼女は目を閉じ，会話誘導法でまったくすぐにトランスに入った。彼女は，トランスワークが彼女を助けるとは決して認めなかった。そして両親を助けるためにそれに従っていると言った。両親は学校と家での彼女の行動上の改善を報告した。私はシャウニーに対して遠慮（restraint）の姿勢を維持した。そして彼女の努力を賞賛した。一方同時に，不幸を克服する女の子と男の子についての話を話すことはたぶんまったく役立たないだろうということを私は認めていた。この

事例では何がうまくいったのかまったくわからなかった——それはシャウニーに対する催眠療法なのか，夫婦関係療法において同じときに獲得されたものなのか，それとも両方少しずつなのかについて。

　われわれは怒りと不安に対する介入技法として，岩の積み重なりを用いる。それは指示的であるが，また，クライエントが細かいところを埋めていくということで許容的でもある。私（GG）はこれについてはクレアー・フレデリック博士（Dr. Claire Frederick）から1994年に初めて聞いた。それは彼女がカリフォルニアでのアメリカ臨床催眠学会でのワークショップで提示したときである。これは普通そのなかでは非常に双方向的な技法として用いられる。例えば，その道に従って，それぞれの一歩で，クライエントから反応を求める。それはその積み重なりの頂上に歩いて上がってきたことを証明するものである。最後に，拳や深い呼吸のような錨が作られる。この技法はシャウニーの場合，彼女の怒りに話しかけ始めるために，深化法として用いられた。このように間接的に用いられたが，それは彼女にそのメタファに自己言及することを許した。

用語解説

明らかなこと（truism）　これは，事実であって，否定できない発言である。例えば，「誰もが皮膚に暖かい太陽を感じました」と。一連の明らかなことは，関わり合いと考えの受け入れを作り出す「ハイの構え」（yes-set）に通じる。例えば，「暑い日に今日ここに来て，あそこの待合室でしばらく座り，廊下をまっすぐ歩いてきて，ここに入り，そこに座っていると，あなたはあなた自身を解放させ始めることができますよ……」と（**ハイの構え** yes-set も参照のこと）。

あらゆる可能性を網羅する暗示（suggestion covering all possibilities）　これはメタファと組み合わせると特に役に立つことがある。例えば，誰か他の人のトランス中の体験説明として，「人はトランスに深く入っていくとき，手に出始めてくるいろいろな感覚に気づき始めることができます。それは片方の手のじーんとした感じのような微妙な感覚かもしれません。たぶんもう一方の手では無感覚かもしれません。ことによると暖かい感じ，あるいは冷たい感じ，あるいは何かそれ以外のおもしろい感じかもしれません。そこのその椅子にかつて座った一人の女性は，心のなかで思いをめぐらせました，『ここに来て，あるときには上のここにある右耳タブにわずかに冷たさを感じることができる。そして別のときには下のあそこにある右足の親指にじーんとした感じのような微妙な感覚を感じるということはどういうことなんだろうか？』」と（**似ている選択肢の拘束** bind of comparable alternative と **許容的暗示** permissive suggestion も参照のこと）。

意識−無意識の拘束（conscious-unconscious bind）　拘束は選択を制限し，望まれる方向に行動を向けさせることである。このタイプの暗示は無意識の心に近づくことによって，意識の学んだ制限を迂回させるのを助ける。例えば，「今日のこの体験から無意識が学んだことは，意識の心でも同様に生じるかもしれません」とか，「あなたの意識の心がこの問題について役立つ情報を提供する準備ができたとき，あなたは右手に特別な感覚を体験するでしょう。もしそのような情報があなたの無意識から出てきたら，その感覚は左手でしょう」と。

移動（displacement）　痛み管理に対して用いられるように，痛みの場所は身体の

別の領域か身体の外の領域に移動させられる。クライエントはその感覚を体験し続けるかもしれないが，痛みは弱くなるか，より傷つきにくい形になる。

腕カタレプシー（arm catalepsy）　カタレプシーは動きの停止を意味する。この本では，カタレプシー，あるいは硬くなった腕は腕カタレプシー誘導法の一部である。それはトランスを誘導するためには効果的で，速く，そして非常に直接的なやり方である。

埋め込まれた暗示（embedded suggestion）　セラピストが暗示を埋め込むとき，クライエントの意識の心は迂回される。内面への焦点づけを助長するために，セラピストは言葉に（in word）次のように埋め込むかもしれない。例えば，「内側に行くことは（Going inside）非常に興味のある（interesting）ことかもしれない……なかの（in）そこでは，あなたは想像（imagination），うっとり感（fascination），直感（intuition）をもっています……」と。また，セラピストは例えば，広い屋外コンサートで提供される**安全性**を強調する物語に**安全**を埋め込むことによって，**安全**を暗示するかもしれない。

関わり（commitment）　社会心理学は，もし人びとが何かをすることに関わるなら，彼らはもっと応じるようになるということを確かめている。催眠療法での重要な概念，関わりは暗示の効果を増加させるための強力なセラピー的道具である。例えば，「一回の深呼吸はストレス状況であなたを助けることができます。もしこれが少なくとも一日一回あなたが喜んで実行することであれば，ハイの指は上がるでしょう」と（**無意識による関わり** unconscious commitment も参照のこと）。

許容的暗示（permissive suggestion）　多くのクライエントは選択の広い範囲を与えられるとき，よく反応するようになるということは信じられている。例えば，「あなたの手に出始めてきた感覚，感じ，あるいは体験に気づき始めるかもしれません。あるいはそれは足でしょうか？」と。

凝視（eye fixation）　コントロールを失うことへの恐怖を持っているクライエントに対しては，彼らが選んだ場所を見つめさせることは役に立つ。例えば，壁，天井，あるいは彼らの手の甲のどこか。彼らはついには目を閉じるのに十分な心地よさを感じるかもしれない。

クライエントの言葉を話すこと（speaking the client's language）　クライエント自身の言葉を組み込むことである。すなわち文字通りクライエントの言葉を用いることによって，セラピストの暗示はクライエントの考えに合うようになり，もっと効果的になるかもしれない。

繰り返し（repetition）　重要な暗示は繰り返されるべきである。セラピストは誘導中数回「心地よく，リラックスした状態で呼吸しています」と，繰り返すかもしれない。違ったやり方で暗示を繰り返すこともまた役に立つ。例えば，「それらの足に独特の重さを感じています」はメタファ的な同じ暗示によってその後つづくかもしれない。「別の人は足に重いブーツを履いているように感じ，ほとんど足を動かすことができませんでした」と。

健忘（amnesia）　実践家のなかには，健忘を誘導することは，意識の干渉を受けずに無意識プロセスが進行することを許すということで，後の問題解決のためには必要であると信じている人がいる。健忘は，「覚えることを忘れてくれますか，あるいは単純に忘れるということを覚えておいてくれますか？」とか，「あなたは眠るとき夢を見ます。そして目が覚めたときには，その夢を思い出すことができません」というような暗示で，その気にさせることができる。

倹約の法則（law of parsimony）　この「法則」は，セラピストは望まれる反応に到達するのにできる限り言うことや行うことは少なくすべきであるということを意味している。長い，あるいは手の込んだ誘導法は，もしクライエントが楽しい場面を単に思い出すだけでトランスに入ることができるなら，必要はない。トランスワークを経験しているクライエントに対しては，"少ないほど良い" やり方は，「ちょっとこれから後ろに深く座って，目を閉じ，そしてあなた自身をトランスに入るようにさせてください」というような最小限のことしかしない人の誘導法によって明らかにされている。

肯定的期待（positive expectancy）　セラピストが，改善は期待されうるという自信と確実性を伝えるとき，クライエントはもっと反応するようになる。セラピストはうまく問題解決をすることについての自信や希望を表現するかもしれない。あるいは誘導中，セラピストが腕浮揚を暗示するとき，セラピストのバーバルとノンバーバルの行動の両方が明らかな肯定的期待を伝える。

後催眠暗示（posthumnotic suggestion）　これは，トランス外で生じる行動のために，トランス中に与えられる暗示である。例えば，「あなたが次回ここに戻ってきて，そこに座るとき，その椅子の感じはトランスの楽しさとリラックス感を回復させるための合図になるでしょう」と。あるいは，「あなたが一回，大きく，深く，十分な呼吸をすれば，仕事中や家で，リラックスし始めることができます」。あるいは「これからの2週間の間に，バスに乗って仕事に行くとき，そして22番街を通るとき，この問題を持つあなたを助けることのできる何かに気づくでしょう……」と。最後の後催眠暗示――何かに気づく――それは自然に生じる行動に添えられている。

語呂合わせ（pun）　言葉遊びは好奇心の感覚を生じさせることができる。語呂合わせに埋め込まれた暗示は，役立つ間接技法である。例えば，「あなたの今日のトランス（trance）中の体験は別の状態への入り口（*entrance*）のようです」と。

コントロールと信頼という事柄（issues of control and trust）　クライエントがセッション中，コントロールを失わないということは再確認される必要がある。具体的に再確認をすることによるようなラポートと信頼形成は，この恐怖を中和する。例えば，「あなたはいつも運転席にいます」とか，ことによるとユーモアを持って，「心配しないで。あなたがアヒルのようにガーガー鳴いたら言いますから」と。信頼はまた，そのセッションの予定表をやりとりすることで維持される。例えば，われわれは許可なく年齢退行をしたいとは思いません。

混乱（confusion）　無意識の抵抗に対抗するために用いられる。これは意識の心を妨げるとか，過負荷状態にするとか，気を散らせるテクニックの広いカテゴリーである。この本では，無関係な話が用いられている。例えば，「なぜいくつものショッピングカートはいつもくっついているように見えるのだろう？」と。そしてクライエントが混乱させる発言の意味づけをしようとしているとき，暗示には受容的である。例えば，「あなたには深く入ることができます」と。これはセラピストによって準備された逃げ道である。混乱は突然ちょっと用いられると一般的にはより効果的である。そしていつもそれは慎重に，丁寧に用いられるべきである。

催眠言語（hypnotic language）　物語，想像する，思いをめぐらす，興味がある，調べる，そしておもしろいのような特定の言葉は，思いをめぐらすことの感覚を活性化すると考えられる。それらはトランス過程を促進するかもしれない。

三重否定（triple negative）　三重否定は無意識の心には肯定的に受け止められると信じられている。「あなたの無意識の心は，今から次のセッションの間にこの問題を決して処理しないことはできないことはない」というような発言は処理過程を促進するかもしれないし，あるいはクライエントに穏やかな混乱や驚きの楽しい感覚を与えるためにはもっとも役に立つかもしれない。

時間歪曲（time distortion）　これは時間がトランス中，速くなるとか遅くなるように思える一般的なトランス現象である。「ここに来てからどれだけの時間が経ったと思いますか？」というのは，彼らがトランスから出たとき，クライエントに尋ねる適切な質問である。これはトランス体験を承認する。そして反応性の指標である。

自然のトランス状態（naturalistic trance states）　催眠前のやりとりでは，クライエントが自然に心ここにあらずや，好きな活動のような何か楽しいことに没入した状態になったときの状況を聞き出すべきである。これはクライエントのコントロール下で，自然に生じる行動のようなトランスを作り出す。例としては，運転をしているときの「高速道路催眠」，本や映画への没入などが含まれる。

質問（question）　直接的な質問は，注意を集中させ，連想を刺激し，そして反応性を促進する。「そして下のそこのその足のじーんとした感じのような微妙な感覚，それにもう気づきましたか？」というような質問は，セラピストがクライエントの催眠能力を発見しようとしているとき，あるいは抵抗があるとき，意識の心を迂回し，綿密な探査として役に立つ。

条件に伴う暗示（contingent suggestion）　これはまた，鎖でつなぐこと(chaining)としても知られている。このタイプの暗示は進行している行動とか，避けられない行動に暗示を連結する。例えば，「そしてあなたが右手にあの特別な感覚に気づいてきたら，時間をさかのぼって漂い始めることができます」と。あるいは後催眠暗示として，「ここに戻ってきて，そこのその椅子に座ると，その深くて楽しいリラックス感覚を回復させることができます」と。このように二つ以上の暗示が一緒につながれるとき，それらを拒否することはより難しくなると信じられている。

除反応（abreaction）　トラウマを持っているクライエントはパニックや恐怖のような強い情動を経験するかもしれない。そしてそれにはフラッシュバックや侵入思考が伴うかもしれない。この情動の表現はトラウマを直接扱っているときのみではな

く，単純なリラクセーションの間にも起こるかもしれない。催眠療法では，トラウマを扱ういくつかの技法の一つは，そのトラウマが生じたときへの年齢退行，除反応の促進，そしてリフレーミングである。このプロセスはしばしばそのクライエントにかなりの解放とそのトラウマ体験についての新しい理解をもたらす。これは熟練したセラピストによってのみ試みられるべきである。根底の感情の不十分な除反応はセラピーの失敗原因になるかもしれない。

制限（restraint） 抵抗的なクライエントは，われわれが変化や適応をあまりにも早くしようとすると，もっと抵抗的になるかもしれない。これらのクライエントの抵抗は，もし彼らの前に進むことを制限したり，後ろで引っ張っていたりすると，減少されることがある。例えば，「ゆっくり進んでください……変化は不安定を生み出します……あなたはまだ準備ができていないかもしれません……前にあまりにも速く進むことは危険なこともあります」と。トランスワークの初期では，トランスに誘導し，トランスからクライエントを出し，そしてそれから催眠を復活することは，何かを楽しい状態に維持し，反応性を作り，クライエントがコントロールすることを増加させる。

挿入法（interspersal） セラピストの催眠的語りかけのなかへ，クライエントに間接的に影響を与えるために，単語，慣用句，メタファ，あるいは逸話が挿入される。例えば，セラピストが深化のとき10から1まで逆に数えながら，ほかのクライエントが手に独特の重さを経験したという簡単な逸話を挿入するかもしれない。重い，軽い，あるいは深いというような単語，あるいは「ちょっとゆったりしてください」のような慣用句は適当に挿入されるかもしれない。催眠的語りかけの短い中断によって，離れて置かれることになった挿入暗示は注意を引きつける。したがってそれはより強力になる。

それで（and） 心理療法では非常に重要な言葉である。それでは，リードし，連結する。相手に合わすための言葉のあと，例えば，「あなたは一つの深呼吸の心地よさを感じています」。その言葉はその後の言葉をリードする。「それでその一つの深呼吸を，あなた自身を深く深くゆっくり下降するようにさせることに用いることができます……」と。それはまた明らかなことを指示や暗示に連結させるかもしれない。例えば，「あなたは今まで30分かそれくらいここでトランスの心地よさを体験しました。それで仕事中にこの体験がもっとも必要になったときにはこの体験をすぐに用い始めることができます……」と。

種まき（seeding）　暗示は，そのことがあらかじめ言われているとか，種まきされているときには，よりうまくいくかもしれない。目標となる暗示が種まきされ，そしてその後，その暗示を再び言うと，その目標は活性化される。催眠前に，セラピストは呼吸をすること，スピードを落とすこと，あるいは深いリラックスを，これらの暗示がトランスワークのなかで用いられるために，言うかもしれない。もしセラピストが，食べるスピードを落とすために提供する暗示であることがわかっている場合は，あらかじめ，彼らのリズムを適度にゆっくりさせることによって，この考えを合図することができる。

　ちょっとしたつまらないこと（fluff）　これはセラピストが，誘導法のなかの無意味なおしゃべりのなかか，あるいは物語の無意味なおしゃべりのなかのどちらかに含める意味のない混ぜ物のことである。目的のない，曲がりくねって進む詳細はクライエントを退屈させ，没入を深めると考えられる。われわれが一緒に仕事をしている一人のセラピストは，かつて，「退屈している状態になるようになるために私は数年かかった」と言った。あまりにもしばしばわれわれがクライエントに言うことは，意図を持っているか，教訓的でないといけないと信じているかもしれない。にもかかわらず，ちょっとしたつまらないことのにわか雨の真ん中に挿入された，適切に配置された少しの暗示はもっともっと効果的かもしれない。

　注意への没入（absorption of attention）　トランスがうまくいくために必要なもので，クライエントの注意は，例えば，壁の上のある場所，物語，身体感覚，あるいは何かほかのものに焦点づけられる。凝視，閉眼，マスク様表情，動きの消失，嚥下活動の欠如，そしてそのほかのサインは注意への没入を示しているかもしれない。

　抵抗（resistance）　「私はトランスに入りたくない」と言うクライエントは，意識の抵抗を示している。「私はトランスに入りたいが，まったくできない」と言うクライエントは，無意識の抵抗を示している。多くのクライエントは彼らの抵抗にはっきりと気づいている。それは不安，拒否，あるいはコントロールをなくすことへの恐怖であるかもしれない。抵抗はいろんなやり方で放出されるかもしれない。そのやり方は一般的で許容的な暗示，あらゆる可能性を網羅する暗示，何も理解しない／何もしないこと，メタファ，物語，混乱技法，クライエントに椅子を変えさせること（それによって彼は彼の抵抗を最初の椅子に置き去る），そして彼がイイエと答えないといけない質問をすること，例えば，「冬，フェニックスの気温はミネアポリスと同じ」というような。多くの場合，ラポートが形成されるにつれて，そしてセラピー中によ

り心地よさを感じるにつれて，クライエントの抵抗は和らぐであろう。

何も理解しない／何もしないこと（not knowing/not doing）　実際は制限のための暗示である。この優美な工夫は，そこにおいて意識の努力よりもむしろ無意識の反応性を促進することを非常に解放している。もし誘導法の初期に，セラピストが何か次のようなこと，「まったく何もすること，あるいは知ること，あるいは考えること，あるいは変化させることはありません。実際，ちょっとそこに座り，呼吸することによって，あなたがトランスに入っていくことができるということを知ることはすばらしいことではありませんか？　そして言葉さえも聞く必要はないのです」というようなことを言えば，セラピープロセスは促進されるかもしれない。それは抵抗や不安をクライエントが放出するのを，また助けるかもしれない。

二重否定（double negative）　催眠言語の一例である。二重否定はあるクライエントを，単なる肯定暗示だけよりももっと暗示を受け入れるようにリードするかもしれないと信じられている。例えば，「あなたには足の裏に出てきた暖かさに注意を払わないようにすることはできません」と。二つの否定形は肯定暗示を作り出すためにおのおのを否定する。そしてわずかな混乱は受け入れを促進する（**三重否定** triple negative も参照のこと）。

二重分離の意識−無意識二重拘束（double dissociative conscious-unconscious double bind）　このような混乱暗示は複雑で，興味深い。しかし，それらはたぶん用いるのをうまくなるためのもっとも重要ではないタイプの暗示である。例えば，「今から次回までの間にあなたの意識の心はその問題を解決するために働くかもしれません。一方，あなたの無意識の心はそのほのめかしについて思いをめぐらせ，あるいはあなたの無意識の心はあなたの無意識の心がほのめかしについてじっくり考えている間に答を見つけるかもしれません」。

似ている選択肢の拘束（bind of comparable alternatives）　セラピストの強力な味方である。これはクライエントに二つ以上の選択肢の間の選択を提供するように見える。そして選択の錯覚を提供する。例えば，「今日，軽いトランスか，中程度のトランスか，深いトランスに入ってくれますか？」とか，「今日あなたが学んだことは，あなたの個人生活で役に立つかもしれません。あるいはことによると，仕事中にそれを用いることができるかもしれません。あるいはことによると，すべての体験のなかにそれを単純に組み込むということができるかもしれません」と。

年齢進行（age progression）　本質的には年齢退行の逆で，クライエントは将来の自分自身の自信のある，強い，あるいは制御されている感情や行動を想像することを求められる。この技法は，またほかの名前としては時間投影（time projection）とも呼ばれる。

年齢退行（age regression）　問題解決とほかの目的のときに，資源に近づくための催眠療法での有効なテクニックである。年齢退行は人が記憶を思い出すときや回想するときにはいつも自然に体験されることである。トランスワークの一部としては，年齢退行は次のようにして作られ，誘導されるかもしれない。例えば，「私はあなたに魔法の絨毯に乗って時間を15歳のときに戻ってほしいと思います」，あるいは一般的で許容的に，例えば，「あなた自身の方法で，必要なだけ時間を取って，その問題にすぐ手が届き，その問題にとって重要であるかもしれない過去のあるときにこれからさかのぼっていってほしいと思います。そしてそこに到達したとき，頷くことで私に知らせてください……」と。われわれはクライエントの邪魔をしないように努めなければならない。というのは彼らは，われわれが彼らを誘導しうるよりももっともっと早く必ずそのときに戻るからである。

ハイの構え（yes-set）　あらゆる様相におけるセラピストの味方である。これは「ハイの構え」の受け入れを作り出すための，明らかなことの発言，あるいは否定できない現実の局面を含む。そしてそれによって，クライエントは続く暗示にもっと受容的になる。例えば，「あなたは今まで5回のセッションのためにここに来て非常にうまくやってきました。その都度一生懸命心の仕事をし，それであなたの目標に向けて，今日あなたはさらにもっと進むことができます」。

反対の並置（apposition of opposites）　催眠言語の一つの例である。このテクニックは両極性や反対語を並置する。例えば，「その右手に軽さが出てくると，身体は重さとリラックスした状態にさらに深くゆっくり下降していくことができます」と。セラピストは暖かい-冷たい，上-下，軽い-重い，右-左，あるいはいろいろな反対語で実験をすることができる。

否定的幻覚（negative hallucination）　ミルトン・エリクソンは，子どもに彼らのそばに柔らかい毛の動物を想像させるとき，肯定的幻覚を用いた。さらにもっと役に立つのは――そして誘導しやすいのは――否定的幻覚である。例えば，「あなたはエアコンの音，人びとが廊下で話す声，そしてあなたに話しかける私の声に気づくで

しょう。そしてこれらすべての音はあなたの耳にただ聞こえてきて，消えていくかもしれません。あるいはあなたはそれらをまったく聞かないかもしれません」。

否定的リフレーム（再枠づけ）（negative reframe）　慎重に用いられる。否定的リフレームはクライエントの注意の向きを変えるためや継ぎ目のない一枚岩的行動をかき乱すためには役に立つ。課題を実行することの男性の気乗り薄は，消極性や弱さとしてリフレームすることができる。女性の人間関係の葛藤は，面倒見が良くないとか保護的ではないとしてリフレームすることができる。

ほのめかし（implication）　間接暗示の重要な方法である。セラピストは肯定的な予想を伝達することによってトランス体験を刺激する。「広がり始めた暖かさに気づいたら，あなたは頷くかもしれません」。セラピストは「あなたの片方の手は軽いと感じますか？」とは尋ねない。そうではなく，「どちらの手がより軽いですか？」と。ほのめかしでは，「〜のとき」がしばしば適切な言葉である。権威的な「でしょう」ではない。それはほのめかしでも暗示でもない。それは命令や指示である。無意識の資源に近づくためには，セラピストは次のように言うかもしれない。「必要なだけの時間を取って，無意識の心が過去からある強さや資源を選んだとき，あなたのハイの指は勝手に動くことができます」と。

分離言語（dissociative language）〔訳者は dissociation を分離と訳した。一般には乖離（解離）（DSM-IV-TR の訳では，解離の漢字が用いられている）と訳されるが，乖離（解離）という言葉は，DSM-IV-TR のなかでも，多く登場するように，病的側面の含みが訳者には感じられる。それ故，健康的な精神状態のなかでのそのようなメカニズム，すなわち意識のコントロール下での乖離（解離）を，分離と訳すことにした。なお，病的側面の含みを持つ乖離（解離）という語彙は，意識のコントロール下ではない乖離（解離）を意味すると訳者は理解している。〕

分離はトランスを証明するものである。そして非常にうまくトランスを納得させるものである。クライエントがそれを体験すればするほど，例えば，彼らの身体から離れた手，そうすると，彼らの催眠体験は承認される。可能なときにはいつもセラピストは，あなたの手と言う代わりにその（あの）手と言うべきである。そして似たような言葉を用いるべきである。特に誘導と深化中は。分離を助長することはトランスを深める。

閉眼（eye closure）　もしクライエントがすぐに目を閉じない場合，落ち着かなく

感じるセラピストがいる。われわれは，彼らの目がまばたきを始め，まぶたが重く感じられるだろうと，暗示することができる。そして，彼らが望むときにはいつでも，目が穏やかに閉じるだろうと暗示することができる。クライエントは凝視だけで深いトランスを経験することができる。そして，目を開けていることによってセラピストは進行状況を観察することが可能となる。

無意識による関わり（unconscious commitment）　セラピストはノンバーバルな合図を通して無意識の心に意見を聞く。例えば，「そしてあなたの無意識の心が自信があると感じていた過去の時を確認したら，あなたはハイの指で合図するかもしれません」と。無意識による関わりは，直接的な質問によって獲得される。例えば，「私はあなたの無意識の心に質問を向けたいと思います。あなたがするようにこの問題を調べ，それを理解したあと，そのときには喜んでその問題を捨て去りたいですか？　必要なだけ時間を取ってから，あなたは指の一つで合図するかもしれません」と（**関わり** commitment も参照のこと）。

無意識の心（unconscious mind）　多くの著者は，この構成概念をクライエントの直接的な気づきの外にある，あらゆる考えや感じを実際に意味するものとして，言及している。クライエントによっては，これを「下意識の心」か，「心の後ろの部分」のどちらかとして言及することのほうが役に立つかもしれない。

無関係な話（non sequitur）　気を散らせることや妨害のために用いられる。完全に文脈から離れている話は意識の心の構えを弱めることができる。一言や物語のような広いさまざまな混乱技法の一つである無関係な話は，意識の心に過負荷をかけたり，気を散らせたりすることができる。意識の心がこの不調和あるいは不一致から逃げ出そうとするとき，クライエントは暗示，例えば，自我強化暗示，「あなたにはそれができます」ということに対して受容的になるかもしれない。無意味な話は実際上どんな語句や質問でもよい。例えば，「そしてそれから雨が森のなかで静かに降りました」とか，「あなたは犬が好きですか？」と。

メタファ（metaphor）　広い種類の間接技法。メタファの使用はセラピストに意識の心を迂回し，無意識過程に近づくようにさせる。無意識過程は，メタファ的に表現され，理解される傾向がある。「私の周りに壁があるように感じます」というようなクライエントの状況や独特の発言は，セラピストによってイメージで利用されるための準備をする。物語や象徴は無意識レベルで自己言及を刺激する。

リフレーム（再枠づけ）（reframe）　セラピストによって与えられた新しい情報によって，新しい理解や見方が生じる。再分類や問題行動のまわりに肯定的な含みを包み込むことによって，クライエントは新しい見方で問題を見るとともに，希望を与えられる。実際，クライエントがセラピーに持ち込むものは何でもリフレームされるかもしれない。セッションそれ自体が事柄を良くする努力としてリフレームされるかもしれない。リフレームされるものがほとんどないとき，セラピストは，セラピーセッション自体を事柄を良くするための努力や意図としてリフレームするかもしれないのと同じように，悩みや問題の背景に仮定される動機づけをリフレームするかもしれない。リフレームはまた，暗示や指示のための舞台を設定する。それで，それがもっと受け入れられるようになる。実際どのような行動も，強さ，防御，世話，あるいはそのクライエントにとってのほかの大事なあらゆる価値としても，リフレームされることができるように，リフレームはあらゆる方法の心理療法での重要な要素である（**否定的リフレーム（再枠づけ）** negative reframe もまた参照のこと）。

利用（utilization）　セラピーや催眠をその個人に合わせるということは，そのクライエント特有の動機づけ，興味，好み，そして用いる言語を考慮に入れるということである。クライエントの行動，それがどんなに問題のあるものであっても，受け入れられ，そしてそれに暗示が付け加えられる。例えば，クライエントがあくびをし，そしてセラピストが指摘する。「単なる一回のあくびでさえも，さらに深いリラックス状態を引き起こすことができる様子に，あなたはかつて気づいたことがありますか？」と。セラピストはクライエントに生じることは何でも完全に受け入れることの重要性を伝え，そしてそれからそれを用い，それの形を変えることを探す。セラピストはそのクライエントに進行している行動に従い，そしてそれから誘導する。

催眠団体

The American Society of Clinical Hypnosis (ASCH), 33 W. Grand Avenue, Suite 402, Chicago, Illinois 60610. Tel: 312-645-9810, fax: 312-645-9818。年に数回ASCHは米国で地域でのワークショップを提供している。メンバーは *The American Journal of Clinical Hypnosis* を受け取る。ASCH出版部は入手可能なさまざまな出版物を取りそろえている。ASCHは会員資格に加え，臨床催眠証明書と公認コンサルタント証明書を提供している。

The Milton H. Erickson Foundation, 3606 N. 24th Street, Phoenix, Arizona 85016. Tel: 602-956-6196, fax: 602-956-0519, e-mail: office@erickson-foundation.org (http://www.erickson-foundation.org)。エリクソン財団 (Erickson Foundation) は米国とその他の国で，さまざまな訓練を提供している。メンバーは *Newsletter of the Milton H. Erickson Foundation* を受け取る。エリクソン財団は米国とその他の国で，多くの構成組織を持っている。

The Society for Clinical and Experimental Hypnosis (SCEH), 2201 Haeder Road, Pullman, WA 99163. Tel: 509-332-7555, fax: 509-332-5907, e-mail: sceh@pullman.com。SCEHはほかのサービスとともに訓練機会を提供している。そして *International Journal of Clinical and Experimental Hypnosis* を発行している。

文　献

American Society of Clinical Hypnosis Committee on Hypnosis and Memory Report (1995). *Clinical hypnosis and memory: Guidelines for clinicians and for forensic hypnosis.* Chicago: American Society of Clinical Hypnosis.
Araoz, D. L. (1985). *The new hypnosis.* New York: Brunner/Mazel.
Bandler, R., & Grinder, J. (1982). *Reframing: Neuro-linguistic programming and the transformation of meaning.* Moab, UT: Real People.
Barber, J. (1996). *Hypnosis and suggestion in the treatment of pain.* New York: Norton.
Beahrs, J. O. (1971). The hypnotic psychotherapy of Milton H. Erickson. *American Journal of Clinical Hypnosis, 14*(3), 73-90.
Bird, N. (1997). Treatment of dental phobia using a modified television visualization technique. *Contemporary Hypnosis, 14*(1), 80-83.
Cheek, D. (1994). *Hypnosis: The application of ideomotor techniques.* Needham Heights, MA: Allyn & Bacon.
Citrenbaum, C. M., King, M. E., & Cohen, W. I. (1985). *Modern clinical hypnosis for habit control.* New York: Norton.
Combs, G., & Freedman, J.(1990). *Symbol, story and ceremony: Using metaphor in individual and family therapy.* New York: Norton.
Crasilneck, H. B.(1982). A follow-up study in the use of hypnotherapy in the treatment of psychogenic impotence. *American Journal of Clinical Hypnosis, 25*(1), 52-61.
Crasilneck, H. B., & Hall, J. A. (1985). *Clinical hypnosis: Principles and applications.* Orlando, FL: Grune & Stratton.
Davis, N. (1990). *Therapeutic stories to heal abused children.* Oxenhill, MD: Psychosocial Associates.
Dahlgren, L. A., Jurtz, R. M., Strube, M. J., & Malone, M. D. (1995). Differential effects of hypnotic suggestion on multiple dimensions of pain. *Journal of Pain Symptom Management, 10*(6), 464-470.
Dolan, Y. (1991). *Resolving sexual abuse.* New York: Norton.
Erickson, M. H., Rossi, E. I., & Rossi, S. I. (1976). *Hypnotic realities.* New York: Irvington.
Felt, B. T., Hall, H., Olness, K., Schmidt, W., Kohen, D., Berman, B. D., Broffman, G., Coury, D., French, G., Dattner, A., & Young, M. H. (1998). Wart regression in children: Comparison of relaxation-imagery to topical treatment and equal time interventions. *American Journal of Clinical Hypnosis, 41*(2), 130-137.
Fischman, Y. (1991). Interacting with trauma: Clinicians' responses to treating psychological aftereffects of political repression. *American Journal of Orthopsychiatry, 61*

(2), 179-185.

Gafner, G. (1997). Hypnotherapy with older adults. *Contemporary Hypnosis, 14*(1), 68-79.

Gafner, G., & Duckett, S. (1992). Treating the sequelae of a curse in elderly Mexican-Americans. In T. L. Brink(Ed.), *Hispanic aged mental health* (pp.45-53). New York: Haworth.

Gafner, G., & Young, C. (1998). Hypnosis as an adjuvant treatment in chronic paranoid schizophrenia. *Contemporary Hypnosis, 15*(4), 223-226.

Geary, B. (1994). Seeding responsiveness to hypnotic processes. In J. K. Zeig(Ed.), *Ericksonian methods* (pp.315-332). New York: Brunner/Mazel.

Gilligan, S. (1987). *Therapeutic trances: The cooperation principle in Ericksonian hypnotherapy.* New York: Brunner/Mazel.

Haley, J. (1973). *Uncommon therapy: The psychiatric techniques of Milton H. Erickson, M.D.* New York: Norton.

Hammond, D. C. (1988). *Hypnotic induction and suggestion: An introductory manual.* Des Plaines, IL: American Society of Clinical Hypnosis.

Hammond, D. C. (1990). *Handbook of hypnotic suggestions and metaphors.* New York: Norton.

Hartland, H. E. (1971). Further observations on the use of ego-strengthening techniques. *American Journal of Clinical Hypnosis, 14*(1), 1-8.

Hilgard, E. R. (1968). *The experience of hypnosis.* New York: Harcourt, Brace, Jovanovich.

Horevitz, R. (1986). Terrifying imagery in hypnosis. In B. Zilbergeld, M. G. Edelstien, & D. L. Araoz(Eds.), *Hypnosis: Questions and answers* (pp.448-453). New York: Norton.

Hunter, M. (1994). *Creative scripts for hypnotherapy.* New York: Brunner/Mazel.

Ingram, D. H. (1996). The vigor of metaphor in clinical practice. *The American Journal of Psychoanalysis, 56*(1), 17-34.

Jacobs, E., Pelier, E., & Larkin (1998). Ericksonian hypnosis and approaches with pediatric hematology oncology patients. *American Journal of Clinical Hypnosis, 41*(2), 139-154.

Kingsbury, S. (1988). Interacting with trauma. *American Journal of Clinical Hypnosis, 36*(4), 241-247.

Kluft, R. P. (1993). The treatment of dissociative disorder patients: An overview of discoveries, successes, and failures. *Dissociation, 6,* 87-101.

Kohen, D. P., Mann-Rinehard, P., Schmitz, D., & Wills, L. M. (1998). Using hypnosis to help deaf children help themselves: Report of two cases. *American Journal of Clinical Hypnosis, 40*(4), 288-296.

Kroger, W. S. (1963). *Clinical and experimental hypnosis.* Philadelphia: Lippincott.

Lakoff, G., & Johnson, M. (1980). *Metaphors we live by.* Chicago: University of Chicago.

Lankton, S., & Lankton, C. (1986). *Enchantment and intervention in family therapy:*

Training in Ericksonian approaches. New York: Brunner/Mazel.
Melville, M. B., & Lykes, M. B. (1992). Guatemalan Indian children and the sociocultural effects of government-sponsored terrorism. *Social Science Medicine, 34*(5), 533-548.
O'Hanlon, W.H. (1987). *Taproots: Underlying principles of Milton Erickson's therapy and hypnosis.* New York: Norton.
Olness, K., & Kohen, D. P. (1996). *Hypnosis and hypnotherapy with children.* New York: Guilford.
Perez, F. (1994). *El vuelo del ave fenix [Flight of the Phoenix].* Mexico City, Mexico: Editorial Pax Mexico, Libreria Carlos Cesarman, S.A.
Phillips, M. (1993). Turning symptoms into allies: Utilization approaches with post-traumatic symptoms. *American Journal of Clinical Hypnosis, 35*(3), 179-189.
Phillips, M., & Frederick, C. (1995). *Healing the divided self: Clinical and Ericksonian hypnotherapy for posttraumatic and dissociative conditions.* New York: Norton.
Pope, K. S., & Garcia-Peltoniemi, R. E. (1991). Responding to victims of torture: Clinical issues, professional responsibilities, and useful resources. *Professional Psychology: Research and Practice, 22*(4), 269-276.
Robles, T. (1993). *La Magia de Nuestros Disfraces [Magic in the masks we wear].* Mexico City, Mexico: Instituto Milton H. Erickson.
Rosen, S.(Ed). (1982). *My voice will go with you: The teaching tales of Milton H. Erickson.* New York: Norton.
Rossi, E. L.(Ed). (1980). *Collected papers of Milton H. Erickson* (Vols.1-4). New York: Irvington.
Rossi, E. L., & Cheek, D. (1988). *Mind-body therapy: Methods of ideodynamic healing in hypnosis.* New York: Norton.
Siegelman, E. (1990). *Metaphor and meaning in psychotherapy.* New York: Guilford.
Stam, H. J., & Spanos, N. P. (1980). Experimental designs, expectancy effects and hypnotic analgesia. *Journal of Abnormal Psychology, 89*(6), 751-762.
Thompson, K. (1990). Metaphor: A myth with a method. In J. Zeig & S. Gilligan(Eds.), *Brief therapy: Myths, methods and metaphors* (pp.247-257). New York: Brunner/Mazel.
Voth, H. (1970). The analysis of metaphor. *Journal of the American Psychoanalytic Association, 18,* 599-621.
Wall, V. J. (1988). Hypnosis and children. In D. C. Hammond(Ed.), *Hypnotic suggestion and induction: An introductory manual* (pp.48-52). Des Plaines, IL: American Society of Clinical Hypnosis.
Wallas, L. (1985). *Stories for the third ear.* New York: Norton.
Watkins, H. H. (1986). Handling a patient who doesn't come out of trance. In B. Zilbergeld, M. G. Edelstien, & D. L. Araoz(Eds.), *Hypnosis: Questions and answers* (pp.445-447). New York: Norton.
Watkins, J. G., & Watkins, H. H. (1979). The theory and practice of ego-state therapy. In

H. Grayson (Ed.), *Short-term approaches to psychotherapy* (pp.176-220). New York: Wiley.

Watkins, J. G., & Watkins, H. H. (1997). *Ego states: Theory and therapy.* New York: Norton.

Yapko, M. D. (1990). *Trancework.* New York: Brunner/Mazel.

Zahourek, R. P. (1985). *Clinical hypnosis and therapeutic suggestion in nursing.* New York: Grune & Stratton.

Zeig, J. K. (1990). Seeding. In J. K. Zeig & S. Gilligan (Eds.), *Brief therapy: Myths, methods and metaphors* (pp.163-181). New York: Brunner/Mazel.

Zeig, J. K. (1991). Foreword. In H. Klippstein (Ed.), *Ericksonian hypnotherapeutic group inductions* (p. vii). New York: Brunner/Mazel.

訳者解題

はじめに

　翻訳をしていて，誘導法や深化法のところを何回も見直していると，訳者はいつもかなりの深さの催眠状態に入っていた。最初の頃はあまり自覚はなかったが，知らない間に時間が経っていた。たいてい30分から1時間くらいであった。ところが，何回もそのような体験をしているうちに，今まさに催眠状態に入ったとか，入っている，あるいは徐々に出てきた，という自覚した感覚が生じるようになっていった。訳者の催眠状態経験は数十年に及ぶが，それらの催眠状態とは微妙に異なっていることから，最初は気づきにくかったのであろうということに気づいた。

　このなかの誘導法をクライエントに行っていたときも，やはり同じように，はじめの頃は，クライエントは催眠に入っている自覚を持っていなかった。そして，徐々にその感覚を感じ始めていった。間接的な誘導を用いる新催眠は，旧催眠とは異なるそのような催眠体験であるように訳者は自覚した。それと，混乱誘導法を翻訳していたときの訳者は，混乱した内容の翻訳には，訳者の英語能力の低さも加わって，本当に混乱状態で，強い疲労感を感じたことを思い出す。

　訳者解題の本論に入る。この本は，George Gafner & Sonja Benson (2000)：*Handbook of Hypnotic Inductions*. New York：Norton. の翻訳である。本のタイトルを直訳すると『催眠誘導法ハンドブック』ということになるが，催眠誘導法というと，実験催眠誘導法なども含まれるので，臨床のためのということを強調して，「誘導法」を「誘導技法」とすることにした。それと，この本のなかでも言われていることだが，ミルトン・エリクソン以降，臨床催眠誘導法に大きな変化が出てきている。ミルトン・エリクソン以前はこの本で言う直接催眠が一般的であった。それに対して，ミルトン・エリクソンの開発したさまざまな間接暗示を用いた催眠が，臨床催眠としてアメリカ，および世界的に多

く用いられる傾向になってきている。それで,「旧」と「新」というふうに, この訳本のなかでも区別されているが, その「新」という言葉を付けて,「新催眠の誘導技法」というタイトルにした。なお, 訳者解題のなかでは, この本にならって, ミルトン・エリクソン以前の臨床催眠を旧催眠とし, 以後の間接暗示を中心とした臨床催眠を新催眠と呼ぶことにする。

このように, 臨床催眠誘導法が大きく変化すると同時に, 催眠状態に対する考え方にも大きな変化がミルトン・エリクソン前後で生じている。

催眠状態に対する考え方の変化

旧 催 眠

旧催眠における催眠状態とは, 催眠誘導手続きによって生じる状態というのが共通した理解であった。その手続きによって生じる催眠状態に対して, 似たような意識状態は類催眠状態, あるいはASC(変性意識状態)と呼ばれていたし, 今もそのような呼び名をよく耳にする。それ故, 瞑想状態などは類催眠状態ということになる。また, 催眠には大きく分けて, 研究のために用いられる実験催眠と臨床のために用いられる臨床催眠があるが, 旧催眠では, 両者の催眠誘導法には大きな違いは見られなかった。

臨床新催眠

臨床に用いる新催眠では,「トランス」という言葉が頻繁に用いられているようである。「トランス」とは, 40, 50年前くらいまで, よく用いられていた言葉で, ASCとほぼ同じ内容を意味している。このように幅の広い概念であるために, 催眠状態は催眠トランスと呼ばれていた。それ故,「トランス」という言葉を用いると, 類催眠状態も含まれることになる。そのため, 旧催眠では「トランス」という言葉は極力避けられていたと訳者は考えている。

しかし, 新催眠ではクライエントに伝わりやすい言葉として, また比喩的意味合いをも込めて用いられていると考えられる。同じことが「無意識」という言葉にも見られる。また, 自然なトランス体験が重視されている。これもまた類催眠状態である。このように臨床新催眠では, その意識状態が生じる手続きを重視するのではなく, その意識状態という現象学的観点からの催眠状態が重

視されている。

　実験催眠では，手続き論が重視されるが故に，ミルトン・エリクソン以降の催眠のとらえ方としては，実験催眠と臨床催眠ではかなりの違いが生じてきている。実験的立場では，手続きを無視してしまえば，似たような意識状態が多数存在し，それらがすべて催眠ということになってしまうために，厳密性が失われるということになる。しかし，ミルトン・エリクソン以降の臨床催眠では，自然なトランス体験と言われるように，普段の意識状態のなかの，没入性，没頭性の存在するものは，催眠状態のなかに含まれることになった。

　臨床催眠の目的は，クライエントのためということで，クライエントに身近な部分催眠的現象が，臨床催眠の名の下に，催眠として取り込まれてきているように訳者には感じられる。そのことによって，催眠現象は特別なものではなく，普段の意識現象に近づいていくことになる。

　さらに，新催眠では，「眠くなる」という暗示は用いられなくなっている。その代わりに，この本では，「リラックス」と「トランス」という二つの言葉が用いられるようになっている。

　これらは，臨床催眠の目的は，催眠ではなく，臨床であるということによるのであろう。実験催眠のように手続きを重視するのではなく，そのクライエントの臨床に役立つ意識状態を作り出すということで，催眠現象のなかにASCも含まれ，「トランス」という言葉も用いられるようになったのであろう。実験催眠の考え方からすれば，催眠についての考え方はかなり曖昧になってきているようである。しかし，臨床を目的とする催眠という考え方からすれば，催眠の応用の範囲が非常に広がる結果になったように考えられる。

臨床催眠の3タイプ

　訳者は1989年に，日本催眠医学心理学会で，臨床催眠における根底の催眠要素を三つに分類わけすることを提案したので，ここではその線に沿って，旧催眠と新催眠を整理し，紹介することにする。

暗示催眠
被暗示性の高められた状態を追求する催眠技法を用い，その状態で，さまざ

まな暗示が用いられ，それによって臨床目的を追求しようとするものである。旧催眠と呼ばれる催眠は主にこの催眠である。また，旧催眠での暗示は直接暗示が一般的であった。ところが，ミルトン・エリクソンも暗示催眠を重視しているが，エリクソンの場合，直接暗示ではなく，間接暗示が工夫された。この間接暗示の考え方が拡大されてきて，臨床旧催眠においては，三つのタイプにかなり明確に区分できた催眠要素が，間接暗示のなかで，そしてそれを用いて誘導される催眠技法のなかで，混合タイプよりもさらに混合され，ASCをも含む独自の心理空間，それは「没入」，あるいは「没頭」，あるいは「うわの空」，あるいは「その世界」的なものの追求が確立されてきたと考えられる。

リラックス催眠

訳者は「リラックス催眠」と命名したが，臨床新催眠の方が積極的にリラックス感を追求している感がある。旧催眠においては，リラックス感よりも眠気の追求であった。第3章の「エリクソンがハクスレーに会う」技法のなかでも記述されているように，旧催眠における深い催眠状態では眠気の究極である夢中遊行的な現象が重視され，強調されてきた。なお，エリクソンの催眠技法の前半は旧催眠であり，後半が新催眠として区別される。それに対して，新催眠でも深い状態に入り込めば，夢中遊行的な現象も出現するのかもしれないが，訳者には，この本に記述されている誘導法と深化法では夢中遊行的な現象はほとんど生じないであろうと感じられる。しかし，臨床催眠としては，深いトランスの方がそれ以外のトランスよりも役に立つかどうかに関しては，疑問である。新催眠における臨床催眠では，ほとんどが軽いトランスか中程度のトランスのなかでセラピー部分が行われているのが現状である。

訳者が「リラックス催眠」と命名したのは，催眠状態の暗示的側面よりも，意識状態の側面を強調するためであった。旧催眠においても，催眠という意識状態による開放感そのものが追求されるという技法があった。例えば，栗山（1995：催眠面接の臨床，九州大学出版会）による持続催眠法（最初の論文は，1965：持続催眠法の治療効果　催眠研究, Vol.10）などである。新催眠においては，被暗示性の高進に主眼を置かない，開放感に主眼を置く技法は，旧催眠以上に積極的に追求されている。訳者も開放感を積極的に追求する催眠誘導法を1980年代に考案し，実際に臨床催眠として用い，多くの効果を出してきた

ので，訳者解題の末尾に訳者のリラックス催眠技法を紹介する。

イメージ催眠

　日本の催眠療法では，数十年前から，多くのイメージ療法が取り入れられてきている。催眠現象の多くはイメージ性を持っている。そのために，訳者は臨床催眠の一つのタイプとして，イメージ催眠を明確化した。イメージを浮かべるためには，何らかの意識のゆるみが必要とされる。その状態でイメージ場面が導入され，そのイメージ世界に入り込むことによって，さらにその世界が拡大され，そこにおける体験性が促進される。

　ここで，たいていのイメージ療法で求められるイメージ性と，旧催眠，あるいは新催眠においても，その世界で展開されるイメージ性との細かい違いについて説明する。たいていのイメージ療法で求められるイメージ性は，体験されるイメージ世界とそれを観察しているイメージ者の関係が強調される。このことは観察しているイメージ者は，それなりに覚醒していることを暗黙のうちに求められていることになる。それに対して，催眠におけるイメージ世界は，その世界を観察しているイメージ者自身も催眠状態にあり，そのためにイメージの体験性そのものが重視される。クライエントが自由にイメージを体験していると，そこには覚醒したイメージ観察者の存在が薄くなり，クライエント独自の体験の仕方に流れていく。そのため，催眠状態におけるイメージ世界では，セラピストの誘導が重視されることになる。それとともに，催眠前に，あるいは催眠中にイメージ世界の体験の仕方についての説明が必要となる。それ故，新催眠においては物語が大きな力を持つことになる。

　それに対して，イメージ療法では，クライエントがイメージ世界を体験しながら，セラピストに体験内容を報告することによって，セラピストとクライエントのイメージ世界に対する関係の持ち方のやりとりが同時進行的に進んでいくことになる。このやりとりはまさにカウンセリングのやりとりである。そのため，催眠におけるイメージ世界ほどの催眠誘導，およびリードは必要とされない。したがって，催眠におけるイメージ世界に比べると体験性への没入は少なくなってしまう。

臨床新催眠としての新たなイメージ催眠

　臨床新催眠としては，エリクソンが頻繁に行っていた物語を用いた間接暗示が非常に重視されている。

　訳者は，臨床新催眠の一つの特徴である物語を，「物語イメージ催眠」として，訳者のイメージ催眠に付け加えたい。なぜなら，臨床新催眠は旧催眠を否定するものではないからである。それよりも新催眠は，間接暗示を重視し，物語を重視し，無意識を重視するものとしてとらえることができる。物語を聴かせているとき，クライエントの意識あるいは無意識は，その物語の世界に入り込み，その物語の心的構造がクライエントの問題を持つ意識，あるいは無意識を物語の心的構造に引き寄せることによって，クライエントの意識，あるいは無意識の心理構造を修正することを狙いとしているととらえることができる。

　1990年代から，心理療法の世界でナラティブセラピーがはやりだしてきている。ナラティブセラピーは，日本語に訳すと「語り療法」となるだろう。これは，クライエントの語りを物語としてとらえ，クライエントの物語を修正していくことを目指すものとしてとらえられる。それに対して，臨床新催眠における物語は，「物語聴かせ療法」ということになるであろう。クライエントの思考における自由さは尊重されるが，クライエントは非常に受け身的な状況に置かれる。物語を聴きながら，その世界に漂うことになる。物語を選択するのは，セラピストである。セラピストがクライエントの思考世界の受け皿の役割を果たすことになる。

　催眠中に話される物語は，まさに間接暗示である。直接暗示とは，「～のようになります」というように，直接的に述べられる。それに対して，間接暗示は，特定の物語を聴いているのだけれども，その物語の影響を受けて，クライエントの心がクライエント独自の目的を果たすために変容することが目指される。このように，特定の方向に影響を受けることを意図された内容は，間接暗示と言われる。このことから，間接暗示は非常に広い範囲を覆うことになる。しかし一般に心理療法の世界で暗示と呼ばれるものは，直接暗示を指している。

　物語には，まとまりのある筋の流れがある。人の心は常にまとまりを求める。心の悩みは，これも一つのまとまりである。しかし，このまとまりは，まとまり方が不十分であるために，悩みとしてその人を苦しめることになる。悩みと

して結実してしまう筋の流れに対して，ハッピーエンドとして結実する筋の流れがクライエントに物語として提供されることになる。この流れが，クライエントにとって，現実的あるいは象徴的に受け入れられたときには，すなわち，催眠状態のなかでは，クライエントがその物語の世界に入り込んでいき，そこでクライエントが物語の登場人物に同一化できたときには，そのクライエントに強い影響を与えることになる。これが，物語による間接暗示であろう。

新催眠におけるその他の特徴

自我強化の重視

　自我強化はリラックス状態に続くものとして用いられ，重視されている。この考え方の背景には，どの人にとっても，悩みを解決する能力を本来的に持っているという前提である。ただ，持っている本来的能力について，自分は持っていないと諦めてしまっているために，悩みが持続しているという前提がある。それに対して，本来的能力を持っている場所としての「無意識」を信じましょうということになる。この部分を育てるのが，自我強化である。このことによって生じてくるのは，自分のなかには問題解決ができる能力を持っているという信念である。この能力に頼ることによって，問題解決は可能であり，生きていくことができるという自己信頼感覚の育成が追求される。ここには，臨床旧催眠に対してよく出てくる批判としての，クライエントに依存性を植えつけてしまうという問題に対する答えがある。自己信頼感覚の育成によって，自分で自分に合った答えを見つけ，自分で見つけることができるということをクライエントが理解し，自己信頼のなかでクライエントが生きていくように導いているのである。

催眠状態の質の違いについて

　旧催眠では，身体行動感覚世界が重視される。この訳本のなかでも直接催眠の章のなかに出てくる方法は，運動催眠が中心で，自動性とコントロール感覚の欠如が重視される。日常生活のなかでそのようなことが起これば，人は恐怖に陥るが，催眠誘導者がいるという安心感のもとにそれらの現象を楽しむことができる。これらの現象は非常に被催眠者に好奇心をそそる驚き感覚を与える。

その驚き感覚が，これが催眠であるという納得感を導き出す大きな力を持っている。

　臨床新催眠では，間接暗示が中心であるため，そのような被催眠者が好奇心をそそられ，驚くような現象はあまり作られない。それよりも穏やかな気分が強調される。人によっては，自分は催眠に入っていなかったと思う人が出てくることが予想される。ここに，この訳本でも強調されているように，トランスを承認するものが必要となることになる。それは，旧催眠のように強烈な驚きを伴わないために，トランスを承認する程度も穏やかなものになるからである。この穏やかさが逆に，臨床催眠では臨床を目的としているために，クライエントの主体性と自律性を尊重することになり，臨床の目的に合致することにもなる。

トランスの証拠について

　クライエントが心の底から納得するトランスの証拠は大切なものである。なぜなら，自我強化の重視のところで記述したように，自分の気づかないところに本来的な問題解決能力を持っているということを信じる必要があるからである。トランスという特別な意識状態のなかでは今まで経験したことも自覚したこともない自分の能力に気づくことができるかもしれないと，クライエントは思うことができる。確かに，気づく心の範囲以外のところに，人はさまざまな能力を持っている。それと同時に，トランスに気づくことは焦りによる目先的解決策の追求からの解放を可能とさせる。

　また，トランスを承認するものとは，そのような自分の気づかない心の範囲に自分の能力の限界を破るものがあるかもしれないという，自己信頼感覚を育てることになる。

　しかし，ここで注意が必要なのは，このことが万能感につながらないかということである。意識の心を捨て，無意識の心だけで行動すれば，万能感そのものの世界になる。催眠の世界では，意識の心は自由に何を考えてもよいのだけれども，意識の心を抑えてしまうことは要求しない。それ故，無意識から出てくる考えは，必ず意識の心に出てくることになる。意識を飛び越えて，行動世界に直接出ることはない。そのことによって，意識のコントロール下における意識と無意識の協力関係ができあがることになる。

コントロール感覚

また新催眠では，自分が自分の内的なものをコントロールすることができるというコントロール感覚が重視されている。意識のコントロール下での無意識の解放，あるいは無意識の信頼ということである。このことがまた，臨床新催眠では，旧催眠で用いる「眠る」という言葉を用いないで，「リラックス」や「トランス」という言葉を用いるようになった理由でもあろう。意識が無くなることを強調しなくなった理由でもあろう。それよりも，意識はあるのだということ，主体的にその世界に「あなたが」入っていくのだということになるのである。

言葉で話させることの利点と欠点

この訳本における催眠誘導法および深化法では，クライエントに話させることはほとんど行われていない。理由としては，なかにも述べられているが，クライエントに言葉で反応させればトランスの深さが浅くなるということである。

トランスの深さが犠牲になったとしても，クライエントに言葉で反応させることのメリットは非常に大きい。それはそのときの状況を，言葉で細かく説明してくれるからである。そうすることによって，誘導法の細かな点をその場で修正して，クライエントに合わせていくことができる。確かにクライエントに言葉で反応させることはトランスの深さを浅くさせる。身体言語やノンバーバルな側面でクライエントの催眠状態のなかの様子が理解されるときには，言葉で反応させない方が，トランスの深さは維持されるだろう。しかし，催眠状態のなかでの言葉によるやりとりには捨てがたいものがある。

訳者によるリラックス催眠技法の具体的内容

この訳本のなかにも，漸進的筋弛緩技法に似たものとして紹介されている誘導技法はあるが，そこでは身体感覚イメージ性と，想像の世界は強調されていても，それに気づくことがさらに強調されている。それに対して，訳者の「リ

ラックス催眠」では，身体感覚性に浸り，味わうことが強調される。東洋の，あるいは日本的考え方は，身体感覚性を重視していると訳者は考えている。

　ところで，この本を翻訳していて苦労した点の一つに，身体感覚の単語の翻訳がある。この本のなかでは，身体感覚の代表的なものとして頻繁に登場してくるのが，tingling, numbness, light, heavy である。tingling の日本語訳としては，辞書では，ちくちくなどさまざまな言葉が登場する。numbness も，しびれ感，無感覚などである。これらの辞書に出てくるそれぞれの感覚は，日本人としてはかなりの違いを感じる。ところが，英語では tingling ひとつで，それらを総称するらしい。しかし，日本語では，それぞれが区別されていて，それらを総称する日常で用いられる単語が見あたらない。この違いの一つは，日本語ではオノマトペが非常に豊富ということがあるのであろう。日本語では身体感覚の表現にはオノマトペが用いられることが多い。オノマトペによって，微妙な違いが表現される。tingling のなかには，チクチク，チリチリ，ジンジン，ゾクゾクなどが含まれる。すべてオノマトペである。このように，感覚言語が豊富ということは，日本人は身体感覚を含む感覚に非常に敏感であるということを意味しているのであろう。このことも考慮して，身体感覚性に肯定的に没入することを重視した身体感覚イメージの世界が日本人には合っていると訳者は考え，以下に紹介する「リラックス催眠」技法を考案した。

　催眠前のやりとりとしては，被催眠者がクライエントの場合には，最初に，今はクライエントは精神的に非常に疲れている状態だとの説明を行う。その精神的疲れから，心の悩みが出てきていて，精神的に元気になってくれば，悩みを解決する力が湧いてくると説明する。

誘　導　法

　まず，ゆったり座ってください。ゆったりして，両肩から力を抜いてください。次は，両肘から力を抜いて。手首，手の指先まで力を抜いていってください。……両腕はだらんとなって，ゆったりしています。……次は，脚から力を抜いていきます。まず，お尻から力を抜いてください。次は，膝，足首，足の指先まで力を抜いていってください。……両脚はだらんとして，ゆったりなってきました。……次は背中から力を抜いていきます。まず腰から力を抜いてください。そして，背中，首の後ろまで，背筋にそって力を抜いていきます。

……背中がだらんとしてきました。……次は，頭の後ろから，頭の表面，頭全体に力を抜いていってください。……頭の表面，そして，頭全体にだらんとして，ゆったりしてきました。……次は，額から力を抜いてください。それから，顔からも力を抜いてください。……顔も自然な感じになって，顔全体もだらんとなってきました……。

そうしていると，身体の表面，心の表面に心地よいけだるさと心地よい重さの感覚が出てきます。……それを味わってください。……けだるさと重さの感覚を心地よいと思って味わってください……。

今までは，けだるさとか重さの感覚をいやな感覚だと思っていたと思います。それは，身体を動かす上では邪魔になります。そのため，その感覚をいやなものだと感じました。しかし，身体を動かす必要がなければ，その感覚は心地のいいものとして感じることができます。今は身体を動かす必要はないのですから，その感覚を心地のいいものとして感じることができます。また今までは，疲れの取れを感じてきたのは，疲れの取れたあとでした。疲れが取れたなと感じてきました。そして，疲れが今まさに取れていっているという感覚を考えたこともありませんでした。しかし，今まさに疲れの取れていっている感覚というのは，その感覚を心地よいと感じることなのです。いやなものだと感じると，疲れは取れません。心地よいと感じ，その心地よさに浸っていることが，今まさに疲れが取れていっているという感覚なのです。心地のいい重さ，心地のいいけだるさの感覚。これを積極的に味わえば味わうほど疲れが取れていきます。味わえば味わうほど。……そのように心地よいけだるさの感覚，重さの感覚を味わっていると，どんどん心の表面，身体の表面から疲れが取れていきます。そして，心の表面，身体の表面から疲れが取れていくと，今まで心の芯，身体の芯に凝縮されて，溜まっていた疲れが，少しずつ溶けてきて，身体の表面，心の表面に出てきます。身体の芯の疲れが身体の表面に出てきます。心の芯の疲れが心の表面に出てきます。ストレスというのは，身体の芯の疲れ，心の芯の疲れのことです。それらの芯の疲れの固まりがゆるんできて，表に出てくると，また，身体が心地のいい気だるい感じ，重い感じになってきます。そして，心の芯の疲れ，身体の芯の疲れも表に出てきて，身体が心地のいい気だるい感じ，重い感じになってきます。その心地のいい気だるさ，重さに浸りましょう。楽しみましょう。そして，それが心地よければ，心地いいほど疲れが取れてい

きます。……疲れが取れていくに従って，身体も心も自然さを増していきます。そして，自然さが増せば増すほど，心も身体もゆがみのない自然な状態になっていきます。心も身体もどんどんバランスの取れた状態になっていきます。……心地よい気だるさ，心地よい重さ，……その感覚に十分浸りましょう。そうして，疲れが取れていくに従って，心の底の方から，身体の底の方から，なんとなく柔らかい元気が少しずつ，出てきます。なんとなく，柔らかい元気がお腹の辺りから，あるいは，身体のなかの方から，心のなかの方から湧いてきます……。

　これからしばらく私は黙っていますが，眠くなったら眠ってしまってもかまいません。眠ってしまっても，あなたには私の声は聞こえます。意識は眠ってしまっても，あなたの耳は私のそばにあり，私の声は聞こえます。あなたの意識が眠ってしまっても，あなたの無意識の心が私の声を聞くことができます。だから，私が話しかけたときには，それを聞くことができますから，今は安心して，眠くなったら，眠ってしまってもかまいません。眠りに入ったら，その深い眠りのなかで，身体も，心も，あなた自身もあなたそのものになっていきます。そして，自然なあなたになればなるほど，活力が湧いてきます。これから黙っている間に，夢を見るかもしれません。夢が出てきたら，それを楽しんでください。それを見ていれば，よけいに心も，身体も解放されていきます。どのような夢であっても，それを楽しんでください。楽しむことが解放されることであり，疲れの取れていくことですから。いろんな雑念が湧いてきたとしたら，その雑念に身を任せて，その雑念に浸り，楽しんでください。これも疲れの取れていく方法です。では，私はしばらく黙っていますが，その間に夢であっても，イメージであっても，雑念が湧いてきたとしても，それに身を任せ，それをゆったりした気分で，十分に楽しんでください。では，しばらく黙っています。……（約5分間の沈黙）……。

再覚醒化
　そろそろ，終わりにしていっていいですか。（ここで被催眠者がうなずいたら）……これから，数を八つ数えます。その数に合わせて，少しずつ目が覚めていきます。目の覚め方は，心の底の方から，身体の底の方から，少しずつ目が覚めていきます。覚めてきてから，目を開けるようにしてください。そして，

少しずつ目が覚めていくに従って，心の底の方から，身体の底の方から，何となく柔らかい暖かい感覚が湧いてきます。目が覚めていくに従って，心の底，身体の底から湧いてきた暖かい感覚が全身に広がっていきます。少しずつ，少しずつ広がっていきます。目が覚めるに従って，柔らかい暖かい感覚が全身に広がっていきます。そして，目が覚めるということは非常にすっきりした気分にまでならなくてもいいのです。ぼんやりした，心地いい，暖かい感覚で，目が覚めていってもいいのです。心地のいいぼんやり感をもったまま目が覚めてもいいのです。では，数えます。一つ……二つ……三つ……少しずつ，心の底から，身体の底から目が覚めてきました。それと同時に，何となく柔らかい暖かい感覚が心の底の方から，身体の底の方から湧いてきています。そして，少しずつ，気分も底の方から覚めてきています。ぼんやりした，暖かい，心地のいい感覚のなかで覚めてきています。四つ……五つ……六つ……かなり，心の底の方から，身体の底の方から，目が覚めてきています。そして，なんとなく柔らかい暖かい感覚が全身に広がってきています。あと，私が二つ数えて，ハイと言うと，非常に気持ちよく目が覚めます。七つ……八つ……。ほとんど目が覚めました。非常に気持ちよく，目が覚めました。なんとなく暖かい柔らかさが湧いてきています。それでは，私が，ハイと言うと，非常に気持ちよく，柔らかい暖かさのなかで，ぼんやり感は少し残っているかもしれませんが，目が覚めます。……（優しい口調で）ハイ。

催眠後のやりとり

まず，疲れが取れたかどうかについての確認を行う。そのあと，催眠中に湧いてきたイメージや，見た夢，雑念などについてのやりとりを行う。

実践のための注意

催眠誘導中に，催眠性睡眠に近い状態になっているかどうかの確認は，たいていは，頭が左右どちらかに偏るかどうかによって確かめることができる。催眠誘導の最初では，クライエントの頭はまっすぐである。しかし，催眠性睡眠が近づいてくると，たいていのクライエントは頭を傾け始める。そして，催眠性睡眠に入っていく。頭の傾きが出てこない場合は，セラピストがクライエントに，傾けやすい方に頭を傾けることを指示してもよい。

たいていのクライエントは，セラピストの沈黙の間に催眠性睡眠か自然睡眠に入り込んでいく。約5分後にセラピストはクライエントに話しかけていくが，このとき眠りに入っている外見があっても，すぐに反応する場合は，催眠性睡眠と考えられ，反応しなくて，眠り続けているように見えるときには，自然睡眠と考えられる。自然睡眠の場合であっても，何回か声をかけていけば，自然に目が覚めてくる。沈黙の5分間が経っても，クライエントが本当に疲れていて，熟睡している感じの場合は，沈黙時間を延長することが勧められる。訳者は，この時間を40分ぐらいまで延長したこともある。

　5分間のセラピストの沈黙の間に，クライエントが目覚めてきている雰囲気を感じた場合には，沈黙途中であっても，声をかけて，今の様子を尋ね，どのようなことが浮かんできて，どのような状態かを尋ねてもよい。その場合，気がかりなことが急に頭に浮かんできて，クライエントを目覚めさせていることがある。この場合は，クライエントを閉眼状態のままにして，あるいは閉眼させて，やりとりをしていると，気がかりなことをセラピストに話すことによって，気分がまたゆるみ，催眠性睡眠に入っていくことがよくある。そうなれば，また沈黙を継続すればよい。しかし，そのときのやりとりでクライエントが完全に目覚めてしまう場合は，5分間の沈黙にこだわらず，再覚醒化にすぐに移ればよい。

謝　辞

　この翻訳で訳者が理解困難な箇所の英文に対して，手助けをしていただいた元信州豊南女子短期大学助教授のアリス・カワウチ氏，この訳本の原稿の進み具合を温かく見守っていただいた，誠信書房編集部の長林伸生氏，および長林伸生氏が退職された後，引き継いで下さった児島雅弘氏にお礼を申し上げたい。特に，校正では非常にお世話になった。また，この訳本の刊行を許可してくださった誠信書房社長の柴田淑子氏および編集部の方々にお礼を申し上げたい。

　2005年9月吉日

　　　　　　　　　　　　　　　　　　　　　　　　　　　　門　前　　進

人名索引

ア 行

アラオズ（Araoz, D. L.） 14
ウァイヤー，マット（Weyer, Matt） 104
ウィルス（Wills, L. M.） 167
ウォール，バレリー（Wall, Valerie） 168
ウォラス，リー（Wallas, Lee） 41, 123
エリクソン，ミルトン（Erickson, Milton H.） ii, 10, 12, 13, 15, 30, 42, 57, 91, 95–96, 103–107, 109, 122, 131, 141, 176
オハンロン，ビル（O'Hanlon, Bill） ii, 15
オルネス（Olness, K.） 168, 170

カ 行

カニンガム，エドワード（Cunningham, Edward） 11
ガフナー（Gafner, G.） 9, 70
ガルシア=ペルトニーミ（Garcia-Peltoniemi, R.E.） 116
ギアリー，ブレント（Geary, Brent） ii, 7, 10, 70
ギリガン，スティーブン（Gilligan, Stephen） ii, 10, 15
キング（King, M. E.） 141
キングスベリー（Kingsbury, S.） 70
クラシルネック（Crasilneck, H. B.） 151, 167
クラフト（Kluft, R. P.） 155
グリンダー（Grinder, J.） 31
コーエン（Kohen, D. P.） 167, 168, 170
コーエン（Cohen, W. I.） 141
コム（Combs, G.） 9, 71

サ 行

ザイク，ジェフリー（Zeig, Jeffrey K.） ii, 7, 110

ザホーレック（Zahourek, R. P.） 167
シーゲルマン（Siegelman, E.） 41
シトレンバウム（Cittrenbaum, C. M.） 141
ジャコブス（Jacobs, E.） 167
ジャーツ（Jurtz, R. M.） 163
シュミッツ（Schmitz, D.） 167
スキナー（Skinner, B. F.） 141
スタム（Stam, H. J.） 163
ストゥルーブ（Strube, M. J.） 163
ストーン，マート（Stone, Mirto） 160
スパノス（Spanos, N. P.） 163

タ 行

ダケット（Duckett, S.） 9
ダールグレン（Dahlgren, L. A.） 163
チーク（Cheek, D.） 7, 8
デイビス，ナンシー（Davis, Nancy） 169
ドーラン（Dolan, Y.） 155
トンプソン，ケイ（Thompson, Kay） 13

ハ 行

ハクスレー，オルダス（Huxley, Aldous） 103–8, 109
バード（Bird, N.） 167
ハートランド（Hartland, H. E.） 58
ハモンド，D・コリドン（Hammond, D. Corydon） ii, 17, 147, 151, 155
ハンター，マーレーン（Hunter, Marlene） 168
バンドラー（Bandler, R.） 31
ヒルガード（Hilgard, E. R.） 3
ファインマン，リチャード（Feynman, Richard） 82
フィッシュマン（Fischman, K. S.） 116
フィリップス（Phillips, M.） 155

フェルト（Felt, B. T.）　167
フェルドゥマン，ジュリー（Feldman, Julie）　104
フリードマン（Freedman, J.）　9, 71
フレデリック，クレアー（Frederick, Claire）　11, 155, 181
ベアーズ（Beahrs, J. O.）　ii, 4
ヘイリー，ジェイ（Haley, Jay）　ii, 15
ペリアー（Pelier, E.）　167
ポウプ（Pope, K. S.）　116
ホール，ボブ（Hall, Bob）　i, iv, 111
ホール（Hall, J. A.）　151, 167
ホレヴィッツ（Horevitz, R.）　50, 51

マ 行

マローン（Malone, M. D.）　163
マン=ラインハード（Mann-Rinehard, P.）　167
メルビル（Melville, M. B.）　116

ヤ 行

ヤプコ（Yapko, M. D.）　167

ヤング，クリス（Young, Chris）　70, 156

ラ 行

ライクス（Lykes, M. B.）　116
ラーキン（Larkin, D.）　167
ランクトン，キャロル（Lankton, Carol）　ii, 9, 15
ランクトン，スティーブン（Lankton, Stephen）　ii, 9, 15
レビタン，アレクサンダー（Levitan, Alexander）　155
ローゼン（Rosen, S.）　12, 142
ロッシー，アーネスト（Rossi, Ernest L.）　ii, 8, 15, 57, 104, 176
ロッシー（Rossi, S. I.）　15
ローブルズ（Robles, T.）　31

ワ 行

ワトキンス，ジョン（Watkins, John）　155
ワトキンス，ヘレン（Watkins, Helen）　155

事項索引

ア 行

明らかなこと
 埋め込まれた意味の誘導法における　59, 81
 概観　182
 会話誘導法における　19, 26, 37, 43, 59
 子どもの誘導法における　177
 混乱誘導法における　132, 135
 直接誘導法における　148, 156
味わうこと　59, 61, 64, 160
アメリカ臨床催眠学会（ASCH）　iv, 11, 50, 155, 181, 194
暗示のタイプ
 明らかなこととしての　独立した項目を参照
 あらゆる可能性を網羅する　18, 20, 44, 45, 156, 182
 埋め込まれた意味の　82, 83, 183
  「意味」も参照
 間接（的）　43, 59, 151, 164
 許容的　独立した項目を参照
 繰り返される　「繰り返し」を参照
 拘束　「拘束」を参照
 後（ご）催眠　109, 138, 174, 185
 時間歪曲のための　独立した項目を参照
 条件に伴う　独立した項目を参照
 直接（的）　iii, 24, 41, 59, 88, 164
 ちょっとしたつまらないこと　独立した項目を参照
 と種まき，の間の区別　7
 と物語，との交代　117-121
 反対の並置　独立した項目を参照
 分離のための　71-74
 ほのめかし　独立した項目を参照
 メタファ　独立した項目を参照
 （言葉の）連結　独立した項目を参照

錨　12, 98, 123, 181
怒りの発散　176, 181
移行対象　13
意識の心を迂回すること　71, 110, 125
痛み管理　iii, 52, 163
いぼ　151
意味，埋め込まれた（誘導法）　19, 28
 挿入された　対　57
 直接誘導法における　152-4
 の自我強化の側面　58, 64, 67, 103, 110, 115
 物語の　145
 誘導下における「埋め込まれた意味」のマークを付けられた特定の事項も参照
イメージ（誘導された）/視覚化　iii, 5, 14, 50
うつ病，大　116
腕浮揚　3, 159-163
頷くこと　146, 157
 埋め込まれた意味の誘導法における　75, 87, 88, 89
 会話誘導法における　22, 24, 28, 30, 32, 48
オーディオテープ（その人用に作られた）　12, 98, 123
思いをめぐらすこと　40, 62, 105, 109, 111, 162, 185

カ 行

解決，問題/クライエントにおける　10, 59
外傷後ストレス障害（PTSD）　12
 で用いられた埋め込まれた意味の誘導法　70, 76, 104
 で用いられた会話誘導法　17, 51-57
 で用いられた混乱誘導法　116, 124
外傷体験　124, 147
 「虐待〜」「外傷後ストレス障害」も参照
「カエデの木」　54-55

「隠れた観察者」 3
 埋め込まれた意味の誘導法における　83
 会話誘導法における　21, 26
カタレプシー　5, 98, 147–150, 183
感受性　「被催眠性」を参照
観念運動による合図　5, 7
 「指の合図」「頷くこと」も参照
観念感覚による感じ／観念感覚感情
 埋め込まれた意味の誘導法における　84
 会話誘導法における　17
 混乱誘導法における　125
 直接誘導法における　149, 154, 159, 162
記憶　50
利き手　5, 147
期待　1, 184
気づくこと，注意して眺めること　59, 61, 62, 63, 64, 65, 69, 160, 161
気分変調　104
虐待の被害者の年齢退行　81, 89
虐待児を癒すためのセラピー的物語　169
凝視（法）　183
 のための焦点の場所　11
 閉眼　対　31
 誘導法　17–24, 76, 148, 156
許容的暗示　88, 114
 会話誘導法に対する　18, 32, 39, 50
 権威的　対　14–15, 24, 168
 直接誘導法のための　148, 156
 定義　183
クライエントとのダンス　7, 25, 31, 36, 130
繰り返し
 概観　184
 会話誘導法における　18, 19, 21, 23, 24, 26, 27, 57
幻覚　107, 190
言語, 催眠
 一般的な　111, 185
 埋め込まれた意味の誘導法における　62, 63, 66, 67, 81, 82
 会話誘導法における　21, 25, 26, 47
 子どもの誘導法における　174

言葉の連結
 会話誘導法における　18, 26, 32, 36, 43, 44
 子どもの誘導法における　172, 173, 178, 179
 混乱誘導法における　134
 それで　187
 直接誘導法における　156
健忘
 埋め込まれた意味誘導法における　71–74, 103, 109, 114
 概観　184
 会話誘導法における　29, 30, 38, 49, 56
 混乱誘導法における　122
 直接誘導法における　154, 155, 159, 162
倹約の法則　15, 29, 57, 59, 184
拘束
 二重　「二重拘束」を参照
 似ている選択肢の　「似ている選択肢の拘束」を参照
声　13
 再覚醒化における　22–23
 誘導法における　71, 91, 99
心地よい　17, 24, 42
心を読むこと　35
子どもと青年
 催眠で話しかける事柄の範囲　168–170
 に対して用いられる物語　169
 に対して用いられる誘導法　誘導法のなかで「子ども」と記された特定の項目を参照
子どもに対する催眠と催眠療法　170
コミュニケーション，「ダンス」としての　7, 25, 31, 36, 130
語呂合わせ　19, 185
コントロールの事柄　2, 11, 147, 185
混乱
 埋め込まれた意味誘導法における　103
 気の散らしと　124, 140, 154
 概観　185
 誘導法における　誘導法のなかで「混乱」と記された特定の項目を参照

サ 行

再覚醒化
　埋め込まれた意味の誘導法における　68, 75, 79, 87, 96, 102, 109, 114
　会話誘導法における　22-23, 29, 34, 39, 49, 56
　子どもの誘導法における　174, 180
　混乱誘導法における　122, 129-130, 138, 145
　直接誘導法における　149, 154, 158, 162, 165
催眠
　「催眠療法」「トランス」も参照
　実験　163
　「新」そして，あるいは「旧」の属性　ii, 8, 14-15
　定義された　ii
　「同型の介入」として　70
　の力，クライエントに例示された　151
　舞台　1, 6
催眠後のやりとり　iii
　埋め込まれた意味誘導法のあとの　68, 75, 79-80, 88, 96, 102-3, 109, 114
　会話誘導法のあとの　23, 29, 34, 39-40, 49, 56
　子どもの誘導法のあとの　174, 180
　混乱誘導法のあとの　122-3, 130, 138-9, 145
　直接誘導法のあとの　149, 154, 159, 162, 165
　の間に引き出されたことのフィードバック　23, 39-40, 68, 102-3, 109, 114, 130, 138-9
催眠療法
　基本要素　ii
　クライエントに合わせること　15-16
　権威的 対 許容的　14-15, 24, 168
　子どもの　「子ども」を参照
　「催眠」「トランス」も参照
　初回セッションの課題　122-3
　心理療法 対　31, 165
　のためのセッティング　11-13
　よく用いる用い方　97
再枠づけ（リフレーム）
　概観　193
　クライエントのコントロール感覚を促進すること　2

クライエントの提示物　10
　子どもの誘導法における　178
　混乱誘導法における　136
　否定的　191
『三番目の耳の物語』　123
視覚化/イメージ技法　iii, 5, 14
『自我状態：理論とセラピー』　155
時間歪曲
　埋め込まれた意味の誘導法における　61, 66, 68, 77, 80, 99-101, 103
　概観　186
　会話誘導法における　17, 56
　子どもの誘導法における　178
　混乱誘導法における　135
　直接誘導法における　149, 159, 162
　トランスを承認するものとしての　80
　発見するための質問　23
資源
　子どもの　168
　のための内的探索　70, 90, 115
　のメタメッセージ　41
　無意識の　ii, 4, 99, 114-5
　利用すること　「利用」を参照
実践上の注意
　埋め込まれた意味の誘導法に対する　68-70, 75-76, 80, 88-90, 96-97, 103, 109-10, 114-5
　会話誘導法に対する　23-24, 29-30, 34-36, 40-42, 49-51, 56-57
　子どもの誘導法に対する　175, 180-1
　混乱誘導法に対する　123-4, 130, 139-40, 145-6
　直接誘導法における　149-50, 154-5, 159, 162-3, 165-6
失敗についての扱い　139, 155
質問
　概観　186
　トランスを承認するための　29, 75, 88
　開かれた　23, 88, 145
　を通してクライエントのフィードバックを引き出すこと　「フィードバック」を参照
指標となる感覚　23

条件に伴う暗示
　会話誘導法のための　18, 26, 27, 31
　子どもの誘導法のための　173
　直接誘導法のための　148, 157
　定義　186
情動，メタファと　41-42
除反応　50, 186-7
人格障害　50, 76
深化法
　岩を破壊するイメージによる　179-80
　埋め込まれた意味誘導法における　68, 74-75, 79, 86-87, 94-96, 101-2, 108-9, 113
　セラピー要素を確立する　ii-iii, 115
　会話誘導法における　22, 28-29, 33, 38-39, 48, 54-55
　階を降りることによる　157-8
　記憶の観点から，焦点づけている　33, 48
　逆に数えることによる　22, 28-29, 33, 38, 74-75, 79, 101-2, 129, 162
　クライエント，あるいは/そして環境の手掛かりを利用する　8-11
　子どもの誘導法における　174, 179-80
　混乱誘導法における　121, 129, 136-8, 143-5
　挿入された物語による　38-39, 54-55, 94-96, 108-9, 113, 136-8, 152-4
　挿入された物語を伴って逆に数えることによる　38-39
　直接誘導法における　149, 152-4, 157-8, 162
　二重　38-39, 79, 80（このリストのなかの「挿入された物語による」も参照）
　の批判　69-70
神経言語プログラミング　31
信念，否定的な信念を追い払うこと　6-7
心理療法
　催眠療法 対　31, 165
　談話療法としての　57, 98, 115
ストレスマネジメント　5, 12
制限
　埋め込まれた意味の誘導法における　84
　概観　187
　子どもの誘導法における　178, 180
　混乱誘導法における　132, 135

精神病性障害　12
青年　「子ども」を参照
セラピスト
　自信　14
　トランス中の　3
　の成長　16
挿入法
　埋め込まれた意味の誘導法における　94-96, 108-9, 113
　概観　187
　会話誘導法における　38-39, 51-57
　混乱誘導法における　136-8
　直接誘導法における　152-4
外側/内側　36, 64, 77, 90-97, 100, 106, 109, 127, 128

夕　行

体重問題/減少　111, 160
タクソン退役軍人省医療センター　i, 17, 76, 131, 141, 168, 175
種まき　7
　埋め込まれた意味の誘導法における　61, 62, 63, 64, 65, 86, 104
　概観　188
　会話誘導法における　20, 21, 25, 31, 32, 36, 38, 42, 44, 52
　混乱誘導法における　131
　直接誘導法における　151, 160
「単純な部屋」　142, 143-5
談話療法　「心理療法」を参照のこと
『知覚の扉』　105
注意/没入
　初期体験に焦点づけられた　42
　「トランス」も参照
　に対する能力の測定　69
　の指標　188
　誘導法における　117, 160
中断　「沈黙」を参照
聴覚障害　12
ちょっとしたつまらないこと
　埋め込まれた意味の誘導法における　59, 60,

62, 63, 64, 65, 66, 82, 83, 84, 85
　　概観　188
沈黙/中断，深化技法としての　28, 29, 50, 69, 99, 159
抵抗
　　概観　188-9
　　可能性　150
　　避ける代理誘導法　175-81
　　を扱うための挿入法　52
　　を迂回すること/に対抗すること　103, 124-5, 131, 138, 166
　　を探すための観念運動による合図　5
　　を持った人に対して効果的な埋め込まれた意味の誘導法　81
手がかり，ノンバーバルの　43, 80
動機づけ，なかから引き出された　ii
トランス（ワーク）
　　から出てくることの失敗　155
　　クライエントをトランスに誘導すること　1
　　承認すること　「承認」を参照
　　深化　独立した項目を参照
　　中の咳　90
　　中の問題　50, 89
　　出たり入ったり　2, 77
　　における訓練　131
　　における注意/没入　独立した項目を参照
　　の以前の体験　4, 58
　　の自然な体験　4, 19, 58, 59, 186
　　のハクスレーの体験　104-8
　　への逃避　125, 131, 139
　　誘導法　独立した項目を参照
トンネルの光景　18
トランスの承認
　　埋め込まれた意味の誘導法における　68, 79-80, 88, 96
　　会話誘導法における　23, 29, 40
　　子どもの誘導法における　174
　　混乱誘導法における　123, 138
　　直接誘導法における　147, 150, 159, 162, 163, 165

ナ　行

何も理解しない/何もしない
　　埋め込まれた意味の誘導法における　61, 66, 78, 82
　　概観　189
　　会話誘導法における　18, 22, 25, 37
　　子どもの誘導法における　178
　　混乱誘導法における　132, 135
　　直接誘導法における　157
『南東の拡張物語』　152
難民　116-7
二重拘束
　　意識/無意識　19, 28, 134, 182
　　質問　75
似ている選択肢の拘束
　　埋め込まれた意味誘導法における　60, 61, 81, 83, 84
　　会話誘導法における　19, 21, 25, 45, 60, 61
　　子どもの誘導法における　173, 177, 178
　　混乱誘導法における　132, 133
　　定義　189
年齢退行　3, 190
　　埋め込まれた意味誘導法における　81, 87, 88, 89

ハ　行

背景の騒音　11
反対の並置
　　埋め込まれた意味誘導法における　60, 61, 81, 82, 85
　　会話誘導法における　19, 22, 32, 36, 37, 38, 43, 46
　　子どもの誘導法における　178, 179
　　混乱誘導法における　127, 129, 132
　　直接誘導法における　152-4, 156
　　定義　190
反応性
　　築くこと　146
　　子どもの　167-8

被催眠性　14, 163
不安
　　症例の例　1
　　全般性不安障害　12, 97
　　二次的　97
フィードバック，催眠後のやりとりのなかで出てきたことについての　23, 39–40, 68, 102–3, 109, 114, 130, 138–9
「風船物語」　136, 140
フェニックス退役軍人省医療センター　i, 1
ブリーフ・セラピー　i
分離（分離言語）
　　埋め込まれた意味誘導法における　60, 66, 70–76, 78, 82, 84
　　概観　191
　　会話誘導法における　20, 21, 26, 32, 46
　　子どもの誘導法における　173
　　混乱誘導法における　124, 135
　　直接誘導法における　148, 155
閉眼　17, 191–2
　　凝視　対　24–25
　　での不快感　31
　　のための準備　36
「部屋から部屋への移動」　142
歩調を合わせること　10
　　会話誘導法における　18, 25, 31, 35, 36, 44
　　子どもの誘導法における　172, 178, 179
　　直接誘導法における　148, 149, 156, 157
勃起不全　150, 151
ほのめかし
　　埋め込まれた意味の誘導法における　85
　　概観　191
　　会話誘導法における　18, 26, 32, 37, 44
　　子どもの誘導法における　172, 173, 179
　　混乱誘導法における　132, 133, 134

マ　行

瞼のぴくぴく　35, 80
「三つのレッスン」　38, 41
未来志向　ii
ミルトン・H・エリクソン財団　ii, 10, 194

無意識の心
　　概観　192
　　資源　独立した項目を参照
　　についてクライエントを教育すること　4–5, 23–24, 86–87, 91, 117, 147
　　についての精神分析的　対　エリクソン派の考え方　4–5
　　の力を例示するカタレプシー　147–50
　　誘導法における過程　21
無意図性
　　埋め込まれた意味の誘導法における　61, 71–74
　　会話誘導法における　20, 26
　　子どもの誘導法における　172
　　混乱誘導法における　136
　　直接誘導法における　147, 150, 157, 159
無感覚　56, 71–74, 78, 80, 154, 164
無関係な話　130, 192
　　混乱誘導法における　132, 133, 139
無痛　163, 164
　　「無感覚」も参照
瞑想　5, 6
メキシコ系アメリカ人の女性　9
メタファ　ii
　　埋め込まれた意味の誘導法における　61, 62, 63, 65, 82, 83, 84
　　概観　192
　　会話誘導法における　19, 20, 21, 22, 27, 32, 38, 44, 45, 46, 47
　　クライエント自身の　42
　　クライエントのコントロール感覚を促進する　2
　　子どもの誘導法における　173
　　混乱誘導法における　132, 133, 134, 135, 136
　　広い/共通の経験　59, 70
　　「物語」も参照
「芽生え」　123
物語
　　子どものための　169
　　自我強化としての　117, 123
　　挿入された　38–39, 40, 54–55, 94–96, 108–9, 112–3

と暗示，と交代する　117-21
トランス誘導としての　112-3, 114-5
「メタファ」も参照

ヤ　行

薬物療法　1
誘導法*
　雨ごい師（埋め込まれた意味）　111-5
　あまりやりすぎないこと（会話）　24-30
　腕固め（直接）　150-5
　腕カタレプシー（直接的）　147-50, 168
　腕浮揚（直接）　159-163
　エリクソンがハクスレーに会う　103-10
　幼いときの学習セット（会話）　42-51
　会話　対/埋め込まれた意味の代わりに　76, 96
　感覚受容（会話）　36-42
　凝視法　17-24（会話），76
　クライエントが逆に数えること　117-21
　コイン落とし　155-59
　氷風呂（直接）　163-6
　子どもへの催眠療法　167-71
　時間（埋め込まれた意味）　80-90
　実践　「実践上の注意」を参照
　種類　iii
　スピードを落とすこと（埋め込まれた意味）97-103
　挿入法（会話）　51-57
　楽しい場面を作り出すことや再体験すること（会話）　30-36
　道路（埋め込まれた意味）　58-70
　当惑させること（混乱）　124-30
　「トランス」も参照
　なかに入っていくこと（埋め込まれた意味）90-97

における特殊性　51
　年齢にあった　168, 170（表 6.1）
　二人の誘導者（混乱）　131-40
　分離（埋め込まれた意味）　70-76
　右-左（混乱）　141-6
　利用（子ども）　171-5
　旅行（埋め込まれた意味）　76-80
　ろうそくの炎（混乱）　116-24
　私の友達ジョン（子ども）　175-81
*このリストのなかで，太字で書かれているものは一語一語正確に言葉通りの誘導法とそれらのコメントを指し示す。

指の合図　5, 8, 30, 97, 102, 110, 115, 140, 149, 150

ラ　行

ラポート　31, 130
リードをすること　10
　会話誘導法における　25, 31, 35, 36, 44
　子どもの誘導法における　169, 172, 179
　直接誘導法における　156, 157
利用，エリクソン派
　以前のトランス体験　5-7
　概観　8-11, 193
　クライエントと/あるいは環境の手がかり，の際だった側面　8-11, 24
　資源としての共通の経験/プロセス　68-71, 76-77
　先入観　56-57
リラクセーション
　漸進的筋弛緩法　24, 50, 51. 124
　としての心地よさ　17, 24, 42-43
　物語を用いた変化のための暗示　117-21
臨床実験催眠学会（SCEH）　194

訳者紹介

門前　進（もんぜん　すすむ）

1948 年　大阪府生まれ
1976 年　九州大学大学院教育学研究科博士課程単位取得退学
　　　　（教育心理学専攻）
1985 年　教育学博士（九州大学）
　　　　早稲田大学教授を経て，
現　在　門前研究所所長

主要著訳書
「催眠法による意志動機実現の二重過程」風間書房　1990
「入門 自己催眠法」誠信書房　1993
「イメージ自己体験法」誠信書房　1995
ヘイリー編「ミルトン・エリクソンの催眠療法」（訳）誠信書房
　1997

ジョージ・ガフナー／ソーニャ・ベンソン
新催眠の誘導技法──心理臨床の幅を広げる

2005 年 12 月 5 日　第 1 刷発行
2013 年 1 月 25 日　第 4 刷発行

訳　　者	門　前	進
発 行 者	柴　田　敏　樹	
印 刷 者	日　岐　浩　和	

発 行 所　株式会社　**誠信書房**

〒112-0012　東京都文京区大塚3-20-6
　　　　　　電話　03 (3946) 5666
　　　http://www.seishinshobo.co.jp/

中央印刷　協栄製本　　　落丁・乱丁本はお取り替えいたします
検印省略　　　　　　　無断で本書の一部または全部の複写・複製を禁じます
ⓒ Seishin Shobo, 2005　　　　　　　　　　　Printed in Japan
　　　　　　　　　　　　　ISBN 4-414-41418-0　C 3011

イメージ療法ハンドブック

アニーズ・A・シェイク編／成瀬悟策 監訳
門前 進 著

本書は催眠行動的、認知・行動的、心理力動的、ヒューマニスティック等、様々な流派のイメージ技法を広汎に収録した初めての書。健康な日常のためのイメージの多様な側面と実践方法を具体的に紹介している。

イメージ自己体験法

門前 進 著

●心を味わい豊かにするために　イメージは、夢と同様に心的世界について多くを教えてくれる。イメージ体験を重ねると、あがり・不安・恐怖の軽減など、主体性を回復し生き方を深めることができる。

入門自己催眠法

門前 進 著

●生き方をリフレッシュするために　自己催眠法の習得だけではなく、それをどう活かしていくかに重点を置く。現実の人間関係や社会の中で、自分を理解しコントロールしていくことの必要性や意義を解説する。

ミルトン・エリクソンの催眠療法

J・ヘイリー編／門前 進 訳

●個人療法の実際　本書は、エリクソンと心理療法家J・ヘイリーとの徹底的な対話記録であり、エリクソンの人間観察の鋭さ、そしてクライエントの変容に対する関心と情熱の強さに読者は圧倒されるであろう。

誠信書房